이가환 시권집

지은이 이가환(李家煥, 1742~1801)은 조선 후기의 학자로 본관은 여주(驪州), 자는 정조(廷藻), 호는 금대(錦帶)·정헌(貞軒)이다. 여러 관직을 거쳐 대사성·개성유수·형조판서에 올랐다. 채제공(蔡濟恭)을 이어 남인 중 청남(淸南) 계열의 지도자로 부상하였으나 반대파의 공격이 천주교 신봉 사실을 중심으로 집중되었고, 결국 1801년 벽파가 중심이 되어 시파(時派)를 숙청하고 천주교를 탄압할 때 체포되어 옥사하였다. 노긍(盧兢), 심익운(沈翼雲)과 함께 조선 후기 3대 천재로 불리었다. 문장에 뛰어나 당대의 학자로 널리 인정받았으며, 특히 천문학과 수학에도 밝았다. 문집으로는 『금대시문초(錦帶詩文艸)』가 있다.

옮긴이 조남권(趙南權, Cho Nam kwon)은 1928년 충남 부여 출생으로 1989년 온지서당(溫知書堂)을 개설, 후학들에게 한적(漢籍) 강독을 실시하면서 한적(漢籍)의 국역 사업을 지속해 오고 있다. 1995년 3월 이래 한서대학교 부설 동양고전연구소 소장으로 재직 중이며, 2005년 7월 이래 사단법인 온지학회(溫知學會) 이사장으로 있다. 『조용문선생집(趙龍門先生集)』, 『양심당집(養心堂集)』, 『죽계일기』 상·하권, 『역주악기(譯註樂記)』(공역), 『한국고전비평론자료집』 1~3권(공역), 『김택영의 조선시대사 韓史綮』(공역), 『혜환이용휴시전집』(공역), 『송구봉시전집』(공역), 『오언당음(五言唐音)』(공역), 『칠언당음(七言唐音)』(공역), 『중국화론(中國畵論)』 1~3권(공역), 『한국고전비평론』 1~4권(공역) 등 다수가 있다.

옮긴이 박동욱(朴東昱, Pak Dong uk)은 서울 출생으로 한양대 국문과를 졸업하고 성균관대에서 박사학위를 받았다. 한서대 부설 동양고전연구소 연구위원으로 있으며, 현재 한양대 학부대학 조교수로 있다. 일평(一平) 조남권(趙南權) 선생님께 삶과 한문을 배우고 있다. 2001년 『라쁠륨』 가을호에 현대시로 등단하였다. 저서로는 『혜환 이용휴 시전집』(공역), 『혜환 이용휴 산문전집』(공역), 『표암 강세황 산문전집』(공역), 『살아있는 한자교과서』(공저), 『아버지의 편지』(공저) 등이 있다.

한서대학교 부설 동양고전연구소 국역총서 24
이가환 시전집

초판 1쇄 인쇄 2009년 6월 15일 **초판 1쇄 발행** 2009년 6월 20일
지은이 이가환 **옮긴이** 조남권·박동욱 **펴낸이** 박성모 **펴낸곳** 소명출판 **출판등록** 제13-522호
주소 서울시 서초구 서초동 1621-18 란빌딩 1층
전화 02-585-7840 **팩스** 02-585-7848 **전자우편** somyong@korea.com

값 18,000원
ISBN 978-89-5626-397-7 04810

ⓒ 2009, 조남권·박동욱

잘못된 책은 바꾸어드립니다.
이 책은 저작권법의 보호를 받는 저작물이므로 무단전재와 복제를 금하며, 이 책의 전부 또는 일부를 이용하려면 반드시 사전에 소명출판의 동의를 받아야 합니다.

이가환 시전집

이가환 지음 | 조남권·박동욱 옮김

The Complete Poems of Geumdae

소명출판

◆ **일러두기**

1. 이 책은 금대 이가환의 시를 완역한 것이다. 국립중앙도서관에 소장된 『시문초(詩文艸)』를 주요 텍스트로 삼았고 기타 다른 필사본과 대조하였다. 부록으로는 국립중앙도서관에 소장된 『금대시문초(錦帶詩文鈔)』에만 실려 있고 『시문초(詩文艸)』에서는 볼 수 없는 작품을 수록하였다.
2. 서명은 『 』, 편명·작품명은 「 」, 인용문은 " ", 강조는 ' ', 한글 표기와 한자 표기 병행 시 음가가 다른 경우는 [ ]를 약물로 표시했다.
3. 번역은 직역을 원칙으로 하되, 의미가 분명히 드러나지 않을 경우에는 주석을 달고 의역하였다.
4. 번역문의 중요한 한자는 한글과 병기하여 표기하였다.
5. 동일한 인명(人名)이나 내용이 반복해서 나올 경우, 처음 한 번만 각주로 달았다.
6. 인명과 서명등 주요 항목을 쉽게 검색할 수 있도록 색인을 부록으로 붙였다.
7. '[缺]'은 글자가 빠졌거나 판독 불가한 글자를 뜻한다.

책머리에

　금대(錦帶) 이가환(李家煥, 1742~1801)은 노긍(盧兢), 심익운(沈翼雲, 1734~?) 과 함께 조선 후기의 3대 천재로 불리었던 인물이다. 성호(星湖) 이익(李瀷)으로 대표되는 여주이씨(驪州李氏)의 가학을 계승했으며, 재야(在野)의 문형(文衡)을 지낸 혜환 이용휴(李用休)의 아들이기도 하였다. 황사영(黃嗣永)의 『백서(帛書)』와 정약용(丁若鏞)의 「정헌묘지명(貞軒墓誌銘)」을 통해서 이가환의 뛰어난 재주를 엿볼 수 있다. 이뿐 아니라, 후대의 문인들도 그에 대한 평가를 남긴 바 있다. 신광하(申光河), 이헌경(李獻慶), 이학규(李學逵) 등이 그의 비범한 능력에 대해 상찬했고, 『창해시안(滄海詩眼)』에서는 "그의 아들인 사간원 정언 가환 또한 명망이 한 세상에 높았으니, 그 미풍을 계승하였다 이를 만하다[其子, 正言家煥, 亦名高一世, 可謂繼美矣]"라고 하여 이가환을 부친인 이용휴와 필적할 정도로 평가하고 있다.

　이러한 천재적 면모에도 불구하고 그는 첨예한 정치적 상황에서 부침(浮沈)을 거듭했다. 자신의 굳건한 지지자였던 채제공(蔡濟恭, 1720~1799)과 정조(正祖, 1752~1800)의 잇단 죽음은 그의 반대파였던 벽파(僻派)들에게 무장해제당한 꼴이 되었다. 정조가 6월에 승하하고 금대는 이듬해 2월 9일에 검거되어 동월 24일 단식(斷食)으로 절명했으니 매우 급박하게 일이 처리되었음을 알 수 있다. 이렇게 비극으로 삶을 마무리했지만 그의 문학적 성취는 다른 어떠한 사람보다 남달랐다.

「정헌묘지명」에는, 『금대관집(錦帶館集)』 10책이 있다고 하였으나, 현재는 4책만이 남아 있다. 이덕무(李德懋)의 『청비록(淸脾錄)』에 의하면 그 당시에도 이미 금대의 시는 많이 없어졌던 것으로 보인다. 지금 전해지는 시 중에 45세 이전에 지은 작품은 한 편도 찾을 수 없다. 청·장년기 때에 지었던 발랄한 감각의 시들이 남아 있지 않은 점이 매우 아쉽다. 그의 시는 우수(憂愁)와 비감(悲感)의 정조(情調)가 대단히 강하다. 이러한 점이 그의 시의 기조(基調)라 해도 과언은 아니다. 구절구절 고사를 많이 사용해서 해석하기 쉽지 않아 번역에 애를 먹었다. 이번에 처음으로 그의 시를 온전히 한자리에 모아 번역본을 내게 되었다.

한서대학교 부설 동양고전연구소 소장이신 일평(一平) 조남권(趙南權) 선생님과 함께 출간하는 3번째 책이 된다. 이미 『혜환 이용휴 시전집』(1권)과 『혜환 이용휴 산문전집』(2권)을 상재(上梓)한 바 있다. 선생님을 처음 뵌 것은 1998년으로 기억된다. 명동에 있는 연구소를 소개 받아 선생님께서 개설한 강좌를 들었는데, 이듬해부터는 선생님을 모시고 단둘이 문집을 읽게 되었다. 매주 화요일 아침마다 거의 하루도 거르지 않고 찾아 뵙고 배웠으니 벌써 10년의 세월이 지난 셈이다.

그동안 나는 선생님의 주례로 결혼을 했고 석사와 박사를 받았으며 대학에 강의를 나가고 있다. 그렇게 세월은 흘렀고 나도 내년이면 마흔이 된다. 20대의 청년으로 선생님을 만났는데 나는 마흔이 되고, 선생님은 여든이 넘으셨다. 나는 선생님과의 인연이 더 오래될 수 있기를 진심으로 바란다.

선생님은 참으로 스승다운 분이시다. 한문을 공부하시면서도 곧잘 하이네의 시를 외우시고, 대화 중간에 영어를 맛깔나게 쓰시는 센스도 갖추셨다. 선생님을 곁에서 뵌 10년 동안 남을 험담하는 모습을 한 번도 본 적이 없다. 아직도 분리수거를 손수 하시고 이면지를 그냥 버리

시는 법이 없으며, 당신이 드신 컵도 손수 씻으신다. 그러한 모든 행동들이 몸에 배어 있으시다. 때로는 행동으로 보여주시는 그 교육이 나를 저절로 고개 숙이게 한다.

  이번 작업에도 많은 분들의 도움이 적지 않았다. 먼저 여러 면에서 자문에 응해 주시고 도움을 주신 한양대학교 정민(鄭珉) 교수님에게 감사를 드린다. 꼼꼼히 교정을 도와 준 손유경 선생에게도 감사를 전한다. 출판계의 사정이 여러모로 어려운 시기에, 여러 번 필자의 책 출간을 흔쾌히 수락한 소명출판의 박성모 사장과 직원 모두에게 감사함을 전한다. 끝으로 이언진(李彦瑱)의 시고(詩稿)를 정리 중이니 머지않은 시간에 발간될 것을 약속드리며 이 글을 맺는다.

2009년 5월
朴東昱

차례

책머리에 /3

『詩文艸』 卷之一

1.	대월정待月亭에서	3
2.	장단구長短句, 검암黔巖의 여관에서	4
3.	기자묘	5
4.	순찰사巡察使 조공趙公과 이별하다 [이름은 경璥이다]	6
5.	가산嘉山 수령 덕수德叟 이군이 조정으로 돌아가는 것을 전송하며 [이름은 무懋이다]	7
6.	앞선 시의 운자를 써서 윤생尹生에게 주다	8
7.	육애六愛에게 주다	9
8.	고을 백성들과 이별할 때 주다	9
9.	연광정練光亭에서 정지상鄭知常 시에 차운하다	10
10.	또 다多자 운에 차운하다	11
11.	옛 것을 서술하다	12
12.	차운하여 홍진사洪進士에게 주다 [이름은 계징啓徵이다]	16
13.	김윤함金允涵에게 주다	17

14.	관리 노혜준盧惠準에게 주다	18
15.	차운하여 관리 조익현趙翼賢에게 주다	18
16.	화강에서 유배 생활하는 중에 조진범趙晉範이 대동강 배안에서 보여주었던 28운을 뒤따라 수답하고 아울러 김윤함金允涵에게 서신으로 보내다	19
17.	신진택申震澤의 시에 차운하다 [이름은 광하光河이다]	23
18.	신진택申震澤이 보내온 고풍古風을 받들어 화답한다 1수이다	23
19.	양양襄陽 최상사崔上舍에게 주다 [이름은 창적昌迪이다]	24
20.	비	25
21.	허승암許勝菴이 보여주는 시에 차운하다 [이름은 만墁이다]	26
22.	송지계宋芝溪에 수창하다 [이름은 재도載道이다]	26
23.	송지계宋芝溪에 수창하다	27
24.	송지계宋芝溪에게 부치다	28
25.	정찰방鄭察訪이 사는 구암龜巖의 유거幽居에 써서 보내다 [이름은 도복道復이다]	29
26.	중추절 밤에 정찰방鄭察訪이 근무하는 은계역사銀溪驛舍에 들러 시를 남겨 주다	32
27.	관음사에서	32
28.	옥수암	33
29.	나날이	33
30.	매 풀어주는 것을 보다	34
31.	가을이 이르다	35
32.	평강平康에 사는 종인宗人에게 주다 [이름은 형珩이다]	35
33.	심진사沈進士의 교외에 있는 거처에 들렀다가 늦게야 돌아오다	37
34.	밤	37
35.	소나기가 쏟아지다	38
36.	붉은 꽃잎에 쓰다	38
37.	최수재崔秀才에게 주다 [이름은 진구鎭九이다]	39
38.	이선배의 장암藏巖 유거에 써서 보내다	40
39.	허승암許勝菴의 「견방見訪」 시에 차운하다	40
40.	가을날 백곡촌의 입구에서 허승암許勝菴과 종질從姪 유여幼輿를 전송하며	41
41.	심진사沈進士의 운흥雲興에 있는 유거에 써서 보내다	43
42.	심씨의 벽에 쓰다	44
43.	가을이 다하다	45
44.	화강花江에서 흥이 나서 20수	46
45.	화강사시사. 주인 이씨벽에 써서 남겨 놓다 4수	56

46. 측력행前力行 박사순朴師舜을 위해 짓다 57
47. 거듭 장암藏菴에게 부치다 2수이다 60
48. 간옹艮翁 이공李公이 요즘에 「견회見懷」라는 시에 화운을 보내왔는데 가르치는 뜻이 간절하였기에 감발하고 분발하여 한 편의 시를 지어 차운하여 보냈다 [이름은 헌경獻慶이다] 61
49. 흥이 나서 3수이다 65
50. 새벽 66
51. 눈이 개다 66
52. 범사냥을 탄식하다 67
53. 토지 조사를 탄식하다 68
54. 밤에 앉아서 69
55. 일찍 일어나서 2수이다 70
56. 답답한 속을 풀다 2수이다 71
57. 백문 72
58. 허승암許勝菴의 「견회見懷」에 받들어 화답하다 73
59. 계진사桂進士가 신안新安의 송별하는 자리에서 송별시를 지어준 시운에 뒤이어 수답하다 74
60. 계진사桂進士가 「서로 생각한다相憶」를 보내와서 수답한다 75
61. 계진사桂進士에게 수답하고 아울러 홍진사洪進士에게 편지를 보내다 75
62. 이종식李宗式에게 수답하다 76
63. 정군행鄭君行을 정현희鄭賢希군이 신안新安으로 돌아가는 데에 주다 77
64. 허승암許勝菴에게 화답하다 78
65. 심대사沈大士가 두시杜詩를 찾기에 장난삼아 올리다 79
66. 조진범趙晉範이 근체시를 보내준 것을 받았다. 멀어서 지난번 떠날 때 전송하지 못한 것을 아쉬워하고 아울러 최근의 상황을 물었으므로 운자에 맞추어서 곧 부치다 4수이다 80
67. 재차 심대사沈大士가 두시杜詩를 준 것에 감사하다 81
68. 동지 82
69. 눈을 보고 장난삼아 원화체元和體를 모방하다. 36운으로 짓다 83
70. 허씨인 두 생질이 옥계玉溪로 돌아가는 것을 전송하며 87
71. 사군使君 정경행丁景行이 임지인 흡곡歙谷으로 가는 것을 전송하다 [이름은 재운載運이다] 89
72. 사군시 89
73. 허승암許勝菴에 수답하다 100

74.	받들어 이간옹李艮翁에게 올리다	101
75.	섣달 6일에 문로의 집에서 매화를 감상했다. 문로는 매화를 사랑하여 스스로 수백 리 밖에서 메고 돌아왔다.	102
76.	배경조에게 주다	103
77.	윤공에 대한 만시 [다른 사람을 대신해 짓다]	103
78.	운자에 맞춰 심생에게 주다	104
79.	운자에 맞춰 송지계가 금강산의 설경을 생각해서 노중路中에서 먼저 방문한 이의 작품에 수답酬答하다	104
80.	백곡의 운을 거듭 써서 박이소에게 수답하다	105
81.	원일에 순옥에게 주다	105
82.	심하성沈廈成의 시에 차운하다	106
83.	인일에	106
84.	우연히 나오다	107
85.	빗줄기	108
86.	샘물을 베고 있는 집	108
87.	운자에 맞춰 신감역의 시에 수답하다	109
88.	허승암의 시에 차운하다	110
89.	문로文老에게 주다 2수이다	110
90.	흡곡歙谷 정사군丁使君이 호수에서 잡은 게를 선물한 것에 감사하며	111
91.	먼 길	112
92.	마현의 박씨 유거에 써서 보내다. [이름은 순우舜羽이고 그의 아버지는 진흥震興인데, 무신년에 향병으로 의병에 나갔다]	112
93.	빗줄기	113
94.	이승선李承宣이 보내온 시운에 수답하다	113
95.	상원 종인이 내방하여 보여준 시에 차운하다	114
96.	운자에 맞추어 중표형重表兄 이경용李敬庸에게 화답하다 2수이다	114
97.	비속에 백곡을 지나다 사천의 운을 쓰다	116
98.	문수폭포	116
99.	심진사에게 수답하다	117

차례 ix

『詩文艸』卷之二

1. 종인인 사간司諫의 운을 밟아 신생申生에게 주다 … 118
2. 심진사沈進士가 보내온 시에 차운하다 … 119
3. 오사군吳使君에게 주다 … 119
4. 차운을 해서 허승암許勝菴에게 올리고 덧붙여 그를 오라고 부르다 … 120
5. 순옥純玉이 온 것을 기뻐하며 … 121
6. 순옥純玉과 헤어지다 … 121
7. 정창해鄭滄海가 해악을 유람한 화권에 쓰다 … 122
8. 현재縣齋에서 윤생의 증별시에 화답하다 [이름은 득제得梯이다] … 129
9. 연안이씨 팔정려의 중수에 쓰는데 원운을 쓰다 … 130
10. 김일인金逸人 연화蓮化의 유거에 기재하다 [이름은 덕운德運이다] … 130
11. 영월 이사군에게 받들어 부치다 [이름은 동욱東郁이다] … 131
12. 현륭원顯隆園을 천봉한 때의 만장 … 132
13. 조선달 만시 [이름은 진도이다] … 135
14. 광국光國에게 주다 [족손 시선是銑이다] … 136
15. 김병사 만시 … 137
16. 성재聖在를 보내며 … 137
17. 채번암 상공의 어제 갱운을 받들어 화답하다 … 138
18. 앞의 운자를 써서 고생高生에게 주다 [이름은 인기仁基이다] … 139
19. 삼가 어제御製인「사릉을 배알하고 감회를 기록한다」라고 하신 운자에 화답하다 … 140
20. 홍맹호洪孟浩를 전송하며 [이름은 대연大然이다] … 141
21. 사위 권치복權穉福에게 주다 … 141
22. 방녹사 만시 [이름은 여곤如坤이다] … 142
23. 김생의 매화에 쓰다 … 143
24. 경주손씨 집안에 하사한 계천군鷄川君의 삼보三寶에 차운하다 … 143
25. 적성군수 이덕무李德懋 만시 … 144
26. 가을날 사람들과 함께 서쪽 못에서 연꽃을 감상하고 풍자운風字韻에서 가려 함께 짓다 … 145
27. 여러 공들을 모시고 거듭 서쪽 못을 찾다 … 146
28. 원외員外 윤이서尹彛叙가 해남海南으로 돌아가는 것을 전송하다 [이름은 지범持範이다] … 147

29.	이시랑 공에게 회국會菊에 지어 주다 [이름은 정운鼎運이다]	148
30.	홍지사 만시 [이름은 성원聖源이다]	148
31.	농산정에서 상감을 모시고 유람하다 어제에 응하여	149
32.	이날 밤 배를 태액지에 띄우고 상감의 명령으로 글을 짓다	150
33.	서쪽 못에서 연꽃을 감상하며 정해좌丁海左가 생각이 있어 부쳐서 보여준 작품에 받들어 화답하다	151
34.	운자에 맞춰 권상서에 받들어 화답하다 [이름은 엄繖이다]	151
35.	이제천李堤川 만시 [이름은 흡熻이다]	152
36.	정경암鄭磬菴 만시 [이름은 연경延慶이다]	153
37.	차운해서 동추 신공의 회혼례 자리에 바친다	153
38.	김 동돈령 만시 [이름은 시구蓍耈이다]	155
39.	김백암의 남긴 시에 뒤에다 쓰다	156
40.	임금이 하사한 중화척의 시운에 삼가 화답하다	157
41.	신진택申震澤를 곡하며 [이름은 광하光河이다]	157
42.	뒤늦게 지은 허우소許右巢 만시 [이름은 시是이다]	158
43.	여정汝鼎이 연경에 들어가는 것을 전송하며 [재종 이환彝煥이다]	160
44.	송지계宋芝溪를 곡하며	160
45.	영천永川 정처사 만시 [이름은 일찬一鑽이다]	163
46.	시랑 홍공이 기로로 승질된 운자를 받들어 차운하다 [이름은 주만周萬이다]	164
47.	신석북申石北의 천장 만시 [이름은 광수光洙이다]	165
48.	허수창許睡牕의 시에 차운하다 [이름은 원源이다]	167
49.	매와梅窩에서 송씨의 운을 차운하다 [이름은 제梯이다]	168
50.	칠석	168
51.	7월 17일 밤에 승선承宣 성오誠吾 강침姜忱·경조랑京兆郎 덕능德能 신석상申奭相·정언正言 무구无咎 윤지눌尹持訥과 함께 세검정에 오르니 비바람이 깜깜하여 쓸쓸히 아득히 하였다. 밤이 절반쯤 지나자 어두운 것이 다 사라지고, 달빛이 휘영청 밝았다	169
52.	해좌海左의 운자에 맞추어 최수사崔秀士 학초學初에게 주다	170
53.	사마공司馬公은 또 7언 4운 1수가 있어서 세덕世德을 서술하고 은조恩造를 기술하여 뜻을 같이하는 사람들에게 화답해주기를 요구하므로 나 또한 대뜸 받들어 차운한다	171
54.	시랑 이중휘李仲輝가 관북의 절도사로 가는 것을 전송하다 [이름은 집두集斗이다]	173
55.	남쪽 성에서 봄에 바라보다	174

56.	신대로申大廬를 모시고 김씨의 원림에 놀러가다	175
57.	삼가 어제에 화답하다. 3월 19일에 황단皇壇에서 망배를 하다가 창의에 몹시 감동해서 문정공 윤황에게 부조에 대한 은전을 명령한 시운이다	176
58.	또 이 날에 김충무공金忠武公 응하應河의 후손 택기宅基에게 선전관을 임명하고 이어서 활쏘기를 시험해서 사제賜第한 시운에 화답하다	177
59.	봄이 저물었을 때 교리校理 성욱聖勖 이석하李錫夏, 교리校理 혜부傒父 한치응韓致應, 교리校理 화오華五 심규로沈奎魯, 무구無咎와 함께 하여 세검정에서 놀다	178
60.	저녁에 돌아와서 창의문彰義門에 오르다	179
61.	산다	180
62.	심정언 만시 [이름은 봉석鳳錫이다]	180
63.	흰 모란	181
64.	등불 켠 밤 초대를 받아서 함께 서쪽 동산에 올라 이리저리 바라보다가, 서글픈 마음이 들어 짤막한 시를 지어서 뜻을 보이다	182
65.	오씨의 정원	182
66.	이상사 규진奎鎭의 큰 시냇가 유거에서 네 수를 읊다	183
67.	정생에게 주다 [이름은 환煥이다]	185
68.	신초석申蕉石이 월계로 들어가는 것을 전송하며 [이름은 기상蘷相이다]	185
69.	족손 시론是論을 전송하며	186
70.	7월 16일날 밤에 번암 상공을 모시고 시안정 앞에 배를 띄우다 2수	186
71.	신초석申蕉石에게 부치다	187
72.	송석원에 써서 보내다	188
73.	길옆의 수레 [신대로申大廬에게 수창하다]	188
74.	거듭 오씨의 정원을 찾다	189
75.	가을을 보내다	190
76.	윤창은尹昌殷을 곡하다	190
77.	교리 이평중李平仲 만시 [이름은 복윤福潤이다]	191
78.	번암 채상국蔡相國 만시	192
79.	헌납 정선장丁善長 만시 [이름은 지원志元이다]	192
80.	강릉부사 이치휘李穉輝 만시 [이름은 경명景溟이다]	194
81.	신 동지돈령부사 만시 [이름은 광요光堯이다]	195
82.	연광정의 증별운을 써서 조진범趙晉範이 서경으로 돌아가는 것을 전송하고 아울러 옛 친구에게 편지한다	196
83.	칠탄정 시운에 차운해서 진사 손병로孫秉魯에게 주다	199
84.	생질 신정권申鼎權의 시권에 쓰다	200

85.	어제로 수권제서에 쓴 운자를 삼가 차운하다	201
86.	7월 16일 밤에 학사 심화오沈華五와 배를 타고 이수를 거슬러 오르락내리락하다	204
87.	시안정	204
88.	27일날 밤에 정언 윤무구尹無咎가 홍득洪得의 편지를 가지고 이르렀으므로 매우 기뻐서 짓다	205
89.	달 밤에 다른 사람과 함께 옥창강에 배를 띄우고 함께 짓다	206
90.	신대로申大魯에게 주다	206
91.	만추에 대로大魯와 오사五沙가 지나다 들렀다	207
92.	탁하擇下가 밤에 들러서 함께 짓다 [신보상申甫相이다]	208
93.	종려희인椶廬姬人을 애도하다	209
94.	학사 심화오沈華五에게 받들어 화답하다	209
95.	김중진金仲振이 의성으로 돌아가는 것을 전송하며 [이름은 영탁英鐸이다]	210
96.	고인이 된 장용 외사 조관서 만시 [이름은 심태心泰이다]	211
97.	편지를 신초석申蕉石에게 보내다	212
98.	권승지 동야東野를 곡하다 [이름은 평坪이다]	212
99.	홍관윤을 곡하다 [이름은 주만周萬이다]	214
100.	심자沈子에게 수답하다 [이름은 건健이다]	215
101.	서쪽 성의 작은 모임	216
102.	반호半湖의 댁에서 영산홍이 활짝 피었으므로 승僧자를 취해서 함께 짓다. 예천군수를 지낸 권성權偗의 주동鑄洞에 있는 옛 집이다	217
103.	또 홍자를 얻다	218
104.	반가운 비	218
105.	송일루에서의 작은 모임	219
106.	서씨의 정원	220
107.	그림을 보고 대로大魯와 함께 짓다	220
108.	소헌의 여름날	221
109.	근수정에서 시랑 윤필병尹弼秉, 경윤 이정운李鼎運, 수령 신석상申奭相과 함께 짓다	222
110.	이날 저녁에 배를 띄웠으나 비를 만나다	223
111.	밤이 되어	223
112.	다음날 배를 띄웠는데 바람이 세차서 다시 돌아오다. 윤시랑尹侍郎과 신령申令은 먼저 돌아가다	224
113.	정자에 남긴 시	225
114.	채상서가 강화유수로 가는 것을 전송하다 이름은 홍리弘履이다 6수	226

115.	오사五沙에게 주다	228
116.	여러 공들을 모시고 남영南營의 수각에서 연회할 때 운자를 잡다	228
117.	심중빈沈仲賓 군이 이곳에 아름다운 국화를 심었는데 국화가 이미 무성해졌다. 밤중에 방비하지 못하여 심은 자리가 텅 비게 되었다. 호사자들이 이런 말을 듣자 다투어 서로 주어서 얻은 것이 처음보다 많게 되었다. 기뻐서 시를 짓기에 나 또한 이어서 화답하다	229
118.	박석포朴石浦의 집에 숭정 무진년과 갑신년의 대통력大統曆을 수장하고 있어서 시를 짓다	230
119.	표형 삼수옹三秀翁의 마흔 한 살 때의 시운을 받들어 차운하다 [진사 유광진柳光鎭이다]	231
120.	구공금	232
121.	공경하는 마음으로 술회하려고 했던 의체시	233
122.	11월 그믐날 밤에 누워서 해마다 특별히 달력을 반포했던 날을 생각하고 슬픈 생각이 들어 짓다	240
123.	사흡 신혜연申惠淵이 최근의 작품을 보여주었는데 그중에는 내가 지은 시에 화답한 것이 있기에, 다시 절구 한 수를 화답한다. 이때에 사흡은 새로 임관 되었다	241
124.	윤시랑의 매화에 화답하다	242
125.	오사 이상서 만시	242
126.	중인시	243

『금대시문초』에 실려 있는 작품들

1.	제주도로 돌아가는 만덕萬德에게	245
2.	신해년1791 가을 8월에 농사를 점검하러 칠곡柒谷을 지나가는 길에 요절한 두 자식의 무덤을 살펴보았다. 세월이 오래되어 가시덤불이 덮었으니 울쩍하여 시를 짓는다	247
3.	신안 홍진사가 보인 시운에 화답하다	248
4.	철산정씨의 경독정耕讀亭에 써서 보내다	248

[해제] 우수憂愁와 비감悲感의 시학   249

이가환 시전집

『詩文艸』卷之一

1. 대월정(待月亭)에서

待月亭

可憐明月色	가련하도다! 밝은 달빛이여
應解綺牕開	비단 창 열어 논 걸 응당 이해하련만,
只在欄干曲	난간이 굽은 곳에 있기만 하고
徘徊不肯來	머뭇대며 기꺼이 안 오려 하네.

2. 장단구(長短句), 검암(黔巖)[1]의 여관에서[2]

長短句, 黔巖傳舍

[1]

記得往年	지난 일 떠올리면
千騎出東方	일천 기병 동방(東方)으로 출정했었네.[3]
酷肖何甥	꼭 닮았네 뉘 집의 사위시던가?
玉潤衛郎	사위인 위랑(衛郎)[4]이 바로 그라네.
芳酒解攜當夕陽	석양 무렵 좋은 술로 작별 하누나.[5]
家中事	이런 저런 집안 일들
仔細商量	하나하나 자세히 따져 보느라
臨分更覺話頭長	작별 임해 말이 긴 것 문득 깨닫네.

[2]

今日重來	오늘 여기 다시 오니
匹馬繫垂楊	말 한 마리 버들 가지 고삐 매었네.
人遠天涯	하늘가 아득히 사람은 멀어
境過夢場	경계를 지나가는 꿈같은 장소인데,

---

2) 고전번역원본에는 제목이 「검암전사(黔巖傳舍)」로 되어 있다.
3) 『옥대신영(玉臺新詠)』「일출동남우행(日出東南隅行)」에 "동쪽으로 가는 일천 기마병, 우리 남편 맨 앞에 자리 잡았네[東方千餘騎, 夫婿居上頭]"라고 했다. 본래는 나부(羅敷)라는 여자가 남편의 출중함을 자랑한 데에서 나온 말이다.
4) 위랑(衛郎): 궁성안의 각 전각을 맡아 지키는 낭관(郎官)을 이른다.
5) 해휴(解攜): 이별을 이른다. 두보(杜甫)의 「수숙견흥봉정군공(水宿遣興奉呈群公)」이라는 시에 "異縣驚虛往, 同人惜解攜"라 나온다.
6) 기자묘(箕子墓): 기자(箕子)는 은(殷)나라 태사(太師). 주왕(紂王)의 숙부로서 주왕에게 자주 간하였으나, 듣지 않자 거짓으로 미친 체하여 종이 되었다. 은나라가 망한 후 조선에 나와 기자조선(箕子朝鮮)을 창업하였다 한다. 기자의 묘는 평양성 북쪽 토산(兎山) 위에 있다. 당고(唐皐)의 사(詞)가 있으며, 동월(董越)의 사와 예겸(倪謙)·최숙정(崔淑精) 등의 시가 있다. 『동국여지승람(東國輿地勝覽)』 참조.
7) 기성(箕城): 평양을 이른다.

紅壁舊題霾斷香	붉은 벽에 예전 쓴 글 풍진(風塵)으로 향기 끊겼네.
眼前景	눈 앞에 보이는 광경은
多少悠揚	이리저리 많이도 흩날리나니
浮生只是水流忙	뜬 인생 강물처럼 바삐 흐르네.

3. 기자묘[6]

箕子墓

落日箕城北	해가 지는 기성(箕城)[7] 북쪽에
低徊過客情	서성이는 나그네 마음이여!
衣冠猶制度	의관은 옛 제도와 같았지마는
霜露盡聲名	세월에 명성일랑 사라져 갔네.
磵水琴心遠	간수에는 금심(琴心)[8]이 멀기만 하고,
山門麥氣淸	산문(山門)에는 보리의 향기 맑도다.[9]

---

[6] 기자묘(箕子墓) : 기자(箕子)는 은(殷)나라 태사(太師). 주왕(紂王)의 숙부로서 주왕에게 자주 간하였으나, 듣지 않자 거짓으로 미친 체하여 종이 되었다. 은나라가 망한 후 조선에 나와 기자조선(箕子朝鮮)을 창업하였다 한다. 기자의 묘는 평양성 북쪽 토산(兎山) 위에 있다. 당고(唐皐)의 사(詞)가 있으며, 동월(董越)의 사와 예겸(倪謙)·최숙정(崔淑精) 등의 시가 있다. 『동국여지승람(東國輿地勝覽)』참조.
[7] 기성(箕城) : 평양을 이른다.
[8] 금심(琴心) : 여기서는 거문고 소리를 통하여 자신의 마음을 표현함.
[9] 기자(箕子)는 미친 사람처럼 머리를 풀어 헤치고 종이 되어 몸을 숨기고 살았는데 그 뒤 은나라가 무왕에게 망하고, 몇 해가 지나 은나라 도읍을 찾아보니 화려하고 번성했던 옛 도읍이 보리와 기장이 무성히 자라 폐허로 변해버린 것을 보며 비애에 젖어 탄식하면서 지은 〈맥수가(麥秀歌)〉에서 "보리는 무성하게 점점 자라고 벼와 기장은 무성하네. 이 모두가 저 사나운 아이 주왕이 내 말을 듣지 않았기 때문이네[麥秀漸漸兮, 禾黍油油. 彼狡童兮, 不與我好兮]"라고 했다.

九疇終寂寞　　구주(九疇)10)가 마침내는 적막하기만하니
今古漫經生　　고금에 부질없이 경생(經生)11)만 있네.

4. 순찰사(巡察使) 조공(趙公)과 이별하다 [이름은 경(璥)12)이다]

奉別巡察使趙公 [名璥]
　疎嬾分符滯異鄉　게으른 몸13) 부절(符節) 나눠 타향에 있었는데,
　重臣主陝接輝光　중신(重臣)14)이 협곡 맡아 광채를 접하였네.
　時趨不見金章色　시추(時趨)15)하는 금장(金章)16) 빛을 볼 수가 없고,
　每退真携燕寢香　매양 물러나도 진실로 연침(燕寢)17) 향기 지니었네.

---

10) 구주(九疇) : 『서경(書經)』 「홍범(洪範)」편의 구주(九疇)를 말하는데, 천하를 다스리는 아홉 가지 대법(大法)이다.
11) 경생(經生) : 여기서는 경학(經學)을 연구하는 서생(書生)이란 뜻이니 경(經)이란 기자(箕子)가 주(周)나라 무왕(武王)에게 전해 주었다는 『서경(書經)』의 「홍범(洪範)」편을 가리킨다.
12) 조경(趙璥) : 조경(趙璥, 1727~1787)으로 보인다. 본관은 풍양(豊壤). 자는 경서(景瑞), 호는 하서(荷棲). 시호는 충정(忠定). 1763년 증광문과(增廣文科)에 급제한 뒤 검열(檢閱)이 되고, 여러 관직을 거쳐 함경도관찰사 때 민폐를 없애고, 군무(軍務)를 충실하게 하여 명성을 떨쳤다. 이어 돈령부지사(敦寧府知事)가 되고, 형조판서에 올라 경연지사(經筵知事)·홍문관제학(弘文館提學)·도총관(都摠管)을 겸하였다. 1786년 우의정이 된 뒤 은언군(恩彦君) 인(䄄)의 처벌을 수차 주장하여 파직되었다가 중추부판사(中樞府判事)로 다시 기용되었다. 문집으로 『하서집』이 있다. 『외안고』에 따르면, 조경은 1786년 3월 평안도 관찰사로 임명되었으니, 후임인 유언호(俞彦鎬)가 동년 11월에 부임할 때까지 근무하게 된다. 이 시는 이즈음에 지어진 것으로 보인다.
13) 소란(疎嬾) : 소라(疏懶)와 같다. 나태하고 산만함. 여기서는 당시 정주목사(定州牧使)로 재임했던 저자(著者) 자신을 가리킨다.
14) 중신(重臣) : 여기서는 조경(趙璥)을 가리킨다.
15) 시추(時趨) : 시취(時趣)라 쓰기도 하는데, 시세에 따르는 것을 의미한다.
16) 금장(金章) : 금인(金印)으로 모두 고관(高官)들이 차는 것들이다.
17) 연침(燕寢) : 고대 제왕(帝王)이 거식(居息)하는 궁실(宮室).

無怪閭閻凋瘵在	여염집서 곤궁함을[18] 괴이치 말 것이니,
卽看旌節去來忙	정절(旌節)[19]이 바쁘게 왕래함을 보게 됨이랴!
事樞早晩歸高手	직권(職權)이 조만간에 고수(高手)에게 갈 것이니,
速瀉天瓢向此方	이곳 향해 하늘의 표주박[天瓢][20]으로 속히 쏟도록 하오.

5. 가산(嘉山)[21] 수령 덕수(德叟) 이군이 조정으로 돌아가는 것을 전송하며 [이름은 무(懋)[22]이다]

送嘉山守李君德叟還朝 [名懋]

趨庭聞說舊交深	아버지 모실 적[23]에 옛 교분 깊단 말씀 들었는데,
渡浿欣逢雅望臨	대동강 건너 내임(來臨)한 아망(雅望)[24]을 반갑게 만났었네.
偶爾得官因得友	우연히 관직을 얻음으로 인해 벗을 얻었고,
自從知面便知心	얼굴을 알 때부터 곧장 마음 알았다네.
煙霄好伴靑春入	영전(榮轉)[25]으로 푸른 봄[26]에 짝하여 들어가는데,

---

18) 조채(凋瘵) : 여기서는 백성의 생활이 쇠약하고 곤궁함을 가리킨다.
19) 정절(旌節) : 사자(使者)가 들고 가던 의장(儀仗). 여기서는 실정(失政)한 전임순찰사가 퇴임하고 신임순찰사가 부임함을 뜻한다.
20) 하늘의 표주박[天瓢] : 신화에 나오는 것으로 천신(天神)이 비를 내릴 때 쓰는 표주박.
21) 가산(嘉山) : 평안도 가산군(嘉山郡)을 가리킨다.
22) 이무(李懋) : 『외안고』에 따르면, 이무는 1785년 6월 가산군수에 임명되었으니, 후임인 이우도(李禹道)가 1786년 12월에 부임할 때까지 근무하게 된다. 이삼환(李森煥)도 『소미산방장(少眉山房藏)』에 「증별가산사군이무(贈別嘉山使君李懋)」라는 시를 남긴 바 있다.
23) 추정(趨庭) : 자식이 아버지의 가르침을 받는 것을 말한다. 『논어(論語)』 「계씨(季氏)」에 "鯉趨而過庭"이라 했다.
24) 아망(雅望) : 청고(淸高)한 명망(名望). 여기서는 가산군수로 있던 이무(李懋)의 인품을 가리킨 것이다.
25) 영전(榮轉) : 본문의 연소(煙霄)는 운소(雲霄)와 같은 말로 현혁(顯赫)한 지위에 비유

關塞愁催白髮侵	(나는) 변방27)에서 근심 속에 흰머리 늘어남만 재촉하네.
總道前期堪屈指	만날 약속 하면서 손가락을 꼽지만,
嘉州酒重與誰斟	가산 술을 다시금 뉘와 함께 마실 건가?

6. 앞선 시의 운자를 써서 윤생^{尹生}에게 주다

步前韻, 贈尹生

愛汝茅齋山色深	그대의 초가집에 산 빛 짙음 사랑했는데
軒牕況復碧溪臨	하물며 집 창문이 벽계를 굽어 봄이랴
門前車馬不經眼	문 앞의 거마들은 거들떠 안 보지만,
水際禽魚眞會心	물가의 짐승들은 진실로 마음에 드네.
儒雅殊方欣始接	고아한 선비 타향에서 기쁘게 처음 만났으니,
幽憂昔疾莫相侵	옛날 앓았던 우울증 들어오지 못하게 되리.
新安春物催詩好	신안(新安)28)의 봄 경치는 시를 재촉하기 좋으니
一字須君與細斟	한 글자도 그대를 기다려서 꼼꼼히 감상하련다.29)

하는 뜻이니 여기서는 이무(李懋)가 영전하여 조정으로 들어가는 것을 가리킨 것이다.
26) 푸른 봄[靑春]: 여기서는 봄철이란 뜻. 두보(杜甫), 「문관군수하남하북(聞官軍收河南河北)」에 "白日放歌須縱酒, 靑春作伴好還鄕"이라고 했다.
27) 『외안고』를 참조해 보면, 이가환은 정주목사(定州牧使)로 1786년 7월에 부임해서 암행어사 이곤수(李崑秀)의 서계로 파직되어 1787년 4월에 금화(金化)에 유배될 때까지 채 1년도 안 되는 짧은 시간을 보냈다.
28) 신안(新安): 평안도 정주(定州)의 옛 이름이다.
29) 꼼꼼히 감상하련다[細斟]: 여기서는 품평하며 감상한다는 뜻이다.

7. 육애(六愛30))에게 주다

贈六愛

臉霞零落鬢雲欹	뺨의 홍조 스러지고 귀밑머리 기우숙해,
多情贏得作情癡	다정함 실컷 얻어 정에 얽힌 바보였네.
東風無限閑花草	동풍은 끝이 없고 화초는 한가한데,
何必摧殘苦竹枝	어이 굳이 참대[苦竹] 가지 꺾어서 해치리오.

8. 고을 백성들과 이별할 때 주다[31]

贈別州民

髧白奔波咽路岐	노소(老少)가 달려와서 갈림길서 오열하며,
一聲使道淚雙垂	일제히 "사또" 부르면서 두 줄기 눈물 흘리네.
不如趁早還家去	"일찌감치 집으로 돌아가서는
男力耕田女績絲	사내는 밭 갈고, 여인은 길쌈함만 못하리."

---

30) 육애(六愛) : 이 시의 내용으로 보아 어떤 노기(老妓)의 이름으로 보인다.
31) 이 시는 정주목사로 있다 금화로 유배갈 때의 모습을 그린 것으로 보인다.

9. 연광정練光亭에서 정지상鄭知常 시에 차운하다[32]

練光亭, 次鄭知常韻

[1]
江樓四月已無花	강가 누대 4월이라 꽃 이미 다 졌는데
簾幕薰風燕子斜	휘장에 훈풍 불고 제비들 비껴 나네.
一色綠波連碧艸	초록 물결 푸른풀과 연이어져 한 빛깔인데
不知別恨在誰家	뉘 집에 이별의 한 있는지 모르겠네.

[2]
仁聖遺祠歲月多	인성한 분 사당에도[33] 세월 많이 흘렀으니
朝天舊石足悲歌	조천(朝天)하는 옛 돌[34]에는 슬픈 노래 가득하네.
大同門外長江水	대동문(大同門)[35] 밖으로 흘러가는 긴 강물은,
不見廻波見逝波	휘도는 물결 보이잖고 가는 물결만 보이누나.

---

32) 고전번역원본에는 제목이 「연광정(練光亭)」으로 되어 있다. [1]번 시 3구의 녹(綠)이 벽(碧)으로 되어 있다.
33) 인성(仁聖) : 어진 덕과 밝은 지혜. 제왕(帝王)을 칭송하는 상투적인 말인데 여기서는 단군(檀君)·기자(箕子)·동명왕(東明王)을 일컫는 것으로 보인다. 기자사(箕子祠), 단군사(檀君祠), 동명왕사(東明王祠)가 평양성 내에 있었다.
34) 조천석(朝天石) : 평양(平壤)의 기린굴(麒麟窟) 남쪽에 있다. 동명왕(東明王)이 이 바위에서 기린을 타고 하늘나라로 올라갔다고 한다. 『삼국유사』에 나온다.
35) 대동문(大同門) : 대동강 기슭에 있는 고구려 평양성의 동문. 북한 국보급 문화재 제1호이다. 문루에는 '읍호루(挹灝樓)'라는 현판(懸板)이 붙어 있다. 이 문은 대동강을 건너 남으로 통하는 평양성 성문 가운데서도 가장 중요한 문이었으며, 고려 시대의 건축물을 계승한 조선 전기의 형식과 구조상 특징을 보여주는 성문 건축물의 대표작으로 꼽힌다.

10. 또 다多자 운에 차운하다[36]

又次多字韻

[1]

牡丹塚上野花多	모란봉 무덤가[37]엔 들꽃 흐드러지게 피고,
樂府猶傳石北歌	악부(樂府)에는 지금도 석북(石北)[38]의 노래 전하네.
惆悵紅闌亭子望	붉은 난간 정자에서 서글피 바라보며
練光依舊寫秋波	연광정의 예와 같은 가을 물결 시로 썼네.

[2]

長堤從古解携多	긴 둑에는 예로부터 이별이 많았으니
一半離歌雜櫂歌	이별가의 절반은 뱃노래 섞여 있네.
自是征人輕遠別	원래 나그네는 먼 이별 쉽게 여기나,
江中日日足風波	날마다 강물에는 풍파가 많이 있네.

---

36) 다자운(多字韻)은 정지상의 「송인(送人)」을 가리킴.
37) 모란봉 무덤가: 모란봉 아래에 있었던 기생의 무덤인 선연동(嬋娟洞)을 가리키는 듯하다.
38) 석북(石北): 신광수(申光洙, 1712~1775)의 호. 조선 영조 때의 문인. 본관은 고령(高靈). 자(字)는 성연(聖淵), 또 다른 호(號)는 오악산인(五嶽山人). 집안은 남인으로 초기에는 벼슬길이 막혀 향리에서 시작(詩作)에 힘쓰며, 채제공(蔡濟恭)·이헌경(李獻慶)·이동운(李東運) 등과 교유하였다. 또한, 윤두서(尹斗緒)의 딸과 혼인하였다. 시명을 세상에 떨쳤는데 특히 과시(科詩)에 능하였고, 「관산융마(關山戎馬)」는 창(唱)으로 널리 불렸다. 저서로『석북집(石北集)』이 전한다.

II. 옛 것을 서술하다[39]

述古

평양은 인성(仁聖)한 옛 수도[40]인데도 유람하는 이들은 풍경에만 흠뻑 빠져서[41] 모두 음탕(淫蕩)하고 요염(妖艶)한 말만 많이 하고 있으니 매우 덕을 높이고 풍속에 힘쓰는 것이 아니다. 그러므로 옛날 일로 10장을 지어 바로 잡음으로써 그곳의 인사(人士)들에게 주어, 그들로 하여금 근본으로 돌아가고 감흥을 일으키도록 조술(祖述)은 해도 창작은 하지 않았으니, 또한 이로써 꾸미는 것을 깎아 내고 순박한 데로 돌아가게 하는 뜻을 붙이는 것이다.

平壤, 仁聖故都, 遊者, 流連光景, 多爲淫艶之辭, 甚非所以崇德勵俗也. 故賦述古十章以矯之, 遺其人士, 俾反本興感, 述而不作, 亦以寓剗雕回淳之意云.

[1]
咨汝殷商　　　　아! 너희 은상[42] 나라는[43]

---

39) 옛 것을 서술하다[述古] : 옛 글귀로 서술한다는 말. 곧 아래 문구의 술이부작(述而不作)과 같은 뜻으로 여기서는 평양(平壤)에 관하여 금대(錦帶) 자신의 견해를 피력하되 자신이 글로 짓는 것이 아니라 옛날에 지어진 시구나 문구를 취하여 짓는 것을 말한다. 이 술고시(述古詩)는 구구마다 『시경』의 시구를 빌어서 평양에 관한 것을 읊은 것이니 시경을 통달하여 암송하지 않으면 할 수 없는 일이다.
40) 인성(仁聖)한 옛 수도[仁聖故都] : 여기서는 은(殷)나라 말기 삼인(三仁 : 微子·箕子·比干)의 한 사람으로 일컬어지는 기자(箕子)가 주나라를 섬기지 않고 조선(朝鮮)으로 나와 단군조선(檀君朝鮮)을 뒤이어 다스렸다는 기자동래설(箕子東來說)을 가리킨 말이다. 평양(平壤)에는 기자(箕子)가 수도로 삼았던 곳으로서 기자궁(箕子宮)·기자묘(箕子墓)·기자사(箕子祠)와 그 들녘에는 기자가 정전법(井田法)을 실시한 유적이 있다. 『신증동국여지승람(新增東國輿地勝覽)』, 평양부(平壤府) 참조.
41) 유련(流連) : 유락(游樂)을 즐겨서 돌아감을 잊는 것을 말함. 『맹자(孟子)』「양혜왕하(梁惠王下)」에 "流連荒亡, 爲諸侯憂. 從流下而忘反謂之流, 從流上而忘反謂之連"이라 했다.
42) 은상(殷商) : 나라 이름. 은(殷)나라 탕(湯)임금이 중국을 통일하자 나라 이름을 그의 시조인 설(契)이 봉해진 땅 상(商)을 취하여 나라 이름을 상(商)이라 했다가 그 후대에

不用其良	그 선량한 사람 쓰지 않았기에44)
維此聖人	이와 같은 성인이45)
遂荒大東	드디어 멀고 먼 대동(大東)으로 왔도다.46)

[2]
亦白其馬	또 그 말을 희게 하였으니47)
於焉嘉客	이에 아름다운 손님이 되었도다.48)
濟濟多士	성대한 많은 선비들은49)
徧爲爾德	두루 그대의 덕 실행하였도다.50)

[3]
凡百君子	모든 군자들이51)
世執其功	대대로 그 공을 지키게 한지라52)
其在于今	그 지금에 있어서도53)
尙有典刑	오히려 법도가 남아 있도다.54)

수도를 은(殷)이란 곳으로 옮기자 나라 이름을 은(殷)이라 해서 은상(殷商)이라 일컫는 것이다.

43) 『시경』「대아(大雅)」 '탕(蕩)'에 "文王曰咨, 咨女殷商"이라 했다. 이 시는 이 시구부터 끝까지 모두 『시경』에서 따온 것이다. 이 시의 해석은 전통문화연구회에서 발행한 『시경집전(詩經集傳)』의 성백효(成百曉) 교수 역주를 많이 참고하였다.
44) 『시경』「소아(小雅)」 '기보(祈父)'에 "四國無政, 不用其良"이라 했다.
45) 『시경』「대아」 '탕(蕩)'에 "維此聖人, 瞻言百里"라 했다.
46) 『시경』「노송(魯頌)」 '비궁(閟宮)'에 "遂荒大東, 至于海邦"이라 했다.
47) 『시경』「주송(周頌)」 '유객(有客)'에 "有客有客, 亦白其馬"라 했다.
48) 『시경』「소아」 '백구(白駒)'에 "所謂伊人, 於焉嘉客"이라 했다.
49) 『시경』「대아」 '문왕(文王)'에 "濟濟多士, 文王以寧"이라 했다.
50) 『시경』「소아」 '천보(天保)'에 "羣黎百姓, 徧爲爾德"이라 했다.
51) 『시경』「소아」 '우무정(雨無正)'에 "凡百君子, 各敬爾身"이라 했다. 이밖에 「소아」 '항백(巷伯)'에도 보인다.
52) 『시경』「대아」 '숭고(崧高)'에 "登是南邦, 世執其功"이라 했다.
53) 『시경』「대아」 '억(抑)'에 "其在于今, 興迷亂于政"이라 했다.
54) 『시경』「대아」 '탕(蕩)'에 "雖無老成人, 尙有典刑"이라 했다.

[4]
我征徂西	나는 길 따라 서쪽으로 가노니55)
維莫之春	늦은 봄이 되었도다.56)
鳥鳴嚶嚶	새 울음 앵앵 거렸으니57)
嗟我懷人	아! 나는 님을 그리워 하는도다.58)

[5]
彼君子兮	저 군자들은59)
惠然肯來	순하게 기꺼이 와서는60)
載色載笑	곧 안색을 짓고 곧 웃으면서61)
飮酒孔偕	술 마시기를 크게 함께 하는도다.62)

[6]
乃如之人	바로 이와 같은 사람들은63)
方何爲期	이제 언제나 돌아오려나?64)
百僚是試	온갖 관료들을 시험 하니65)
髦士攸宜	준걸스러운 선비의 마땅한 바로다.66)

---

55) 『시경』「소아」'소명(小明)'에 "我征徂西, 至于艽野"라 했다.
56) 『시경』「주송(周頌)」'신공(臣工)'에 "嗟嗟保介, 維莫之春"이라 했다.
57) 『시경』「소아」'벌목(伐木)'에 "伐木丁丁, 鳥鳴嚶嚶"이라 했다.
58) 『시경』「주남(周南)」'권이(卷耳)'에 "嗟我懷人, 寘彼周行"이라 했다.
59) 『시경』「위풍(魏風)」'벌단(伐檀)'에 "彼君子兮, 不素餐兮"라 했다. 또, 「당풍(唐風)」 '유체지두(有杕之杜)'에도 보인다.
60) 『시경』「패풍(邶風)」'종풍(終風)'에 "終風且霾, 惠然肯來"라 했다.
61) 『시경』「노송(魯頌)」'반수(泮水)'에 "載色載笑, 匪怒伊教"라 했다.
62) 『시경』「소아」'상호(桑扈)'에 "酒旣和旨, 飮酒孔偕"라 했다. 원문에는 개(皆)로 되어 있으나 해(偕)의 오자이므로 해(偕)로 바꾸었다.
63) 『시경』「패풍(邶風)」'일월(日月)'에 "乃如之人兮, 逝不古處"라 했다.
64) 『시경』「진풍(秦風)」'소융(小戎)'에 "方何爲期, 胡然我念之"라 했다.
65) 『시경』「소아」'대동(大東)'에 "私人之子, 百僚是試"라 했다.
66) 『시경』「대아」'역복(棫樸)'에 "奉璋峨峨, 髦士攸宜"라 했다.

[7]
維曰于仕	오직 말하자면 가서 벼슬을 하는지라67)
誰因誰極	누구에게 달려가며 누구에게 의지할까68)
愛莫助之	사랑해도 도울 수 없으니69)
我心蘊結	내 마음은 쌓여서 맺혀 있도다.70)

[8]
人亦有言	사람들이 또한 말을 하는데71)
不忮不求	원망도 구하지도 않는다 했으니72)
微君之故	군주 때문이 아니라면73)
寔命不猶	이는 운명이 같지 않기 때문이다.74)

[9]
潛雖伏矣	잠겨서 숨어 있었으나75)
無曰不顯	나타나지 않았다고 말할 수는 없다.76)
庶幾夙夜	바라건대 아침부터 밤까지77)
淑愼其身	그 마음을 선량하게 조심할지어다.78)

---

67) 『시경』「소아」 '우무정(雨無正)'에 "維曰于仕, 孔棘且殆"라 했다.
68) 『시경』「용풍(鄘風)」 '재치(載馳)'에 "控于大邦, 誰因誰極"이라 했다.
69) 『시경』「대아」 '증민(蒸民)'에 "維仲山甫擧之, 愛莫助之"라 했다.
70) 『시경』「회풍(檜風)」 '소관(素冠)'에 "庶見素韠兮, 我心蘊結兮"라 했다.
71) 『시경』「대아」 '억(抑)'에 "人亦有言, 顚沛之揚"이라 했다. 이밖에 「대아」 '상유(桑柔)'와 '증민(蒸民)'에도 보인다.
72) 『시경』「패풍(邶風)」 '웅치(雄雉)'에 "不忮不求, 何用不臧"이라 했다.
73) 『시경』「패풍(邶風)」 '식미(式微)'에 "微君之故, 胡爲乎中露"라 했다.
74) 『시경』「소남(召南)」 '소성(小星)'에 "抱衾與裯, 寔命不猶"라 했다.
75) 『시경』「소아」 '정월(正月)'에 "潛雖伏矣, 亦孔之炤"라 했다.
76) 『시경』「대아」 '억(抑)'에 "無曰不顯, 莫予云覯"라 했다.
77) 『시경』「주송(周頌)」 '진로(振鷺)'에 "庶幾夙夜, 以永終譽"라고 했다.
78) 『시경』「패풍(邶風)」 '연연(燕燕)'에 "終溫且惠, 淑愼其身"이라 했다.

[10]
雖無予之	비록 너에게 주는 것은 없으나,79)
好爾無斁	너를 좋아해서 싫어함이 없노라.80)
矢詩不多	시로 바로잡길 많이 하지 않는 건81)
先民有作	선민들 지은 것이 있어서이니라.82)

12. 차운하여 홍진사(洪進士)에게 주다 [이름은 계징(啓徵)83)이다]

次韻贈洪進士 [名啓徵]

[1]

長亭霧列一州賢	장정(長亭)84)에 안개 깔린 한 고을이 훌륭한데,
歸袂風淸四月天	소매 바람 시원한 사월이라하네.
細檢行裝還自笑	행장을 꼼꼼히 검사하며 되레 절로 웃으니,
更無民事好安眠	다시는 민사(民事)85) 없어 편히 잠잘 수 있어서네.
揭陽儋耳猶輕典	게양86)과 담이87)는 오히려 가벼운 은전88)이었고,

---

79) 『시경』 「소아」 '채숙(采菽)'에 "雖無予之, 路車乘馬"라고 했다.
80) 『시경』 「소아」 '거할(車舝)'에 나온다. 시경원문에는 "好爾無射"로 되어 있다. 역(斁)과 역(射)은 글자는 같지 않아도 음(音)·훈(訓)은 같아 '역'이란 음에 '싫다'는 뜻이다.
81) 『시경』 「대아」 '권아(卷阿)'에 "矢詩不多, 維以遂歌"라고 했다.
82) 『시경』 「상송(商頌)」 '나(那)'에 "自古在昔, 先民有作"이라 했다.
83) 홍계징(洪啓徵, 1732~?) : 본관은 남양(南陽). 아버지는 홍우하(洪遇夏). 1765년(영조 41) 진사(進士)가 되었다.
84) 장정(長亭) : 정(亭)은 역정(驛亭). 곧 역사(驛舍)이다. 옛날에는 도로에 10리마다 장정(長亭)을 설치하고, 5리마다 단정(短亭)을 설치하였다 한다. 장정은 10리 길이란 뜻이다.
85) 민사(民事) : 백성에 관한 일. 여기서는 군현(郡縣)의 수령(守令)으로서 백성을 다스리는 일을 말한다.
86) 게양(揭陽) : 중국 남쪽에 있는 오령 중에 하나이다. 참고로 오령은 대유(大庾)·시안(始安)·임하(臨賀)·계양(桂陽)·게양(揭陽) 등이다.

句曲良常是宿緣　구곡89)과 양상90)은 숙연(宿緣)91)이리라.92)
差喜會心洪進士　조금 기뻐지는 건 마음 맞는 홍진사와
暮年留約共林泉　늘그막에 임천에서 함께 살자 약속해서네.

[2]
我憶君關右　나는 관우93)의 그대 그리워하고,
君思我洛中　그대는 서울의 나를 생각하련만
寸心如白月　조그마한 마음은 흰 달과 같아
初不限西東　처음부터 동서를 한계 짓지 않았네.

13. 김윤함(金允涵)에게 주다

贈金生允涵

葉葉春衣風細吹　펄럭이는 봄옷에 살랑바람 부는데,
金堤信馬玉鞭垂　김제(金堤)94) 길을 말에 맡겨 옥 채찍 드리웠네.

---

87) 담이(儋耳): 중국 남서쪽 또는 북쪽에 있었던 나라 이름.
88) 가벼운 은전[輕典]: 어떤 견책으로 인한 좌천을 가리키는 것 같다.
89) 구곡(句曲): 산 이름. 강소성(江蘇省) 구용현(句容縣) 남동쪽에 있다. 대모(大茅)·중모(中茅)·소모(小茅)의 세 봉우리로 이루어졌고, 산모양이 '이(已)'자와 비슷한 까닭에 이산(已山), 한(漢)의 모영(茅盈)이 아우 고(固)·충(衷)과 더불어 이곳에서 도를 닦아 등선(登仙)하였다 하여 모산(茅山)이라고도 한다.
90) 양상(良常): 강소성(江蘇省) 구용현(句容縣) 남동쪽 모산(茅山)의 북쪽에 있는 산.
91) 숙연(宿緣): 전생의 인연. 여기서는 중죄로 견책되어 위리안치된 것을 가리킨 것 같다.
92) 이 시의 5,6구는 중국에 있는 4곳의 지명을 열거하여 금대가 어떤 일로 인하여 좌천되었거나 유배된 곳을 비유한 것으로 보이나, 구체적인 것은 알 수 없다.
93) 관우(關右): 관서지방.
94) 김제(金堤): 제언(堤堰)의 미칭.

只言來作沙頭別　　다만 백사장서 작별하자 말하였는데
送過長林也不知　　전송하여 긴 숲을 지나친 걸 몰랐었네.

14. 관리 노혜준^{盧惠準}에게 주다

贈盧吏惠準

花飛落馬後　　꽃이 날아 말 뒤에 떨어지는데
燕語在舟中　　제비는 지저귀며 배안에 있네.95)
惟有天邊月　　오로지 하늘에는 달만이 있어96)
相隨渡漢東　　서로 따라 한수의 동쪽으로 건너네.

15. 차운하여 관리 조익현^{趙翼賢}에게 주다

次韻, 贈趙吏翼賢

靑山東望碧天齊　　동쪽의 청산 보니 푸른 하늘 가지런한데
每到斜陽入馬蹄　　매번 도착할 때마다 사양이 말굽에 들어왔네.
金化縣前穀紋水　　금화현 앞의 비단결 같은 물에서
却彈淸淚作分携　　문득 눈물 훔치면서 작별 하노라.

---

95) 제비가 돛대 끝에 앉아 지저귐을 말한다.
96) 해가 지기 전에 하늘에 떠있는 달을 말한다.

16. 화강에서 유배 생활하는 중에 조진범(趙晋範)이 대동강 배안에서 보여주었던 28운을 뒤따라 수답하고 아울러 김윤함(金允涵)에게 서신으로 보내다

花江謫中, 追酬趙生晋範大同江舟中見示二十八韻, 兼簡金生允涵

室甘仲憲貧	집에서는 중헌(仲憲)97)의 가난 달게 여겼고
朝謝貢公親	조정에선 공공(貢公)98)의 친함에 감사했네.
解組寧無愧	벼슬을 그만두니 부끄럽지 않으랴만
歸田幸有因	전야(田野)에 돌아갈 인연 있어 다행이네.
相逢知孟敏	서로 만났을 때는 맹민(孟敏)99) 안 것 같았고,
遠送見汪倫	멀리 전송함에는 왕륜(汪倫)100)을 본 듯 했네.

---

97) 중헌(仲憲) : 중국 춘추시대 노(魯)나라 사람 원헌(原憲)이다. 송(宋)나라 사람이란 설도 있다. 자는 자사(子思)이며 공자의 제자이다. 노(魯)나라에 살 때 사방 한 길 넓이의 그의 집은 생풀로 지붕을 이고 망가진 쑥대 문에 뽕나무 지도리와 옹기 들창을 했으며 위에서는 비가 새고 아래는 습기에 젖었지만, 그는 앉아서 금(琴)을 타며 노래를 불렀다. 청빈으로 유명하였던 인물이다.

98) 공공(貢公) : 탄관상경(彈冠相慶)이란 고사로 유명하다. 매우 친근하여 서로 돕는 사람이란 뜻이다. 왕길(王吉)은 한(漢) 소제(昭帝)와 한 원제(元帝)에게 몇 차례 글을 올려서, 황제들의 향락 행위와 조정의 일에 대하여 간언하였다. 이 일로 그는 사람들의 칭송과 존경을 받게 되었으며, 다시 큰 벼슬을 하게 되었다. 공우는 이 소식을 듣고, 자기에게도 승진의 기회가 왔다고 생각하고, 모자의 먼지를 툭툭 털면서 벼슬에 나아갈 준비를 하였다. 당시 사람들이 이르기를, "왕양이 벼슬을 하게 되니, 공우가 관의 먼지를 턴다[世稱 '王陽在位, 貢公彈冠']"라고 했다. 이것은 그들의 취사(取舍)가 같음을 말한 것이다. 왕양(王陽)은 왕길의 자가 자양(子陽)이므로 그렇게 부른 것이다. 『한서(漢書)』 「왕길전(王吉傳)」 참조.

99) 맹민(孟敏) : 맹민파증(孟敏破甑)이란 말로 유명하다. 깨끗이 단념함을 비유하여 일컫는 말. 후한(後漢)의 맹민(孟敏)이 시루를 짊어지고 가다가 시루가 땅에 떨어져 깨졌는데도 뒤돌아보지 않고 그냥 가므로 곽태(郭泰)가 그것을 물으니, '시루가 이미 깨졌는데 돌아본들 무슨 소용이 있습니까?' 하므로 그 개결(介潔)함을 칭찬했다. 『후한서(後漢書)』「곽태전(郭太傳)」 참조.

100) 왕륜(汪倫) : 당(唐)나라 경현(涇縣) 사람. 이백(李白)의 친구. 이백이 쓴 「증왕륜(贈汪倫)」이라는 시가 있다. 이 시에서 "도화담 물 깊이가 천 척이나 된다지만, 날 보내는 왕륜의 정에는 못 미치리[桃花潭水深千尺, 不及汪倫送我情]"란 구절이 있다. 여기에서는 멀리 이별하는 마음을 가눌 수 없다는 의미로 쓰였다.

携手登烟艇	손을 잡고 안개 속의 배에 올랐고,
開顔對釣綸	웃으면서 낚싯줄을 마주했었네.
笑催衣典肆	웃으며 재촉하여 옷을 전당잡히고
狂覺筆通神	미칠 듯이 붓끝의 신통함 느꼈네.
綠樹粘雲壁	푸른 나무는 구름 낀 절벽에 붙어 있고
紅亭俯水濱	붉은 정자 물가를 굽어보고 있네.
櫂歌竽籟雜	뱃노래는 피리 소리 섞이어 있고
江色蔚藍純	강 빛은 순수한 쪽빛이 있었네.
得喪都輸幻	득실은 흘러가는 환상이니
談諧轉任眞	담소와 해학이 되레 자연스럽네.
初收關外跡	처음으로 관서(關西)에서 자취를 옮겨
俄作峽中人	잠깐 사이 강원(江原)의 사람 되었네.
絶澗聲常怒	깊은 간수 소리는 항상 성난 듯하고
連峯意甚淳	이어진 봉우리의 뜻은 매우 순후하네.
孤花飄衛足	외딴 꽃은 해바라기 나풀거리고,101)
怪鳥上承塵	괴이한 새는 승진102)에 오르누나.
石老爭懸乳	노석에는 다투듯 고드름103) 매달리고
藤垂或似紳	늘어진 등 넝쿨은 띠 같은 것도 있네.
大爐從異物	대로(大爐)104)는 이물(異物)105)도 내버려 두나
空谷斷佳賓	빈 골짝엔 반가운 손님이 끊어졌네.

---

101) 위족(衛足):『춘추좌전(春秋左傳)』성공(成公) 17년에 "공자가 말하기를 '포장자(鮑莊子: 莊子는 鮑牽의 諡號)의 지혜는 해바라기만 못하다. 해바라기는 잎으로 해를 가려 그 뿌리를 보호한다(仲尼曰: '鮑莊子之知不如葵, 葵猶能衛其足')"라 했다. 이 때문에 위족(衛足)은 해바라기를 이른다.
102) 승진(承塵): 여기서는 먼지를 차단하기 위하여 치는 장막(帳幕)을 이른다.
103) 현유(懸乳): 처마 끝에 매달린 고드름을 비유하는 말.
104) 대로(大爐): 천지(天地)를 비유하는 말로 쓰인다.『장자(莊子)』「대종사(大宗師)」에 "今一以天地爲大爐, 以造化爲大冶, 惡乎往而不可哉?"라 했다.
105) 이물(異物): 특이한 물건. 여기서는 금대(錦帶) 자신에 비유한 것이다.

高臥防人面	높직이 누워 사람 얼굴 꺼리고,
長吟倚月輪	길게 읊으면서 달빛에 기대었네.
擧家無所顧	온 가족을 만나볼 곳이 없으니
遠道幾曾嚬	먼 길에 몇 번이나 찡그렸던가?
時序荒三徑	삼경(三徑)106)이 거칠어진 시절인데도,
乾坤寄一身	천지에 내 한 몸을 맡기고 있네.
尊拳雖自奮	존권(尊拳)107)을 비록 스스로 휘둘렀지만
善地荷深仁	좋은 곳[善地]108)에서 깊은 인덕(仁德) 입게 되었소.
尙念黎元疾	아직도 백성의 고난을 생각하니,
終慙漢吏循	마침내 한나라 순리109)에 부끄럽구려.
生涯焉足說	생애를 어찌 족히 말할 게 있으랴만
交道且重陳	사귀는 도 또 거듭 말을 하였네.
全趙星離久	전조(全趙)110)하던 별 떠난 지 오래이니

106) 삼경(三徑): 진(晉)나라 도연명(陶淵明)의 「귀거래사(歸去來辭)」에 "三逕就荒松菊猶存"이라 했다. 삼경(三逕)은 삼경(三徑)이라 쓰기도 한다. 한(漢)나라 때 장허(蔣詡)가 동산에 세 갈래의 길을 내고 오직 양중(羊仲)·구중(求仲)과만 사귀었다는 고사(故事)에 의하여 친구 간에 왕래하는 길을 가리킨다.
107) 존권(尊拳): 농담으로 다른 사람의 주먹을 일컫는 말. 중국 진(晉)나라 유령(劉伶)이 말다툼을 벌이던 중 상대가 주먹으로 치려 하자 자신을 닭갈비처럼 연약한 몸이라고 해 위기를 모면했다고 한다.『진서(晉書)』「유령전(劉伶傳)」에서 "嘗醉與俗人相忤, 其人攘袂奮拳而往. 伶徐曰: '鷄肋不足以安尊拳.' 其人笑而止"라 했다. 여기서는 금대(錦帶)의 처벌을 주장했던 정적(政敵)을 가리킨다.
108) 좋은 곳[善地]: 좋은 장소. 여기서는 먼 곳으로 유배되었던 관외(關外)보다 가까운 곳으로 양이(量移)된 협중(峽中)을 가리킨 말이다.
109) 순리(循吏): 공법(公法)을 잘 수행하는 관리를 말하는데, 한나라 때에는 특히 순리가 많았다. 여기서는 금대(錦帶)가 좌천(左遷)되었던 곳에서 순리(循吏)가 되지 못했다고 자겸하는 말이다.
110) 전조(全趙): 조(趙)나라를 온전히 하다. 또는 인상여(藺相如)를 가리키는 말이기도 하다. 중국 전국시대 조나라의 인상여(藺相如)가 진(秦)나라의 소왕(昭王)이 거짓말로 빼앗으려는 초나라 소유의 화씨벽(和氏璧)을 완전하게 되돌려오고 또 진나라의 침략 정책을 좌절시켜 조나라를 온전하게 보조했던 고사를 인용하여 채제공이 정조(正祖)를 잘 보좌하여 나라를 안정시켰음을 가리킨다. 당(唐)나라 유장경(劉長卿)의 「瓜洲驛奉餞張侍御公 拜膳部郞中 卻復憲臺 充賀蘭大夫留後 使之嶺南時 侍御先在淮南幕

關河夢去頻	관하(關河)¹¹¹⁾의 꿈에서도 자주 찾았네.
白華開處潔	흰 꽃이 활짝 핀 곳 깨끗하였고
黃卷展來新	서책은 펼칠 적에 새로웠노라.
他日誇豊玉	훗날에 풍년의 옥¹¹²⁾을 자랑하게 될 것이고
臨風想席珍	바람 맞으며 자리 귀한 걸¹¹³⁾ 생각할 것이네.
榮枯俱擺落	영락하여 모두 다 스러져 갔고
間闊則悲辛	떨어져 있어서 곧 슬퍼졌었네.
詩好堪消夏	시가 좋아 더위를 잃을만했고
書成任及晨	편지 써서는 새벽녘에 보냈다오
羸骸思福地	허약한 몸 복된 땅을 생각하게 되고,
病眼惜蕭辰	병든 눈은 가을을 애석하게 여기네.
豈不懷朋舊	어찌 옛 친구를 생각지 않으리오.
方將就隱淪	지금 막 은둔으로 돌아가려 하노라.
投竿碧溪夜	밤중에 시내에서 낚싯대를 던지고
採藥前山春	봄날 앞산에서는 약초 캐리라.
獨往窮靈境	홀로 가서 명승지를 궁구하려 하는데
何人可繼臻	어느 누가 이어서 이를 수가 있으랴.

府」란 시에 "구슬은 전조 따라 떠나고 봉새는 북명에서 날개를 쳤네[璧從全趙去, 鵬自北溟搏]"이라 했다.

111) 관하(關河) : 관산(關山)과 하천(河川). 『사기(史記)』「소진전(蘇秦傳)」에 "秦四塞之國, 被山帶渭, 東有關河, 西有漢中"이라 하였고, 사조(謝朓)의 「수왕고취곡(隨王鼓吹曲)」에 "飛鍠遡極浦, 旌節去關河"라 하였다.

112) 풍옥(豊玉) : 풍년옥(豊年玉)을 가리킴. 『세설신어(世說新語)』에 "세상에서 '유량(庾亮)을 일컬어 풍년옥이라 하고 유익(庾翼)은 황년곡(荒年穀)이다'(世稱庾文康爲豊年玉, 稚恭爲荒年穀)"라고 하였다.

113) 석진(席珍) : 자리에서의 진귀한 보배. 유학자의 훌륭한 재주와 학식을 비유한다.

17. 신진택$^{申震澤114)}$의 시에 차운하다 [이름은 광하^{光河}이다]

次申震澤韻 [名光河]

震澤先生海嶽還　　진택 선생이 해악(海嶽)에서 돌아왔으니
詩篇散落滿江關　　시편이 흩어져 강관(江關)115)에 가득하네.
風晨月夕當顔色　　바람 부는 새벽과 달 뜬 밤이면 마주 대한 듯하여
使我行吟荒草間　　내가 거친 풀밭에서 시 읊으며 거닐게 하네.

18. 신진택^{申震澤}이 보내온 고풍^{古風}을 받들어 화답한다 1수이다$^{116)}$

奉和申震澤見贈古風 一首

文雉翔北林　　장끼가 북쪽 숲에서 날아올라117)
當風振華采　　바람에 화려한 깃털 떨쳤었는데
遭逢冶遊兒　　방탕하게 놀던 아이들 만나
珠彈落璀璀　　구슬 같은 탄알에 선명하게 떨어졌네.
飄飄孤鳳凰　　훨훨 나는 외로운 봉황새가

---

114) 신진택(申震澤) : 진택(震澤)은 신광하(申光河, 1729~1796)의 호이다. 그의 자는 문초(文初)・백택(白澤)이다. 그는 여러 산을 즐겨 유람하기도 하였는데, 1778년 8월에 금강산 유람길을 떠날 때에는 목만중(睦萬中)과 이용휴(李用休)・가환(家煥) 부자가 서문을 남기기도 하였다. 이때 이용휴가 준 서문이 「송신문초유금강산서(送申文初遊金剛山序)」라는 제목으로 『혜환잡저』에 실려 있다. 한편 이삼환(李森煥)도 신광하와 교유했는데 1795년 그가 죽었을 때 「만진택신문초 이수(挽震澤申文初 二首)」라는 만시(挽詩)를 지어 애도하였다.
115) 강관(江關) : 여기서는 강산(江山)과 관문(關門)이란 말로서 신광하가 유람한 관동(關東) 일대를 가리킨다.
116) 고전번역원본에는 제목이 「고풍수인(古風酬人)」이라 되어 있다.
117) 상북림(翔北林) : 고전번역원본에는 상(翔)이 번(翻)으로 되어 있다.

|舉翮從紫海|날개 펼쳐 자해[118]에서 날아왔다네.
|我欲銜汝去|내가 너를 물고서 가려 했으나
|虞羅四面在|그물[虞羅]들이 사방에 깔려 있었네.
|汝欲附我歸|네(꿩)가 내(봉황새)게 붙어 함께 가려 하지만
|躊躇而畏罪|망설이며 죄를 두려워하네.
|摧頹誠可悶|꺾이어 쓰러질까 참으로 걱정되지만
|耿介寧當悔|곧은 절개 지킨 것 어찌 후회하리.
|獻肉充君羹|고기 바쳐 임금님 국에 쓰이니
|年貌長不改|(임금님) 나이와 용모 길이 변치 않겠네.
|獻毛爲君扇|털을 바쳐 임금님 부채 되리니
|菲薄倘見採|안 좋아도 혹시나 채택될 건가?

19. 양양襄陽 최상사崔上舍에게 주다 [이름은 창적昌迪[119]이다]

贈襄陽崔上舍 [名昌迪]

|丈人顏髮淸而奇|어르신 얼굴과 머리카락 맑고도 기이하니
|何所置之丘壑宜|어디에 두겠는가? 언덕이 마땅하리.
|五月放遊造李白|5월의 호탕한 유람에 이백(李白)[120]을 만나니,
|百年卜築似仇池|백년의 복축(卜築)은 구지(仇池)와[121] 같으리라.

---

118) 자해(紫海): 전설 속에 나오는 바다 이름.
119) 최창적(崔昌迪, 1726~?): 본관은 강릉(江陵). 자는 혜길(惠吉). 1768년에 진사(進士)가 되었다. 아버지는 최규태(崔逵泰)이다.『사마방목』참조.
120) 이백(李白): 여기서는 상대방인 최상사(崔上舍)를 이백에 비유한 말이다.
121) 구지(仇池): 중국 감숙성(甘肅省) 성현(成縣)의 서쪽에 있는 산 이름. 여기서는 최상사의 거지에 비유한 말이다.

謫居多病向詩嬾	적소에서 게을리 시 쓰는 것 병이 많아서이고
樽酒無錢爲客治	통술은 손님 위해 장만할 돈이 없네.
歸路重過應不厭	돌아갈 때 다시 찾아도 싫어하지 않을 것이니
茂林豊草未全衰	무성한 숲, 풍성한 풀, 완전히 시들지 않을 때이리.122)

20. 비

雨

峽雲輕作雨	협곡 구름 가벼이 비가 되어서
盡日灑縱橫	온종일 이리저리 흩뿌려대네.
太急應須歇	너무 세차니 응당 멎어야 할 것인데,
微明未是晴	조금 환해졌대도 갠 건 아니네.
烟火起墟落	밥 짓는 연기는 동네에서 오르고
燕雀倚檐楹	제비들은 처마에 깃들어 있네.
絶念僮傳信	어린 종들 소식을 전해 줄 기대를 끊고
艱難坐計程	앉아서 어렵사리 여행 길을 따졌네.

---

122) 1~4구는 최상사를 두고 한 말이고, 5~8구는 금대 자신의 처지를 두고 한 말이다.

21. 허승암(許勝菴)이 보여주는 시에 차운하다 [이름은 만(曼)[123]이다]

次許勝菴見示韻 [名曼]

山雨蕭蕭野逕幽　　산비는 주룩주룩 들길은 고적한데
遠書珍重罷梳頭　　귀한 먼 데 편지에 머리도 빗지 않네.
解道秋來相問訊　　가을 되면 안부를 묻겠다는 시는 읊어도[124]
不知兩麥已過秋　　밀보리가 이미 가을 지난 것을 몰랐었네.[125]

22. 송지계(宋芝溪)에 수창하다 [이름은 재도(載道)[126]이다]

酬宋芝溪 [名載道]

寄謝鳴皐客　　명고[127]의 길손에게 감사 편지 부치노니

---

123) 허만(許晚, 1732~1805) : 자는 여기(汝器)이고, 호는 승암(勝菴)이다. 휘(彙)의 아들이며, 이용휴의 맏사위이다.『양천세고(陽川世稿)』에 자지명(自誌銘)과 8편의 시를 남기고 있다. 혜환은『혜환잡저(惠寰雜著)』에 「승암허군생지명(勝庵許君生誌銘)」・「제허성보동유록발(題許成甫東遊錄跋)」・「송허성보서(送許成甫序)」 등을 남기고 있다. 특히, 「승암허군생지명(勝庵許君生誌銘)」은 살아 있는 사위에게 지어준 생지명으로, 이러한 형식은 조선 시대 비지문 가운데 유례를 찾아보기 힘들다. 이가환도 자형(姊兄)에 대해 많은 글을 남기고 있다. 또, 이삼환도『소미산방장(少眉山房藏)』에 「허승암초혼사(許勝菴招魂辭)」를 남기고 있다.
124) 해도(解道) : 여기서는 '시를 읊는다'는 뜻이다. 당(唐)나라 이백(李白)의 「금릉성서루월하음(金陵城西樓月下吟)」이란 시에 "맑은 강 연(練)과 같이 깨끗하다 읊었으니, 사람들로 길이길이 사현휘를 생각하게 하네[解道澄江淨如練, 令人長憶謝玄暉]"라 했다.
125) 이 시구는 언제 올지 모르겠다는 것을 표현한 것으로 보인다.
126) 송재도(宋載道) : 자는 덕문(德文)이고 호는 지계(芝溪)이다. 그는 홍상철(洪相喆, 병철(秉喆)로도 쓴다), 홍경후(洪景厚)와 함께 자각시사(紫閣詩社)를 열었는데 홍양호, 나열, 신광하 등이 동참했고 성대중, 유한모, 조윤형 등도 간혹 참가했던 것으로 보인다. 홍양호의『이계집』에 「지계집서(芝溪集序)」가 있으나 문집의 현존 여부는 알 수 없다.

嚴程失就別	바쁜 일정 탓에128) 작별 인사 못했구려.
相思無長物	그리움을 붙일 만한 물건 없어서,129)
聊贈遠天月	애오라지 먼 하늘의 달빛을 보내노라.

23. 송지계(宋芝溪)에 수창하다

酬宋芝溪

萬里新秋色	만 리에 가을빛이 피어나노니,
蕭然起遠思	쓸쓸하게 먼 생각 일어나누나.
故人書適至	친구 편지 때마침 이르렀으니
孤客意先知	외로운 길손 마음 먼저 알겠네.
東去神仙近	동쪽으로 신선처럼 떠나갔으니
西歸日月遲	서쪽으로 돌아올 세월 아득해.
秖應與道侶	다만 응당 도와 함께 짝할 것이니,
饒有白雲期	흰 구름과 기약함 넉넉하리라.

---

127) 명고(鳴皋): 산 이름. 지금 하남성(河南省) 숭현(嵩縣) 동북쪽에 있다. 여기에서는 송재도가 현재 있는 어떤 지명(地名)으로 보이나 확인할 길이 없다.
128) 엄정(嚴程): 기한이 긴박(緊迫)한 노정(路程)을 이른다.
129) 장물(長物): 여분의 물건을 이른다. 진(晉)나라 왕공(王恭)에게 있는 6척의 대자리를 보고 숙부인 왕침(王忱)은 여분이 있는 줄 알고 주기를 청하였다. 나중에 알고 보니 왕공은 짚자리 위에 앉아 있었다. 후에 왕침이 이 이야기를 듣고 놀라며 미안해 하자, 왕공이 "숙부께서 저를 잘 모르시는군요 저는 원래 여분의 물건을 두지 않습니다"라 했다는 말에서 유래한 고사. 『세설신어(世說新語)』「덕행(德行)」참조. 소식(蘇軾)의 「송죽궤여사수재(送竹几與謝秀才)」라는 시에 "장물을 쌓아 둠은 천진을 해치는 일, 늙어 전원에 돌아갈 건 오직 이 한 몸뿐이네[平生長物擾天眞, 老去歸田只此身]"라 했다.

24. 송지계(宋芝溪)에게 부치다

寄宋芝溪

君不見鳴皐之左	그대 보지 못했는가? 명고의 왼쪽에
靑天白日訇鍾鼓	대낮의 하늘에서 종과 북 울리는 걸.
須臾滿驅風雨	잠깐 사이 비바람이 가득히 몰아쳐내
芝溪得之爲筆意	지계는 붓끝으로 그 풍경 옮기리니
上方繇羲下崔杜	위 아래로 복희씨와 최두(崔杜)130)에 견주려네.
又不見霽橋之上	또 제교(霽橋)의 위를 보지 못했는가?
明月徘徊天中央	밝은 달 하늘에서 이리저리 배회함을.
澄光萬里橫蒼蒼	만 리에 맑은 빛 푸르스레 걸렸으니
芝溪得之爲詩思	송지계가 이를 보고 시 생각 일 터이다.
磊落名章照四方	뛰어난 명장(名章)이 사방을 비추어서
圍碁午簾薰草色	바둑 두는 주렴에는 향초(香草) 빛 물들리라.
抱琴淸夜臨澗曲	맑은 밤 거문고 안고 시내 구비 이르니
眼前曲直吾不知	눈앞의 옳고 그름 내 알 바 아니노라.
世上功名定何物	세상의 공명이야 무슨 소용 있으랴
山白爲冬山靑夏	산이 희면 겨울이고 산 푸르면 여름이네.
不覺行年六十化	예순 나이 되는 것도 알지를 못 했는데
中元令節天氣新	중원의 좋은 계절(7월 15일)에 천기가 새롭구나.
擊鮮釃酒會嘉賓	고기 잡고131) 술 걸러서 빈객들 모았으니
淸文高談紛左右	맑은 글과 고상한 말 좌우에 분주하리.
停盃忽憶花江濱	잔 드니 갑작스레 화강 물가 생각나니
花江遷客衆所賤	화강의 유배객을 뭇 사람 천시하리.

---

130) 최두(崔杜) : 장제(章帝) 때의 두도(杜度)와 환제(桓帝) 때의 최원(崔瑗)·최식(崔寔) 부자를 이른다.
131) 격선(擊鮮) : 생선을 잡아 요리한다는 뜻이다.

捫虱照蝎艱難遍	이 잡고[捫虱]132) 빈대 비춤[照蝎]133) 어려운 일 깔렸는데
苦雨飛書千山外	오랜 비에 천산 밖서 편지가 날아 왔네.
問疾索詩情眷眷	병 묻고 시 구하는 마음이 지속되어
詩成一爲擊節歌	시 다 쓰자 한결같이 격절가134)이로구나.
長安大道白玉珂	장안의 큰길에 백옥 굴레 있다지만
草頭榮利能幾何	풀 끝의 명예 이익 능히 얼마던가.
芝溪處士今寂寞	지계 처사가 지금은 적막하나
萬古滔滔流江河	만고에 거침없이 강하처럼 흐를걸세.

25. 정찰방(鄭察訪)이 사는 구암(龜巖)의 유거(幽居)에 써서 보내다 [이름은 도복(道復)135)이다]

寄題鄭察訪龜巖幽居 [名道復]

凌波暮帆 / 파도를 가르는 저물녘의 돛배

| 金印浮雲耳 | 벼슬은 뜬구름과 같을 뿐이니 |
| 滄溟豈易哉 | 넓은 바다 건너기가 어찌 쉬운 일이랴 |

---

132) 이 잡고[捫虱] : 방약무인(傍若無人)함을 이르는 말. 옛날 진(晉)나라 왕맹(王猛)이 남의 앞에서 꺼리지 않고 옷에 붙은 이를 문지르며 이야기하였다는 고사에서 나온 말이다.
133) 빈대 비춤[照蝎] : 미상
134) 격절(擊節) : 여기서는 박자를 맞춘다는 뜻이다.
135) 정도복(鄭道復, 1729~?) : 본관은 연일(延日). 자는 형초(亨初), 호는 구암(龜巖). 1771년 문과에 급제, 예조정랑(禮曹正郞) 겸 춘추관 기주관(春秋館記注官), 원주판관(原州判官)을 역임했다. 1786년 12월부터 1789년 6월까지 은계찰방(銀溪察訪)으로 있었으니, 이 시는 당시에 금대가 그에게 준 것이다.

不知天際帆　　알지 못하겠노라. 하늘가의 돛배는
何事又歸來　　무슨 일로 또 다시 돌아오는지

萬頃朝烟 / 만 이랑의 아침 연기

人烟凡幾處　　밥 짓는 연기는 모두 몇 곳이더냐.
世故遂紛如　　세상일은 모두 다 어지럽구나.
惟有茲坮望　　이 대(坮)만이 있어 바라볼 수 있으니
依然鑽燧初　　의연하게 나무 비벼 불 지피는 처음 같네.

姑巖出日 / 고암136)의 일출

此山先見日　　이 산에서 맨 먼저 해를 보노니
日出海東頭　　해가 바다 동쪽에서 솟아오르네.
莫信朝朝是　　아침마다 그렇다고 믿지는 말라.
年光解暗流　　세월은 남몰래 흐름을 알아야 하리.

文峴落照 / 문현(文峴)의 지는 해

文峴烟光薄　　문현에 연기 빛이 엷기만 한데
漁樵各返棲　　어부와 나무꾼 각자 집에 돌아오네.
可憐殘照色　　어여쁘다 남아 있는 낙조의 빛이
亦在畫堂西　　또한 그림 같은 집 서쪽에 있음이여.

斗陀歸雲 / 두타(斗陀)의 돌아가는 구름

突兀斗陀側　　우뚝한 두타봉 곁에
羣山峩翠鬟　　뭇 산들 높기가 푸른 쪽진 머리 같네.
晴雲眞可愛　　갠 구름은 진실로 사랑스러워

---

136) 고암(姑巖) : 함경남도 장진군 북면에 있는 산. 낭림산맥에 속한다. 높이는 2,049미터.

| 仍向斗陀還 | 이에 두타봉을 향해 돌아왔노라. |

近山晴嵐 / 가까운 산의 맑은 남기

衆壑看來畵	뭇 골짜기에서 그림을 보아 오니
長空捲處嵐	먼 공중 걷힌 곳에 남기가 이네.
那能將七尺	어찌하여 일곱 척이나 되는 몸을 가지고,
不及近山嵐	가까운 산의 남기에 미치지 못 하리오?

北坪觀稼 / 북평(北坪)에서 농사짓는 것을 살펴 보다

春耕北坪雨	봄에는 북평의 비에 밭갈이하고,
秋割北坪雲	가을에는 북평의 구름[雲]137)을 수확하네.
東家有釋耒	동쪽 집이 따비를 놓게 되거든
好取肆吾勤	잘 가져다 나의 근면 베풀려 하노라.

東嶺賞月 / 동쪽의 고개에서 달구경하다

携樽上危石	술통 들고 높은 돌에 올라가서는
解帶掛高松	띠 풀어 높은 소나무에 걸었네.
看取今宵月	오늘 밤에는 달을 바라보려고,
來從若箇峯	이러한 봉우리를 따라 왔노라.

---

137) 구름[雲]: 황운(黃雲)의 준말. 들 가득히 누렇게 여문 벼의 모습을 표현하는 말이다.

26. 중추절 밤에 정찰방(鄭察訪)이 근무하는 은계역사(銀溪驛舍138))에 들러 시를 남겨 주다

中秋夜, 過鄭察訪銀溪驛舍留贈

客至燈熒閣夜深	객이 오자 등불 밝힌 방은 밤늦도록 깊어 가는데,
棲雅繫馬散風林	깃들던 까마귀는 말을 매자 바람 부는 숲으로 흩어지네.
徘徊明月他鄉色	흘러가는 밝은 달은 타향의 빛깔이고,
搖落青山故里心	나뭇잎 진 푸른 산은 고향의 마음이네.
萬事眼驚萍水遇	온갖 일은 눈으로 객지에서 만난 것을 놀라고,
一官鬢耐雪霜侵	한 관직은 귀밑머리 하얗게 세도록 견디었네.
向來邂逅眞無數	지금껏 만난 사람 셀 수 없이 많지만
相憶惟君肯到今	그대만 떠올라서 기꺼이 현재에 왔네.

27. 관음사에서

觀音寺

石徑漫泉細欲無	돌길로 흐르는 긴 샘물 가늘어 없는 듯한데,
山腰寺隱翠微孤	산허리에 절이 숨어 취미에139) 외롭게 있네.
洞門霜露疎蘿薜	동굴 어귀, 성긴 담쟁이 넝쿨에 서리 내리고,
屋壁烟埃淺畫圖	건물 벽의 얕은 그림엔 먼지가 끼어 있네.
舊老松杉元並直	오래된 늙은 소나무와 삼나무는 원래 다함께 곧고

---

138) 은계(銀溪) : 강원도 회양군(淮陽郡)에 있는 지명.
139) 취미(翠微) : 산의 허리라는 뜻과 평범한 뜻으로는 푸른 산[青山]이란 뜻이 있는데 여기서는 위에 산허리란 단어가 있으니 푸른 산이라 해석함이 좋다.

新巢鸛鶴每雙呼	새로 깃들인 황새와 학들은 매양 쌍으로 지저귀네.
自傷垂白爲遊子	스스로 머리 새어 유자(遊子) 됨 상심하니
未有蓬茅養拙軀	몸을 둘 초가집도 있지가 않아서네.

28. 옥수암

玉水菴

勝地何曾遠	이름난 땅 어찌 일찍이 멀리 했더냐
餘閒已再來	여가에 이미 두 번 찾아 왔노라.
細泉廚外過	가느다란 샘물은 부엌 밖에 지나가고,
幽蔓檻前迴	그윽한 덩굴은 난간 앞에 둘러있네.
砧響淸霜發	다듬이 소리는 맑은 서리 올 때 나고,
樵歌短日催	나무꾼의 노래는 짧은 해 재촉하네.
翻嫌人事在	도리어 인간의 일 싫어하노니,
安得更高臺	어찌하면 더욱 높은 누대(樓臺) 오를까?140)

29. 나날이

日日

日日黃昏色	날마다 저물어가는 황혼 빛깔은

---

140) 사람이 안 보이는 곳에 있고 싶다는 말.

柴扉故自來	사립문에 짐짓 스스로 오네.
虛無身外物	허무한 건 몸 밖의 사물들이고,
短拙世間才	짧고 못난 건 세간의 재능이라네.
遠水魚龍靜	먼 물에는 어룡이 조용하였고,
深山草木哀	깊은 산엔 초목이 서글프구나.141)
滄溟渾咫尺	넓은 바다가 모두 지척에 있으니,
何處是蓬萊	어느 곳이 신선사는 봉래산일까?

30. 매 풀어주는 것을 보다

觀放鷹

暮雀喧庭急	저녁 참새 뜰에서 급히 떠들고,
寒蟲結網頻	가을 거미 그물을 자주 치누나.
區區作計拙	구구하게 계책을 졸렬하게 하지만,
箇箇營生眞	하나하나 생계 꾸림 참되게 함이리라.
俊鶻凌秋翮	송골매의 가을 능가하는 죽지는
高空擇肉身	고공(高空)에서 먹을 것을 선택하는 몸이네.
可憐橫擊處	가련할손! 빗겨 치는 곳에
長有解絛人142)	언제나 매 풀어 놓는[解絛]143) 사람이 있네.

---

141) 바람이 불어 소리가 나는 모양.
142) 원문은 조(縧)라 되어 있는데 조(絛)의 오자(誤字)인 듯 함.
143) 매 풀어 놓는[解絛] : 옛날 매 사냥을 하는 사람들이 사냥감이 없을 때는 매의 발을 끈으로 매어 어깨 위에 올려놓고 다니다가 그 끈을 풀고 매를 놓아 잡게 하는 것을 말한다.

31. 가을이 이르다

秋至

問秋緣底至	묻노니 가을은 무슨 일로 이르렀나?
秋至客懷賒	가을 오면 나그네 회포가 많아지네.
高樹風先落	높은 나무 바람 불어 잎 먼저 지고,
空庭日易斜	빈 뜰엔 해가 쉽게 기울어 가네.
管寧安皁帽	관령은 검은 모자 편히 여겼고,[144]
陶令對黃花	도연명은 국화를 마주했었네.
流轉兼棲息	떠돌다가 머물러 살기도 하니
雙堪送歲華	두 가지가 세월을 보낼 만하네.

32. 평강平康[145]에 사는 종인宗人에게 주다 [이름은 형型이다]

贈平康宗人 [名型]

내가 어렸을 때 떠올려 보니 삭령(朔寧)[146]에는 일가 어른이 있어 지나다가 묵었던 적이 있었다. 그 사이에 죽고 사는 것도 연락이 끊겨 막연하게 서로 소식을 못 듣다가 이미 사십년이 흘렀다. 늘그막에 유배되어 은계역(銀溪驛)[147]의 마을에 있었다. 한가한 날에 무료해서 우연히 이웃에 사는 심상사

---

144) 관령(管寧)은 …… 편히 여겼고: 삼국(三國) 시대 위(魏)나라의 유학자. 그는 황건적(黃巾賊)의 난을 피하여 요동(遼東)으로 갔다. 후학들을 가르치며 40년을 지내면서 명제(明帝)의 부름에도 응하지 않았다. 청빈(淸貧)하게 살면서 항상 검은 모자[皁帽]만 썼다고 한다.
145) 평강(平康) : 강원도 북서부에 위치한 땅 이름.
146) 삭령(朔寧) : 경기도 연천군 삭령면.

(沈上舍)를 찾아가서 바야흐로 이야기를 하던 터에 어떤 손님이 와서 경성(京城)의 이승선(李承宣)148)을 찾았다. 물어보니 종인(宗人)이어서 손을 잡아끌고 집에 돌아와서 자세히 자초지종을 물어보니 이에 일가어른의 손자인 줄을 알게 되었다. 놀라고 기뻐하다가 이어서 슬퍼지기에 애오라지 짧은 기록을 완성했으니 정이 글에 나타나 있다.

記余幼時, 有朔寧宗老, 經過宿留. 中間死生契闊, 邈不相聞, 已四十年. 垂老遷謫, 在銀溪驛村, 暇日無聊, 偶訪鄰居沈上舍, 方談說次, 有客來覓京城李承宣. 問之爲宗人, 挈而還寓, 細詢始末, 乃知爲宗老之孫. 驚喜之餘, 繼以愴然, 聊成短述, 情見乎辭.

鄰家暫出話鄰並	이웃에 잠시 갔다 이웃과 말하는데,
客子何來尋客人	나그네 어디서 와 나그네를 찾는가?
忽漫新知相問訊	갑자기 처음 보는 사람 있어 물어보니,
却令往來一悲辛	문득 왕래하는 이를 한 번 크게 슬프게 하네.
千山日落靑鞋遠	온 산에 해가 지자 짚신이 멀리 왔고,
小驛秋高赤葉新	작은 역에 가을 하늘 높자 붉은 잎 새로웠네.
今古應同收骨意	예나 이제, 뼈 거두는 뜻149)은 같을 것이니,
前期回首更傷神	앞선 기약 돌아볼 때 더욱 맘이 아프네.

---

147) 은계역(銀溪驛) : 강원도 회양군 하북면 은계리.
148) 이승선(李承宣) : 이씨 성(李氏 姓)을 가진 승지로 있는 사람.
149) 뼈 거두는 뜻[收骨意] : 당(唐)나라 한유(韓愈)가 조주자사(潮州刺史)로 유배되어 그곳으로 떠날 때 따라온 증손자인 상(湘)에게 지어 준 시에 "네가 멀리 온 뜻을 알 수 있으니, 장강가의 내 뼈를 잘 거두어다오[知汝遠來應有意, 好收吾骨瘴江邊]"라는 시구를 응용한 말이다. 내가 죽거든 시신(屍身)을 거두어 달라는 뜻이다.

33. 심진사沈進士의 교외에 있는 거처에 들렀다가 늦게야 돌아오다

過沈進士郊居, 晚歸

川闊那能度	시내 넓어서 어찌 건널 수 있으랴만
橋通好遠尋	다리가 놓여 있어 멀리서 찾기 좋네.
榴皮堪作字	석류 껍질150) 글자를 쓸 만하였고
蒼耳亦成林	도꼬마리도 수풀을 이루고 있네.
寒水行新月	찬물엔 초승달이 떠 있었으며
平田立怪禽	평전에는 괴이한 새 서서 있구나.
晚歸殊草草	저물녘 오는 길을 자못 서두르니,
霜露正相侵	서리·이슬 정히 서로 내리었노라.

34. 밤

夜

旅枕含翠籟	나그네 베개에서 물총새 소리를151)
凄凉靜夜聞	처량하게 고요한 밤에 듣노라.
村春過落月	마을의 절구 소리에 지는 달은 지나고
野哭駐高雲	들판의 곡소리에 높은 구름은 머무네.
人事終相雜	사람 일은 끝내 서로 뒤섞이지만
天機任自分	천기는 스스로의 분수에 맡겨 두네.

---

150) 유피자(榴皮字) : 송(宋)나라 때 회도인(回道人)이 호주(湖州) 귀안동림(歸安東林)의 은사(隱士) 심사(沈思, 沈東老)의 암자에 찾아와 암자의 벽에 석류 껍질로 썼다는 시(詩).
151) 함취뢰(含翠籟) : 물총새[含翠] 소리.

有懷非所及 생각을 해도 미칠 바가 아니니
吾已白紛紛 나는 이미 백분(白粉)152)이 어지럽네.

35. 소나기가 쏟아지다

雨驟至

雨收風亦息 비 걷히고 바람도 잦아드나니
庭色晚凄凄 뜰의 빛깔 저물녘에 차갑구나.
共訝來時急 올 때는 급히 옴을 함께 의심하였고
俄驚捲處齊 일제히 걷히는 데 잠시 놀랐네.
斷雲或如馬 끊어진 구름은 혹 말과 같았고
落日更聞鷄 해질 때 다시금 닭소리를 들었네.
老子要觀漲 노인이 불어난 물 보려고 하여,
呼僮覓杖藜 아이 불러 명아주 지팡이 찾았네.

36. 붉은 꽃잎에 쓰다

題紅葉

自憐菲薄質 가여워라 변변치 못한 체질은
開落一聽天 피고 짐을 하늘에 맡겨 두었네.

---
152) 백분(白粉) : 늙도록 이룬 것이 전혀 없음을 형용하는 말.

| 不學靑松樹 | 푸르른 소나무를 배우지 않고 |
| 空爭造化權 | 부질없이 조화옹의 권도만 다투누나. |

37. 최수재崔秀才에게 주다 [이름은 진구鎭九이다]

贈崔秀才 [名鎭九]

愁絶長沙宅	수심이 매우 많은 유배지에서153)
相逢短褐兒	거친 옷 입은 젊은이와 서로 만났네.
轉蓬千里遠	쑥대처럼 천리나 멀리 굴러왔는데,
磨鐵十年遲	철저(鐵杵)를 10년이나 오래 갈았네.154)
鄰壁非無火	이웃 벽에 불 없는 건 아니었고,155)
遺經自有師	남긴 경서156) 스스로 스승이 있네.
西州絃誦地	서주157)는 공부하는158) 땅이니
好及歲寒時	추울 때159)에 미치기를 좋아하도다.160)

---

153) 장사(長沙) : 중국 호남성(湖南省)에 있는 땅 이름. 한(漢)나라 때 가의(賈誼)가 유배되었던 고사(故事)에 따라 유배지(流配地)란 뜻으로 쓴다.
154) 마철(磨鐵) : 쇠방망이를 갈아서 바늘로 만든다는 말로써 공부를 열심히 하는 것을 비유한 말.
155) 이 시구는 한(漢)나라 때 광형착벽(匡衡鑿壁)의 고사(故事)를 응용한 시구(詩句)이다. 광형(匡衡)은 어려서 공부할 때 집이 가난하여 등불 기름이 없으므로 벽을 뚫어 이웃집 불빛을 빌어서 밤 공부를 하여 큰 유학자(儒學者)가 되었다 한다.
156) 유경(遺經) : 선조들이 물려준 경서(經書)를 말한다.
157) 서주(西州) : 충청남도 서천군의 옛 이름.
158) 현송(絃誦) : 현악기를 타며 낭송(朗誦)함. 학업의 하나로 현가(絃歌)라고도 한다.
159) 해가 추울 때[歲寒時] : 겨울철이란 말이니, 노경(老境)·곤경(困境)·난세(亂世)를 뜻한다.
160) 내가 어려운 시절에 처해 있어도 나를 찾아 노닌다는 뜻이다.

38. 이선배의 장암(藏岩) 유거에 써서 보내다[161]

寄題李先輩藏岩幽居

李子柴荊下	초가집에 사는 이씨 선생은
無時不悄然	언제나 슬픈 모습 아닐 때 없네.
生涯愁日日	생애는 매일매일 시름을 하고
鄕國恨年年	고향은 매해마다 한을 품었네.
髮短詩書裏	시서(詩書) 속에 머리는 짧아 가는데
山寒井臼前	물 긷고 절구질에 산은 차가워 가네.
有兒千里足	아이가 천리마 같은 자질 있으니
早晩見騰騫	조만간에 날고뜀을 보게 되리라.

39. 허승암(許勝菴)의 「견방(見訪)」시에 차운하다

次許勝菴見訪韻

咫尺玉溪邊	지척에 있는 옥계의 주변으로는
萬屨康莊達	많은 사람 오가는 사통오달[162]과 같네.
理杖出門笑	지팡이 짚고 대문 나서 웃노니
天東山一髮	하늘 동쪽으로 산이 터럭만 하네.

---

161) 이가환이 강원도 금화로 귀양 갔는데 거기서 사귀었던 이우형(李宇亨)의 서재인 듯하다.
162) 강장(康莊): 사통오달(四通五達)로 된 큰 거리이다.

40. 가을날 백곡촌의 입구에서 허승암(許勝菴)과 종질(從姪) 유여(幼輿)163)를 전송하며

秋日, 栢谷村口, 送許勝菴及從姪幼輿

土山彌一望	작은 산에서 한 번 더 바라보려고,
喘汗躋其巓	헐떡대고 땀 흘리며 정상에 올랐네.
安知有平野	어찌 알았으리오 너른 평야가
曠然散我前	널찍하게 내 앞에 펼쳐져 있을 줄.
北來風已厲	북쪽에서 부는 바람 싸늘하지만
西轉日頗溫	서쪽으로 지는 햇살 온기 남았네.
杪秋多物色	늦가을이라 경치는 아름답겠지만
古道少人烟	옛 길이라 밥 짓는 연기 드무네.
黃松近小店	작은 객점 옆에는 황송(黃松)164)이 있고
靑艸栖空田	빈 밭에는 푸른 풀만 무성하다네.
遊覽聊復爾	구경하는 것은 그럴듯하겠지만
送歸一悽然	헤어지고 돌아가니 온통 서글프다네.
勝菴湖海士	승암(勝菴)은 강호의 으뜸가는 선비라
家累秋毫捐	가족에 대한 자잘한 근심 벗어던졌네.
脫髮如脫木	빠진 머리털이 낙엽 진 나무 같은데
飛屐似飛仙	나는 걸음 신선이 나는 것 같구나.
幼輿子姪秀	조카인 유여(幼輿)는 재주 뛰어나
情合過膠弦	마음 맞아 교현(膠弦)165)보다 단단하구나.

---

163) 이재중(李載重, 1747~1822) : 자는 유여(幼輿)이고 호는 석헌(石軒)이다. 금화공(金華公) 원휴(元休)의 손자이며 청계공(淸谿公) 정환(晶煥)의 아들이다. 이용휴는 그에 대해서 「서증종손유여진사(書贈從孫幼輿進士)」라는 글을 남기고 있다.
164) 황송(黃松) : 소나무의 한 종류, 적송(赤松)이라고도 한다.
165) 교현(膠弦) : 부레풀로 붙인 활시위. 단단하다는 뜻으로 쓴 것이다.

行序呼我叔	항렬로는 나를 아저씨라 부르나,
論年實隨肩	나이로 치면 실제로 엇비슷하지.
以玆荒澤畔	이와 같은 황량한 물가에서는166)
頓有雙玉聯	갑작스레 쌍옥이 연이어 있네.
逢迎劇恍惚	서로 만나 너무도 좋았었는데
却略叙寒暄	도리어 약소하게 인사만 나눴네.
塡胸千百語	온갖 말들167) 흉중에 가득하노니
何語竟可先	무슨 말부터 먼저 해야 하는지.
倉卒復臨岐	갑자기 또 다시 서로 헤어지노니
懷抱無由宣	회포를 풀 방법이 정령 없구나.
信步長川涘	정처 없이 장천(長川)168)의 물가를 가다,
回首暮雲邊	저물녘 구름 가에서 돌아보았네.
一一相隨歸	하나하나 서로가 따라서 가는,
仰慙飛鴻賢	기러기의 모습이 부럽기만 하여라.

---

166) 택반음(澤畔吟) : 중국 전국시대 초(楚)나라의 삼려대부(三閭大夫) 굴원(屈原)이 소인들의 참소로 유배되어 지었다는 「어부사(漁父詞)」에 있는 말로서 택반(澤畔)에서 방황하며 신음(呻吟)한다는 뜻이다.
167) 이런저런 이야기하자니 가슴이 메어진다는 말.
168) 장천(長川) : 전라북도 장수군의 옛 이름.

41. 심진사(沈進士)의 운흥(雲興)[169]에 있는 유거에 써서 보내다

寄題沈進士雲興幽居

[1]

如聞墟里僻	궁벽진 마을이라 들은 것 같았는데,
頗見井閭新	자못 마을이 새로운 걸 보겠네.
暇日開三逕	한가한 날에 삼경을 터놓아,
淳風及四鄰	순후한 풍속이 사방에 미쳤네.
夜燈無漫士	밤 등불에는 허랑한 선비가 없고,
春雨有農人	봄비에는 농사짓는 사람이 있네.
永憶回紆轡	돌아가는 말고삐가 오래 생각나노니
相將就隱淪	머지않아 은둔으로 돌아가려 하노라.

[2]

何必離人境	어찌 반드시 사람 사는 곳 떠나랴.
隨宜有檻軒	마땅한 곳에 따라 함헌(檻軒)[170]이 있네.
護村栽欅柳	마을 보호하려 느티나무를 심었고,
從俗養鷄豚	시속을 따라 닭과 돼지 길렀네.
杯榼林中靜	배합(杯榼)은 숲 가운데 조용하고,
衣冠野外尊	의관은 들 밖에서 높직하였네.
君看幽絶處	그대는 고요한 곳 바라보게나,
眞似僻疆園	참으로 벽강원(僻疆園)[171]과 같으니.

---

169) 운흥(雲興) : 평안북도 정주군 대전면 운흥동. 현재의 운전군 운하리. 옛 역이 있었다.
170) 함헌(檻軒) : 헌함(軒檻)과 같은 말로 난간(欄干)이란 말이니 정자(亭子) 같은 건물이란 뜻으로 쓴 것이다.
171) 벽강원(僻疆園) : 어떤 정원(庭園) 이름 같으나 알 수 없으며, 뜻으로는 외진 곳에 있는 동산이란 말이다. 벽강원(僻疆園)은 나온다. 진(晋)나라 고벽강(顧僻疆)의 이름난 정원이다. 당(唐)나라 때까지는 정원이 예전 모습대로 있었다. 정원의 터는 지금 강소

[3]
之子時名外	이 사람은 당시 명예 밖 사람이니
幽棲在澗阿	그윽한 거처 시냇가에 있네.
酒尊求處有	술 단지는 구하는 곳이면 있고,
書帙坐來多	책들은 앉아 있는 곳에 많다네.
折簡能相速	편지하면 서로 부를 수가 있으니
危橋正可過	위태로운 다리라도 바로 지날 만하지.
山陰欲回棹	산음에서 배를 돌리려 하니,172)
其奈客愁何	나그네의 시름을 그 어찌 하랴?

42. 심씨의 벽에 쓰다

題沈氏壁

이생(李生)이 말한다. 사람들이 항상 말하기를 수(壽)・부(富)・귀(貴)라 하는데 나는 심자(沈子)에게서 그것을 본다. 남에게 구하는 것이 없었으니 부유한 것이 아닌가? 그 몸을 욕되게 하지 않았으니 귀한 것이 아닌가? 중정(中正)함을 하늘에서 받아서 능히 잃지 않았으니 수가 아닌가? 초조하여 부족하게 여긴다면 비록 만금이라도 지극히 가난한 것이다. 기뻐하고 노하고 꾸짖고 웃는 것이 남에게 연유하고 자기에게 연유하지 않는다면, 비록 높은 수레를

성(江蘇省)의 오현(吳縣)에 있다.
172) 이 시구는 진(晉)나라 때 산음(山陰)에 사는 왕자유(王子猷)가 눈 내리는 밤에 배를 타고 밤새도록 노를 저어 섬계(剡溪)에 사는 친구 대안도(戴安道)를 찾아갔다가 친구를 만나 보지 않고 그대로 돌아왔다. 그 까닭을 물으니 "흥이 나서 갔다 흥이 사라져서 그대로 돌아왔다[乘興而去 興盡而返]"라 했다. 여기서 인용한 것은 이 뜻을 번안(翻案)하여 친구를 찾아갔다가 만나지 못하고 그대로 돌아오게 되니 몹시 시름겹다는 뜻으로 쓴 것이다.

타고 종들을 거느린다 해도 그 성품을 해쳐서 스스로 천명을 끊는 것이니 비록 오래 산다 하더라도 단명한 것이 된다. 저것을 하는 것은 매우 어려워서 그것을 하기를 바랄 수가 없는 것이거늘, 심자(沈子)란 사람은 매우 쉽게 여겨서 반드시 얻었으니 그러므로 『예기』에 이르기를 '군자(君子)는 현재의 위치에 편안한 마음으로 처하여 하늘의 명을 기다린다'173)고 하였으며, 『시경』에 이르기를 '스스로 많은 복을 구한다'174)고 하였다.

　　李生曰, 人有恒言曰:'壽富貴' 予於沈子見之矣. 無求於人, 非富與? 不辱其身, 非貴與? 受中于天, 能勿失, 非壽與? 焦然若不足, 雖萬金至婁也. 喜怒嚬笑, 由人而不由己, 雖高車僕隷, 也戕其性, 自絶于天, 雖期頤短折也. 爲彼者, 甚難而不可冀爲, 沈子者, 甚易而必得, 故禮曰:'君子居易而俟命' 詩曰:'自求多福'

43. 가을이 다하다

秋盡

搖落非無極	나뭇잎 지는 것이 끝이 있어서,
寒林已寂然	겨울 숲이 너무도 쓸쓸하구나.
授衣虫語近	겨울 옷을 갖추니175) 벌레 소리 가까워지고,
倚杖鳥巢圓	지팡이에 기대니 새둥지가 둥글었네.
旅枕醒如夢	나그네의 베개는 술에 취해 꿈같고,

---

173) 『예기』 「중용(中庸)」에 "上不怨天, 下不尤人, 故君子居易以俟命, 小人行險以徼幸"이라 했다.
174) 『시경』 「대아」 '문왕(文王)'에 "永言配命, 自求多福"이라 했다.
175) 『시경』 「빈풍(豳風)」 '칠월(七月)'에 "七月流火, 九月授衣"라고 했다.

家書日抵年	집 소식은 하루가 한 해와 같네.176)
此生從造物	이 인생은 조물주를 따르는 건데
何得怪華顚	어찌하여 흰머리를 괴이하게 여기랴!

44. 화강花江에서 흥이 나서 20수

花江漫興 二十首

[1]

莽莽人間世	길고 긴 인간 세상에
吾生安所之	내 인생은 어디로 가는 것인가?
蕭條經濟意	쓸쓸한 건 경세제민하는 뜻이나
感激聖明時	감격됨은 총명한 임금 만난 거네.
西塞風霜遠	서쪽 변방177)은 바람과 서리 길 멀고
東關歲月遲	동쪽 관문178)에서는 세월 오래 되었네.
豈知垂老日	어찌 알았으리오, 늙어가는 날에,
飄泊尙臨岐	아직도 갈림길에서 떠돌게 될 줄

[2]

峽裏花江縣	산골짜기 위치한 화강현에는
人居似鳥棲	사람 사는 거처가 새가 깃든 것 같네.
山園收蜜早	산속 동산179)에서 거둔 꿀이 일렀고

---

176) 이 시구의 뜻은 집 소식이 오기를 기다리는 마음은 하루가 한 해처럼 길게 느껴진다는 말.
177) 목사(牧使)를 지낸 정주(定州)를 가리킨다.
178) 유배(流配)로 간 금화(金化)를 가리킨다.

野服種麻齊	야인의 옷감으론 심은 삼이 고르네.
道路元通北	도로는 본래부터 북쪽으로 통해 있고
鮭珍亦自西	진귀한 물고기는 서쪽에서 온다네.
他時要卜築	뒷날에 살게 될 곳 고르려 하면
應免武陵迷	무릉도원 헤매는 일 면하게 되리.

[3]

地偏猶置驛	지역은 외져도 역참이 설치되어
相望自入烟	바라보니 저절로 연기 속에 들어 있네.
野店高竿下	들 주막은 높은 장대 아래에 있고
平川臥柳前	평평한 개천은 누운 버들 앞에 있네.
不聞山賊逼	산적이 출몰한단 말은 듣지 못했고
常見使星聯	사신180)들이 이어짐 항상 보겠네.
羈旅獨無事	나그네가 혼자서 하는 일 없이
長唫得靜便	길게 시를 읊기에 고요하였네.

[4]

迴合千峰裡	돌아서 천 봉우리 속에서 합쳤다가,
平鋪一水橫	평평하게 펼쳐진 하나의 물 비껴 있네.
人烟自歲月	밥 짓는 연기는 자연스레 세월이 가고,
草木相生成	초목은 서로 생겨 자라고 있네.
泉眼家家鑿	천안(泉眼)181)을 집집마다 파서 뚫었고,
山腰處處耕	산허리엔 곳곳마다 밭갈이하네,

---

179) 산원(山園): 여기서는 산중(山中)의 동산이란 뜻으로 쓴 것이다.
180) 사성(使星): 제왕(帝王)의 사신(使臣)을 일컬음. 한화제(漢和帝) 때 이합(李郃)이 천문(天文)을 보고서 두 사람의 사신이 올 것을 미리 알았던 고사에서 나온 말이다.
181) 천안(泉眼): 땅이나 돌에서 샘물이 흘러나오는 구멍[洞穴]을 말한다.

長官但淳朴	장관(長官)은 다만 순박하기만 하니
不異在朱襄	주양(朱襄)182) 때에 있던 것과 다르지 않네.

[5]
駐蹕高峰色	임금이 머물렀던183) 높은 봉우리 빛이
于今民所依	이제에는 백성들이 의지하는 곳이네.
羽旄眞簡少	우모184)는 참으로 간소했었고,
玉食豈光輝	좋은 음식이 어찌 빛이 났던가?
不改要衝在	요충은 변개(變改) 없이 그대로 있고,
何時使節稀	어느 때나 사절이 드물어질까?
吏人供頓走	아전들 이바지 하느라 헐레벌떡 달려가서
入室怪生歸	방으로 들어가니 살아서 돌아감 괴이하네.

[6]
此地眞幽絶	이 땅은 진실로 멀리 떨어져 있어
長林夏亦寒	긴 숲은 여름에도 서늘하다네.
山深輕虎跡	산 깊으니 범 발자국 예사롭게 넘기고,
江遠重魚餐	강이 머니 물고기 반찬 중히 여기네.
風俗從人問	풍속은 사람들에게 물어보았고,
霜毛引鏡看	흰머리는 거울을 가져다 봤네.
纖纖上弦月	가늘고 가는 상현(上弦)185)의 달이
又在暮雲端	또 저녁녘의 구름 끝에 있었네.

---

182) 주양(朱襄) : 염제(炎帝)의 별호(別號).
183) 주필(駐蹕) : 제왕(帝王)이 외지(外地)에 나갔을 때 도중에서 잠시 머문 곳을 이른다.
184) 우모(羽旄) : 쇠꼬리와 새의 깃털로 장식한 기(旗). 여기서는 거동했을 때의 여러 깃발을 총칭(總稱)한 것이다.
185) 상현(上弦) : 음력으로 매월 초이렛날 사이에 보이는 반달 모양을 말한다. 스무 이틀에서 스무 사흗날 사이에 보이는 반달 모습을 하현(下弦)이라 한다.

[7]
累累何年塚　　줄줄이 늘어선 것 어느 해의 무덤인가?
同時戰血哀　　동시에 전쟁에서 피 흘린 설움이리.
將軍猶簡策　　장군은 오히려 간책186)에 올랐으나,
士卒竟塵埃　　사졸은 끝내 티끌 되고 말았네.
東閣藏金帛　　동각(東閣)187)에 금과 비단 수장하였고,
西風斷酒杯　　서풍에 술을 마시지 않았네.
升平橫印綬　　승평에 인수를 차고 있긴 하나,
得不愧泉臺　　무덤에 부끄럽지 않을 수 있나?

[8]
栢谷前賢宅　　백곡(栢谷)의 전현(前賢)들이 살던 집에는,
高名尙不磨　　높은 명성 아직도 그대로이네.
村荒惟有木　　마을은 황폐해도 나무만 서고,
池在已無荷　　연못은 남았어도 이미 연꽃은 없네.
流水今人到　　흐르는 물처럼 지금 사람 와 보니,
浮雲古意多　　뜬구름 같은 옛 생각 많기만 하네.
文章渾未達　　문장들 모두 영달하지 못했으나
舍去欲如何　　버리고 가자한들 어찌할 수 있으랴?

[원주] : 백곡(栢谷 : 잣나무 골)은 차천로(車天輅)188)의 고택이 있던 곳이다. 지방 사람

---

186) 간책(簡策) : 옛날 종이가 발명되지 않았을 때에 대신 썼던 죽간(竹簡)이나 목책(木策)을 가리키며, 여기서는 역사책이란 뜻으로 쓴 것.
187) 동각(東閣) : 곁채의 거실이나 다락방. 옛날 주로 손님을 접대하는 장소로 썼다.
188) 차천로(車天輅, 1556~1615) : 조선 선조 때의 문장가. 자는 복원(復元), 호는 오산(五山)이다. 문장이 수려(秀麗)하여, 임진왜란 때 명나라에 원군을 청하는 서한을 비롯하여 중국으로 보내는 서한을 전담하였다. 명의 장수 이여송(李如松)에게 써 준 600운에 달하는 송별시는 명나라에 널리 알려져 그곳에서는 차천로 동방문사(東方文士)라 일컬을 정도였다. 저서로 『오산집(五山集)』이 있다.

들이 이르기를 "오산이 일찍이 시를 지어 달라고 현감(縣監)에게 구했는데, 현감이 어떤 사람인지 살피지 못하고 비루하게 여기니 화가 나서 버리고 갔다" 한다.
栢谷, 爲車五山故居. 土人云: "五山嘗以詩干縣宰, 縣宰不省爲何物, 鄙夷之, 發憤舍去."

[9]
迢遞淸秋望	저 멀리 맑은 가을 바라보다가
無人悵獨還	사람 없어 서글퍼 홀로 돌아왔네.
鴈聲斜度水	기러기 소리 비스듬히 강을 건너고,
雲影逈過山	구름 그림자 멀리 산을 지나네.
衰謝甘天末	늙는 것 먼 땅에서 달게 여기고,
聲名苦世間	명성은 세상에서 살기 괴롭네.
簞瓢常自足	단표를 항상 스스로 만족하지만
未必爲晞顔	반드시 희안(晞顔)189)을 위한 것은 아니네.

[10]
下里幽深處	아랫마을 그윽하고 깊숙한 곳은
人傳張老家	사람들이 장씨 노인 집이라 전하네.190)
洑流思碧井	땅속으로 흐르는 물에 깊은 우물 생각하고,
墮羽拾丹砂	떨어진 깃털은 단사(丹砂)191)를 주운 듯.
剪鑿何年事	전착(剪鑿)192)한 건 어느 해의 일이던가?

---

189) 희안(晞顔): 명(明)나라 양저(楊翥)를 이른다. 자는 중거(仲擧). 벼슬은 예부 상서(禮部尙書)에 올랐다. 독행(篤行)이 뛰어나 당시의 후덕한 진신(搢紳)들이 가장 추앙했다. 『명사(明史)』·『명시종(明詩綜)』참조. 앞의 시구로 보아 희안(希顔)으로 해석해야 적당할 것으로 보인다. 희안은 공자의 제자 안연(顔淵)과 같이 되기를 희망한다는 뜻.
190) 『동국여지승람』에는 금화현에 있는 장렴(張廉)이 나오는데 이 사람을 가리킨 것으로 보인다.
191) 단사(丹砂): 광물(鑛物)이름. 주사(朱砂). 먹으면 신선이 된다는 단약(丹藥)을 고는 주된 약재(藥材)이다.
192) 전착(剪鑿): 전전(剪錢)과 같다. 동전을 깎아 냄. 남조 송(南朝 宋)때 정부에서 얇고

登臨此日斜	올라 보니 오늘 날이 저물어 가네.
數椽如可問	몇 칸 집을 짓게 땅을 고를 수 있다면
不恨鹿門賖	녹문산193)이 먼 것을 한하지 않으리라.

[11]

忠壯祠堂古	충장194)공의 사당이 예스러운데,
年時酒醴馨	해마다 때가 되면 제주(祭酒)가 향기롭네.
長江無組練	긴 강에는 정예의 군사가 없고,
深峽有丹靑	깊숙한 협곡에는 단청이 있네.
生死均呑賊	생사 간에 똑같이 적을 삼키려 하되,
指揮從在廷	지휘는 조정 명령 따라 했었네.195)
所嗟才未盡	탄식함은 재주를 못 다함이니
危涕至今零	서글픈 눈물 지금껏 떨어지네.

[12]

蕭瑟栢田裏	쓸쓸한 잣나무 밭 속에
艱危柳氏軍	어렵고 위태롭던 유씨의 군대196)였네.

작은 동전을 새로 주조하자, 민간에서 몰래 옛 동전을 깎아 내어 구리를 취한 일을 말한다.
193) 방덕공(龐德公): 후한(後漢)의 은자(隱者)로 현산(峴山) 남쪽에 살면서 도시에는 발을 들여놓지 않았다. 유표(劉表)의 간곡한 청에도 끝내 응하지 않고 벼슬에 오르지 않았다. 아내와 밭을 함께 가는데 아내가 앞에서 김을 매면 그는 두둑 위에서 밭을 갈았다. 부부가 서로 공경함이 마치 손님을 대하듯 하였다. 후에 처자를 데리고 녹문산(鹿門山)에 들어가 약초를 캐며 살다 생을 마쳤다. 『상우록(尙友錄)』 참조.
194) 충장(忠壯): 원호(元豪, 1533~1592)의 시호. 조선 중기의 무신. 본관은 원주(原州). 자는 중영(仲英). 1567년 무과에 급제, 선전관(宣傳官)을 지냈다. 임진왜란이 일어나자 조방장(助防將)이 되어, 패잔병·의병을 모아 여주(驪州) 신륵사(神勒寺)에서 왜적을 크게 무찌르고, 구미포(龜尾浦)에서 패주하는 잔적을 섬멸하였다. 이 공로로 여주목사 겸 경기·강원방어사(防禦使)가 되었으며, 금화(金化)에서 적의 복병을 만나 분전 끝에 전사하였다. 병조판서·좌의정이 추증, 금화 충장사(忠壯祠) 등에 제향되었다.
195) 멋대로 하지 않고 조정의 명령을 받아서 처리했다는 말.

山河時事去	산하에 당시의 일 사라졌어도,
風雨戰聲聞	비바람은 전쟁 소리 듣는 것 같네.
杖鉞寧忘死	도끼를 잡았으니197) 어찌 죽음 잊었으랴
回戈亦報君	회군(回軍)함도 임금에 보답한 거네.
沙場正空濶	백사장이 정히 넓기만 한데,
鳥雀暮紛紛	새들이 저물녘에 날아 가누나.

[13]

歎時隨處處	곳곳마다 당시 일 탄식하게 되지만198)
金化復何如	금화는 다시 어떤 상태였던가?
虛市爭南艸	텅 빈 저자에서는 남초199) 다투고
郵程走北魚	우역(郵驛) 길엔 북어200)를 운반한다네.
官家嚴號令	관가의 호령들은 매우 엄한데
百姓待蠲除	백성들은 감면(減免)만을 기다리누나.
俳體消愁好	배체(俳體)201)는 시름 없애기가 좋으니
無勞步庾徐	힘들이지 않고도 유서(庾徐)202)를 본받네.

---

196) 유씨의 군대 : 여기서 유씨는 유영길(柳永吉, 1538~1601)을 가리킨다. 그의 본관은 전주(全州), 자는 덕순(德純), 호는 월봉(月蓬)이다. 참봉 유의(柳儀)의 아들이며, 영의정 유영경(柳永慶)의 형으로 조선 중기의 문신이다. 1559년 별시 문과에 장원급제하였다. 1592년 임진왜란 때 강원도 관찰사로 있으면서 조방장 원호(元豪)가 여주에서 왜군의 도하를 막고 있었는데, 격서(檄書)를 보내어 춘천으로 호출함으로써 적의 도하를 도와주는 실책을 범하였다. 시문에 능하였으며, 저서로는 『월봉집(月蓬集)』이 있다.
197) 장월(杖鉞) : 황색의 큰 도끼를 손에 쥐고서 위력을 나타낸다는 뜻으로서, 『상서(尙書)』 「목서(牧誓)」에 나옴. 후대에는 이 뜻이 전용되어 병권을 장악하거나, 한 지역에 군대를 주재시켜 요새를 지키는 일을 비유할 때 쓰임.
198) 어디를 가던 자신이 탄식했다는 의미.
199) 원주(原註)에 "담배의 속명이 남초이다[烟俗名南草]"라고 적혀 있다.
200) 원주에 "고기 이름이다[魚名]"라고 적혀 있다.
201) 배체(俳體) : 배해체(俳諧體)의 준말. 재치·해학·풍자로 된 시문체(詩文體).
202) 유서(庾徐) : 유신(庾信)과 서릉(徐陵)을 말한다. 일반적으로는 서유(徐庾)라 하는데, 여기서는 운자 관계로 거꾸로 쓴 것이다. 그들의 시체(詩體)를 서유체(徐庾體)라고 하였는데, 궁체시(宮體詩)의 명수였다.

[14]

夕館意不適	저녁 때 관사에서 마음 울적해
芒鞋隨小風	짚신 신고 잔잔한 바람 따랐네.
村烟團水外	마을 연기는 둥그런 물의 밖이고,
野日散雲中	들녘 해는 흩어지는 구름 속이네.
久客顔多厚	오랜 객은 뻔뻔할 때 많이 있으나,
深思性似通	깊이 생각한다면 성품이 통달한 것도 같네.
生涯定無遠	생애가 정히 멀지 않을 것이니
回首愧墻東	돌이켜 생각하면 장동(墻東)203)에 부끄럽네.

[15]

百戰要衝地	백 번 전투를 하던 요충지라서
長時氣象殊	오랜 세월 기상이 남달랐다네.
築城終古在	쌓은 성은 옛날처럼 그대로 있고,
懸火至今吁	달아 놓은 등불204)은 이제껏 한스럽네.
月共龍堆遠	달은 용퇴(龍堆)205)와 함께 하여 멀었고,
雲連馬島孤	구름은 대마도에 이어져서 외롭네.
綢繆貴平日	준비206)는 평소에 하는 것 소중하니
早晚有良圖	조만간에 좋은 도모 있어야 할 것이네.

---

203) 장동(墻東): 산속에 은둔하지 않고 시정(市井)에 숨어 사는 것을 말한다. 동한(東漢)의 왕군공(王君公)이 일부러 관비(官婢)와 사통(私通)하여 면직된 뒤 시장에서 소 거간을 하며 은둔하니 당시 사람들이 이를 두고 '피세장동왕군공(避世墻東王君公)'이라고 불렀다 한다. 『후한서(後漢書)』「일민전(逸民傳)」'봉맹(逢萌) 참조
204) 현화(懸火): 달아 놓은 등불. 또는 들고 다닐 수 있게 손잡이가 달린 등. 『초사(楚辭)』「초혼(招魂)」에 "靑驪結駟兮, 齊千乘; 懸火延起兮, 玄顔烝"이라고 했다.
205) 용퇴(龍堆): 바이룽두이사막[白龍堆沙漠]을 가리킨다. 중국 신장웨이우얼[新彊維吾爾]자치구 남동부에서 간쑤성[甘肅省] 서부 일대에 펼쳐져 있는 사막.
206) 주무(綢繆): 단단하게 얽어매는 모양. 모든 일을 미리 단속하여 만약의 좋지 않은 일에 대비한다는 뜻으로 쓴다. 『시경』「빈풍(豳風)」'치효(鴟鴞)'에 "迨天之未陰雨, 徹彼桑土, 綢繆牖戶"라고 했다.

[16]

凄凄霜露色	차가운 서리, 이슬 빛 보니,
愁極亦佳哉	지극한 수심에도 아름답구나!
茅屋陰常滴	초가집은 축축하여 항상 물이 새지만,
蓬門暖或開	따뜻하면 사립문은 더러 열어 두노라.
身爲書卷誤	몸은 서권(書卷) 때문에 잘못되었고
生被鬢毛催	생애(生涯)는 흰머리의 재촉을 받네.
遲暮要回轍	늘그막에 수레를 돌려야 하리,
秋風已復來	가을바람이 이미 다시 왔으니.

[17]

爛紫蘡薁實	매우 붉은 것은 머루 열매이고,
淺碧獼猴桃	옅푸른 것은 미후도207) 이네.
野人持送似	야인이 가져다가 보내어 주니,
山採愧勤勞	산에서 캐낸 노고에 부끄럽구려.
緬憶金鑾殿	멀리 생각하노라. 금란전208)에서
分沾御縹醪	상감의 술 나누어 흠뻑 마셨네.209)
絲毫無報答	털끝만큼 보답을 한 것도 없이,
流轉任蓬蒿	떠돌기를 쑥대처럼 내맡기었네.210)

[18]

| 自訝思歸甚 | 스스로 가고픈 생각 심한 걸 의심하나, |

---

207) 미후도(獼猴桃) : 다래.
208) 금란전(金鑾殿) : 당(唐)나라 때의 궁전 이름. 문인(文人)과 학사(學士)들이 대조(待詔)하던 곳. 여기서는 빌어서 당시 조선의 어떤 궁전을 가리킨 것이다.
209) 원문에는 무(繆)로 되어 있지만 료(醪)의 오자이다.
210) 봉호(蓬蒿) : 여기서는 전봉(轉蓬)과 같은 뜻으로 쓴 것. 쑥이 바람 부는 대로 이리저리 굴러다니듯이 사람이 정처 없이 떠도는 것에 비유한 말이다.

如忘入室非	입실(入室)[211]을 잊음과 같은 것은 아니네.
堂陳應似舊	대청에 진열된 게 옛날 같은 것이련만,
骨肉竟誰依	골육은 마침내 누구를 의지하랴.
望遠心俱盡	먼 데를 바라보니 마음 함께 다하고
登高力已稀	높은 데 오르려도 힘이 부치네.
無家古來有	집이 없는 것은 옛날에도 있었으니
何必淚沾衣	어찌 꼭 눈물 쏟아 옷깃 적시랴.

[19]

久住安風俗	오래 머무니 풍속이 편안해 지지만
勞生著處同	수고로운 삶은 가는 곳마다 같네.
田疇饒遠北	논밭은 먼 북쪽에 풍요로웠고
道路出初東	도로는 처음 동쪽으로 출발하네.
郵卒思楊子	역참의 나졸은 양자(楊子)[212]를 생각하고,
居人美宋公	마을 사람은 송공(宋公)[213]을 찬미하네.
如聞存與歿	만일 생사(生死) 소식을 듣게 된다면
俱未免途窮	모두 막다른 길을 못 면했으리.

[20]

倚杖柴門下	사립문 아래서 지팡이에 의지하여
秋色送將歸	가을빛이 장차 돌아감 전송하네.
暮山多曲折	저물녘의 산에는 곡절이 많고

---

211) 입실(入室): 행실과 학문을 닦는 공부가 높고 깊은 경지에 이른 것을 뜻한다. 『논어(論語)』「선진(先進)」에 "由也, 升堂矣, 未入室也"라 했다.
212) 양자(楊子): 원주(原註)에 "名致鶴"이라 적혀 있다. 양치학(楊致鶴, 1750~?)에 대해서는 간략한 인적만이 남아 있다. 본관은 청주(淸州). 1777년 정시(庭試)에 합격. 아버지는 양태연(楊兌演), 조부(祖父)는 양만욱(楊萬郁)이다.
213) 송공(宋公): 원주(原註)에는 "名達淵"이라 적혀 있다. 송달연(宋達淵)의 행적은 알 수 없다.

寒水少光輝	차가운 물은 번쩍이는 빛이 적었네.
歎世行歌鳳	세상을 탄식하니 다니면서 봉황을 노래하고,214)
思君夢倒衣	임금을 생각하니 꿈에도 옷 거꾸로 입네.215)
此生眞詎幾	나의 삶이 진실로 얼마나 되는데
長與寸心違	길이 촌심과 더불어 어긋나는가?

45. 화강사시사. 주인 이씨벽에 써서 남겨 놓다 4수

花江四時詞, 留題主人李氏壁 四首

[1]

烟林餉饁人家	연기 낀 숲에 점심밥 먹는 인가 있는데
遠望依依日斜	멀찍이 바라보니 아스라이 해 기우네.
田野輕風細雨	들에는 미풍 불고, 가랑비 내리는데
泉源漾柳浮花	천원(泉源)216)에는 버들이 흔들리고 꽃이 떠 있네.

[2]

| 番番麥刈雲黃 | 번번이 보리를 벨 때는 구름처럼 누렇고 |

---

214) 『논어』「미자(微子)」에 "楚狂接輿歌而過孔子曰 : '鳳兮! 鳳兮! 何德之衰? 往者不可諫, 來者猶可追. 已而, 已而! 今之從政者殆而!'"라는 문구가 나온다. 여기에서 나온 말이다.

215) 옷 거꾸로 입대[倒衣] : 당시의 위정자들이 법도가 없어 밤중에도 갑자기 나온다는 명령을 하기 때문에 그 시달림을 받는 관리들이 너무 서두른 나머지 옷을 거꾸로 입게 된다는 풍자이다. 『시경』「제풍(齊風)」 '동방미명(東方未明)'에 "東方未明, 顚倒衣裳. 顚之倒之, 自公召之"라고 했다. 또 다른 의미로는 손님을 반갑게 맞이함을 형용하기도 한다. 여기서는 후자의 의미로 해석해야 할 것 같다.

216) 천원(泉源) : 땅이나 돌 틈에서 샘물이 솟는 구멍. 사물이 발생하는 원인 또는 은원에 비유하는 말이기도 하다.

處處蠶繰雪香	곳곳마다 누에 써니 눈빛처럼 향기롭네.
樽酒携來勞勸	동이 술 가져와서 위로하며 권하노니
村前綠嫩分秧	마을 앞 푸른 것은 갈라 심은 모이네.

[3]
寒霜黍秋齊收	찬 서리 내려 기장, 수수 일제히 거두고
暮歲休車臥牛	한 해가 저무나니 수레 쉬고 소도 누웠네.
盤飣鮮新果菜	쟁반에 햇과실과 소채를 담아서는
丹楓紫菊閒遊	단풍과 국화 보며 한가로이 노니네.

[4]
驚鳥飛翻月虛	놀란 새는 달이 뜬 허공을 날아가고
透明雪照窓書	환한 눈빛 창가에 펼친 책을 비추네.
生寒兀兀深坐	추운데 오똑하게 깊이 앉았자니
檠短爐薰夜初	등잔걸이는 짧고 화로는 훈훈한 초저녁 이네.

46. 측력행(崱屴行217) 박사순(朴師舜)을 위해 짓다

崱屴行, 爲朴生師舜作

峽屋依崱屴	골짜기 집은 산 우뚝한 데 기대 있고
亂石布堦庭	널린 돌은 계단과 뜰에 깔려 있네.
頗怪荒澤畔	자못 괴이한 건 황량한 연못이라

---

217) 측력행(崱屴行): 우뚝하게 높은 산에 관한 노래란 말. 측력(崱屴)은 산이 높고 크며 가파름을 형용하는 말이며 행(行)은 운문체(韻文體)의 하나인데 '노래'라 번역한다. 저자는 이 작품을 지어, 박사순의 우뚝한 모습을 비유하여 노래하고 있다.

淨如池無萍	못물은 깨끗해도 마름이 하나 없네.
寧知宅中人	어찌 알 수 있으랴 집안의 사람들이
至性自髫齡	착한 맘씨 아이 때부터였음을.
跬步念老親	반보마다 늙은 부모 생각을 하고
捃拾過秋螢	가을 지나 반딧불을 주워 모았네.
經始叟移山	늙은이가 산 옮기길 시작했으니,218)
畢竟鳥塡溟	마침내 새가 바다를 메우리라.219)
妻子肯中衰	처자는 어찌해 늙어 가리오?
愉婉常外形	언제나 화순(和順)한 모습이었네.
青囊非爲身	청낭(青囊: 醫術)220)은 내 몸을 위함 아니었고,
玄探動周星	현묘한 탐구는 주성처럼 움직였네.221)
庸醫謝延請	돌팔이 의원을 부르지 않고서도,
虐疾奏康寧	학질 치료해 건강하게 하였네.
及夫暮景迫	저녁 경치 다가옴에 미쳐서는
不懈晨羞馨	조반(朝飯) 향기로움 게을리 하지 않았네.
觀其竭寸丹	그 한 치의 마음을 다하는 것 보니,
足以動高靑	하늘도 감동시킬 수 있겠구나.
孤寒任蕪沒	외롭고 쓸쓸히 잡초 속에 있는,
老屋風泠泠	낡은 집엔 바람만 서늘도 하네.

---

218) 이 시구는 박사순이 우공(愚公)이 이산(移山)하듯이 끈기 있는 공부를 시작하려고 한 것을 읊은 시이다.
219) 전명(塡溟)은 전해(塡海)와 같은 뜻이다. 전설에 염제(炎帝)의 딸이 동해(東海)에 빠져 죽은 넋이 정위(精衛)라는 새가 되어 항상 서산(西山)의 돌을 물어다가 동해를 메우는데 그것은 헛수고인 것이다. 그러나 여기에서는 긍정적으로 해석한 듯 보인다. 늙은 부모가 산을 옮기는 것을 시작하고 자식이 그 뜻을 그대로 이어받아 동해를 메운다는 것으로 부모의 뜻을 잘 받드는 자식에 대한 칭송을 이야기한 것이다.
220) 청낭(青囊) : 여러 가지 뜻이 있으나 여기서는 의서(醫書)를 넣어 두는 포대(布袋)란 말로써 의술(醫術)이란 뜻으로 쓴 것이다.
221) 이 시구는 현묘한 의술 탐구하기에 12년이 걸렸다는 것을 읊은 것으로 보인다. 주성(周星)은 12년만에 한 바퀴 도는 세성(歲星 : 木星)이니 12년이란 뜻으로 쓴다.

平生見貴勢	평소에 높은 권세의 사람 보기를
鬼神及雷霆	귀신과 우렛소리인 듯 여기었다네.
肥甘汩五敍	맛 좋은 음식에도 오서(五敍)222)는 빠지고,
衣香德穢腥	옷은 향기 나나 덕은 비린내 나네.
驕淫由惡終	교만하고 음란하여 악으로 마쳤지만
棹楔已亭亭	정려문223)은 우뚝하기만 하네.224)
蒙蔽自高明	우매해도 스스로 고명하다 여기니
四方取儀刑	사방에서 본보기로225) 취할 것이네.
氷魚映雪竹	빙어가 설죽을 비추고 있으나226)
虛實雜楹筳	허실이 영정227)에 섞이어 있네.
人生有劬勞	사람에겐 부모의 수고로움 있으니228)
誰免慙罍瓶	누가 잔과 병의 부끄럼을 면할 것인가?229)

222) 오서(五敍) : 이 시구는 생활은 풍족해도 인륜(人倫)은 어지러운 것을 풍자한 것으로 보인다. 비감(肥甘)은 맛있는 음식을 말하며 골(汩)은 어지럽다는 뜻이 있으며 오서(五敍)는 보이는 곳이 없으나 『서경』의 「고요모(皐陶謨)」에 "天敍有典, 勅我五典, 五惇哉"라는 문구가 있고 그 주석에 서(敍)라는 것은 군신·부자·형제·부부·붕우의 윤서(倫敍)라 했으니 오서의 뜻은 오륜과 같은 뜻으로 쓴 것으로 보인다.
223) 도설(棹楔) : 작설(綽楔)의 오류(誤謬)이다. 작설(綽楔)은 충(忠)·효(孝)·열(烈)을 정표한 정려의 입구에 세우는 홍살문[紅箭門]을 말한다.
224) 그 사람 행동은 더럽지만 정문을 세운다는 말.
225) 의형(儀刑) : 본보기 또는 모범이란 뜻.
226) 이 시구는 옛날 효행의 모범을 열거한 것이다. 빙어(氷魚)는 진(晉)나라 때 왕상(王祥)이 계모를 위하여 얼음을 깨고 잉어를 잡아 봉양한 효행을 가리키며, 설죽(雪竹)은 삼국 시대 오(吳)나라의 효자 맹종(孟宗)이 어머니를 위해 눈 속에서 죽순(竹筍)을 구하여 봉양한 효행을 가리킨다.
227) 영정(楹筳) : 영(楹)은 기둥으로서 큰 나무이고 정(筳)은 대나무 가지 같은 가는 나무이니 크고 작은 것을 비유한 말로 보인다.
228) 구로(劬勞) : 부모가 자식을 낳아 기르는 수고로움을 말한 것으로,『시경』「소아」, '육아(蓼莪)'의 구절에서 가져온 것이다. 부모가 나를 낳고 기르시느라 몹시 수고스러웠다는 의미이다.
229) 이 시구와 앞의 시구는 사람이 할 일을 다 못하면 누가 부끄러움을 면할 수 있겠느냐는 뜻이다.『시경』「소아」, '육아(蓼莪)'에 "瓶之罄矣, 維罍之恥"라 했다. 병은 작은 병이고, 뢰는 큰 병이다. 작은 병은 큰 병에게 의지하고 큰 병은 작은 병에게 의뢰하니, 이는 부모와 자식이 서로 의지하여 목숨을 부지함과 같은 것이다.

酬報固無責	보답은 진실로 요구하지 않지만
褒賚忍乞靈	포상을 어찌 차마 바라겠는가?
滔滔濁河流	흐린 강의 도도한 물줄기들을
抗手安能停	손 움직여서 어찌 멈출 수 있나?
孤憤作長歌	외로운 울분으로 장가(長歌)를 지어
庶幾仁者聽	인자(仁者)가 듣기를 바라는도다.

47. 거듭 장암(藏菴)에게 부치다 2수이다

重寄藏菴 二首

[1]

相過應百遍	서로 찾음 백 번은 했을 것이나
相見每回新	서로가 볼 적마다 늘 새로웠네.
落日常欺虎	지는 해는 항상 호랑이를 속이고,
孤峰獨似人	외딴 봉우리는 유독 사람 같았네.
高齋門外柳	높은 서재 문밖엔 버들이 있고
衰鬢陌頭塵	늙어 가는 살쩍엔 길가 티끌이 있네.
流轉如他所	떠돌아다님은 다른 장소 같으니
何由近卜鄰	어찌하면 가깝게 이웃을 정하리오?

[2]

不枉藏巖號	장암이란 호를 굽히지 않았으니,
雲蘿遶靜居	구름과 넝쿨은 고요한 거처 둘렀네.
石林千佛色	돌과 숲은 천불의 색깔이었고

茅屋一床書	초가집에는 책상 가득 책이었네.
久養松無鹿	오래 키운 소나무엔 사슴이 없고,230)
長貧釜有魚	길게 가난한 솥에는 물고기 있네.231)
秪愁詞賦好	다만 사부가 좋은 것만을 시름하니,
行薦似相如	행실로 천거된 사마상여와 같이 하겠는가.

48. 간옹^{艮翁} 이공^{李公}이 요즘에 「견회^{見懷}」라는 시에 화운을 보내왔는데 가르치는 뜻이 간절하였기에 감발하고 분발하여 한편의 시를 지어 차운하여 보냈다 [이름은 헌경^{獻慶}232)이다]

艮翁李公, 頃寄和韻見懷之作, 誘誨勤懇, 感激孤憤, 斐然有作, 追次却呈 [名獻慶]

風雅道長貧	풍아는 오래 가난함을 말했으니
前賢竟孰親	앞선 현인 끝내 뉘와 친히 했던가?
江河流積下	강물은 고여서 아래로 흘러가고,
花葉綴相因	꽃잎은 서로 연이어 피어난다네.

---

230) 오래 키운 소나무엔 사슴이 없고[久養松無鹿] : 보통 녹촉(鹿觸)이란 말로 쓰인다. 진(晉)나라 효자 허자(許孜)가 어머니의 묘도(墓道)에 소나무를 심었는데 사슴 뿔에 받혔다. 허자가 매우 슬퍼하자, 얼마 뒤에 사슴이 맹수에게 죽임을 당했다. 『진서(晉書)』 「허자(許孜)」 참조

231) 솥에는 물고기 있네[釜有魚] : 부중생어(釜中生魚)와 같은 말. 아주 빈곤하여 오랫동안 밥을 짓지 못했다는 뜻. 『후한서(後漢書)』 「독행전(獨行傳)」 '범염(范冉)' 참조

232) 이헌경(李獻慶, 1719~1791) : 조선 후기 문신. 본관은 전주(全州), 자는 몽서(夢瑞), 호는 간옹(艮翁), 초명은 이성경(李星慶)이다. 호조 판서 이성중(李誠中)의 후손이며 이제회(李齊華)의 아들이다. 1743년에 정시 문과에 급제하였다. 1784년 대사간, 1790년에 한성부 판윤을 역임하고 기로소(耆老所)에 들어갔다. 저서로 『간옹집(艮翁集)』이 있다.

艮老初乘運	간옹은 처음에 좋은 운세를 타고,
斯文逈絶倫	유학이 멀찍이 남들보다 뛰어났네.
連山開禹斧	이어진 산은 우부(禹斧)233)로 열었고,
明月映虹綸	밝은 달은 홍륜(虹綸)234)을 비추었네.
大玉方陳序	큰 옥은 바야흐로 차례로 베풀어지고,
幺絃必立神	작은 거문고 줄235)은 반드시 신묘함을 세우리.
翶翔辭禁地	날 것처럼 궁궐을 하직해서는,
寂寞[缺]濱	적막하게 물가에 [缺] 임하였네.
臥閤如長孺	집에 누움은 급장유(汲長孺)236)와 같이 했고
遊仙卽景純	신선처럼 논 것은 곧 곽경순(郭景純)237)이었네.
吏民回簡朴	관리와 백성은 소박함에 돌아왔고,
山水獻淸眞	산수는 맑고 참된 것을 바쳤네.
汪度容羣物	넓은 풍도는 뭇 사람을 수용했고,
飛書及僇人	비백서(飛白書)238)는 죄인(罪人)에게도 미쳤네.
豈知窮道泣	어찌 궁도에서 눈물 흘릴 줄 알았으랴

---

233) 우부(禹斧) : 우부(禹斧) 또는 우착(禹鑿)이라 쓴다. 우(禹) 임금이 천하의 하천(河川)을 개척할 때 용문산(龍門山)을 도끼로 끊었다 하여 생긴 고사다. 『회남자(淮南子)』 참조.
234) 홍륜(虹綸) : 홍륜(虹綸)은 자전에 나오지 않는다. 홍륜(紅輪)은 붉은 해를 가리키는데 글자 그대로 하면 무지개 빛, 즉 불그스레한 빛으로 달빛을 말하는 것으로 보인다.
235) 요현(幺絃) : 육기(陸機)의 「문부(文賦)」에 "絃幺而徽急"이 있고, 그 주석에『설문해자(說文解字)』의 "幺, 小也"를 인용하였다.
236) 장유(長孺) : 한대(漢代)의 간신(諫臣)인 급암(汲黯)의 자. 복양(濮陽) 사람. 경제(景帝) 때에 태자세마(太子洗馬)가 되고 무제(武帝)때에 동해(東海)의 태수를 거쳐 구경(九卿)의 반열에 올랐음. 성정이 매우 엄격해 직간을 잘하여 무제(武帝)로부터 옛날의 사직신(社稷臣)에 가깝다는 평을 들었음.
237) 경순(景純) : 중국 진(晋)나라의 시인 겸 학자인 곽박(郭璞, 276~324)의 자. 유곤(劉琨 : 越石)과 더불어 서진(西晋) 말기부터 동진(東晋)에 걸친 시풍(詩風)을 대표하는 시인이다. 시에는 노장(老莊)의 철학이 반영되어 있으며,「유선시(遊仙詩)」 14수가 특히 유명하다. 부(賦)에서는 「강부(江賦)」가 널리 알려져 있다.
238) 비백서(飛白書) : 십체(十體)의 하나. 후한 때, 채옹(蔡邕)이 만든 서체로, 팔분(八分)과 비슷하지만 획을 나는 듯이 그어 그림처럼 쓴 글씨체이다.

猶見大庭淳	오히려 대정씨239)의 순박함을 드러냈네.
展讀催松火	솔불을 재촉하여 책을 읽으며,
行歌任甑塵	다니며 노래하느라 시루에 쌓인 먼지[甑塵]240) 그냥 두었네.
雕蟲慚少作	잔재주 부린 어릴 적 작품이 부끄러웠고,
豸多玷朝紳	높직한 해치관은 높은 관리 흠 잡았네.
丘壑休雲臥	구학에서 구름에 누워 쉬었고,
江湖作鴈賓	강호에서 늦가을[鴈賓]241) 흘려 보냈네.
信心惟摘埴	믿는 마음 오직 더듬더듬거려지고242)
遇險果推輪	험한 것을 만나서 수레바퀴 밀었네.243)
飄泊因知命	떠돌다가 쉰 살이 되면서,
蕭條且破噸	쓸쓸해도 또 이맛살은 펴졌네.
溪沙分燕尾	모래톱은 제비 꼬리처럼 갈리었고,
山木偃龍身	산 나무는 용의 몸처럼 누웠네.
短枕便麋角	사슴 뿔로 만든 짧은 베개 편안하고244),
淸香炷栢仁	맑은 향으로 잣씨를 태웠다네.
索居恒兀兀	쓸쓸하게 살아도 항상 꼿꼿하였고,
善誘忽循循	잘 가르치기를 갑자기 순순히 했네.
夕秀焉能啓	저녁에 꽃 피니245) 어찌 능히 아뢰오리

---

239) 대정순(大庭淳) : 대정씨는 상고(上古) 시대 제왕(帝王)의 호. 혹은 염제신농씨(炎帝神農氏)의 별호라고도 한다. 여기서는 아주 태평세대라는 뜻으로 쓴 것이다.
240) 시루에 쌓인 먼지[甑塵] : 후한(後漢) 환세(桓帝) 때 범염(范冉)은 자가 사운(史雲)이다. 그는 벼슬에 나가지 않고 청렴하여 당시 마을 사람들이 "시루 속에 먼지 쌓인 범사운이요, 솥 속에 물고기 헤엄치는 범래무로다[甑中生塵范史雲, 釜中生魚范萊蕪]"라고 했던 데에서 나온 말이다. 『후한서(後漢書)』 참조.
241) 늦가을[鴈賓] : 늦은 가을에 오는 기러기를 가리킨다. 보통 늦가을이란 뜻으로 쓰인다.
242) 적치삭도(摘埴索塗) : 봉사가 지팡이로 더듬거리며 길을 찾는 것. 맹목적인 행위의 비유로 쓴다.
243) 추륜봉곡(推輪捧轂) : 옛날 제왕(帝王)들이 장수를 임명할 때의 융숭한 예우를 가리킨다.
244) 이 시구는 옛날 고라니 뿔로 만든 베개가 있었던 것으로 보인다.

遺謨庶可陳	남긴 계모는 거의 펼칠 만하네.
夙懷尋嶽切	일찍이 간절히 산을 찾기를 생각했고,
孤夢拜床頻	병상에서 외로운 꿈 종종 꾸었지.246)
百里絃聲達	백 리까지 줄 타는 소리 이르렀으니
千峰雪色新	일천 봉우리에는 눈빛이 새롭구나.
樊籠難奮翼	새장에선 날개 떨치기 어려웠고,
滄海未探珍	너른 바다에서는 보배를 못 찾았네.247)
遠眼穿雙絶	먼 안목은 두 가지 뛰어남을 뚫었고,
枯腸尙五辛	마른 창자는 오신(五辛)248)을 높이었네.
側聞金印色	전해 듣건대 금인(金印)249) 빛깔은,
已沮素秋晨	이미 가을의 새벽에 막히었다네.
巷陌從歌暮	마을은 홍얼댐에 저물어 가고
田園好及辰	정원은 좋게 때에 맞이하였네.
秖愁無考質	다만 자문할 데 없는 게 걱정이니,
何但恨漂淪	어찌 다만 떠도는 것을 한하리오
古峽黃雲夕	오래된 협곡에는 붉은 저녁 구름 내려앉고,
王城碧樹春	왕성(王城, 都城)의 푸른 나무 봄을 맞았네.
摳趨恐踈濶	옷자락 걷고 추창함250) 소원할까 두려우니,
叟奧若爲臻	어르신의 심오함 이른 듯 하네.

---

245) 석수(夕秀) : 저녁 무렵에 핀 꽃. 늦게 나타난 시문이나 인재에 비유하는 말이다.
246) 배상(拜床) : 병중이라는 의미.
247) 윗구와 아랫구는 회재불우를 뜻한다.
248) 오신(五辛) : 매운 맛이 나는 다섯 가지 향신료인 부추, 염교, 파, 마늘, 생강을 말함.
249) 금인(金印) : 옛날 제왕(帝王)이나 고급 관원의 금으로 만든 도장을 이른다.
250) 구추(摳趨) : 구의추우(摳衣趨隅)를 말한다. 『예기(禮記)』 「곡례상(曲禮上)」에 "옷자락을 걷어잡고, 종종걸음으로 한쪽 구석에 가서 앉는다[摳衣趨隅]"라고 했다.

49. 흥이 나서 3수이다

遣興 三首

[1]
十月之交銀溪東	시월 그믐께[251] 은계(銀溪)[252]의 동쪽에
逝者如斯萬壑空	가는 물 이 같으니 모든 골짜기 비어 있네.
寒雲錯莫飛雪早	찬 구름 적막하니, 나는 눈이 이르고,
崖谷皚皚無寸蓬	계곡이 새하야니 한 치 쑥대도 없네.
不知北風更何爲	모르겠네 북풍은 다시 무슨 연유로
盡日吼怒於空中	온종일 공중에서 노한 소리 지르는지.

[2]
十月之交銀溪西	시월 그믐께 은계의 서쪽에
故鄕無書客心凄	고향에선 소식 없어 객의 마음 처량하네.
弟侄兒孫一無有	아들, 손자, 아우, 조카 하나도 없으니
空宅悄然臥老妻	빈집엔 초라하게 늙은 처(妻)만 누웠겠지.
縱使零落猶是家	비록 보잘것없다 해도 집은 집이니
四方之魂歸來兮	사방의 혼들이 돌아오리라.

[3]
十月之交銀溪北	시월 그믐께 은계의 북쪽에
千尺長松摧風力	천 길의 장송들도 바람에 꺾이었네.
天生萬木多樛曲	절로 나는 온갖 나무 굽은 것이 많은데,
誰哉使汝孤且直	누가 너로 하여금 외롭고 또 곧게 했나?

---

251) 시월지교(十月之交) : 시월(十月)은 해월(亥月)이고 교(交)는 해와 달이 교차하는 때로서 그믐날에서 초하룻날까지를 말한다. 『시경』의 편명이기도 하다.
252) 은계(銀溪) : 저자(著者)가 살고 있는 곳의 어떤 시내 이름으로 보인다.

茯笭滋長鳥獸形　복령이 자라나니 조수(鳥獸)의 모습 같아
反覆參差安可測　반복해 들쭉날쭉, 어찌 다 예측 하랴?

50. 새벽

曉

歸夢終爲夢　가고픈 꿈 마침내 꿈이 되지만,
愁來夢不成　수심이 몰려와서 꿈도 안 꾸네.
月牕連曙色　달빛 어리던 창에는 새벽 빛 이어지고
雪壑壯風聲　눈 덮인 골짜기엔 바람 소리 매섭네.
多少平生事　크고 작은 평생의 벌어진 일들
凄凉後世名　처량하게 후세에 이름 남겠지.
何如一尊酒　어찌하면 한 통의 술을 가지고
且就眼前傾　다시 곧 눈앞에서 기울여볼까.

51. 눈이 개다

雪晴

每愁山倒雪　매번 산에 눈사태를 걱정했는데
何意日生林　무슨 뜻으로 해가 숲에서 났나?
慘黑屯雲色　아주 검은 건 머무른 구름 빛이고

微青小艸心	조금 푸른 것은 작은 풀의 마음이네.
烏鳶飛不定	까마귀와 솔개는 정처 없이 날고
豹虎跡全深	승냥이와 범은 자취가 깊숙했네.
獨有袁安宅	원안253)의 집만이 남아 있으니
高情自古今	고상한 마음일랑 고금이 같네.

52. 범사냥을 탄식하다

射虎歎

上山須搏鹿	산 위에 올라서는 사슴을 잡고
下山須搏兎	산 아래 내려오면 토끼를 잡네.
性命旣無虞	목숨도 이미 걱정할 것 없고,
盤饌亦已具	반찬도 이미 모두 장만하였네.
可憐射虎兒	가련하구나! 범을 잡은 사냥꾼
奈何作計誤	어찌하여 계획이 그르쳤던가?
奮臂當猛噬	팔뚝 걷고 뽐내다 맹수에게 뜯기느라
呼吸生死屢	잠깐 사이 목숨이 몇 번이나 오갔나?
擔昇到官府	범을 들쳐 메고서 관가 이르면
長官無事怒	원님은 다짜고짜 화를 내면서
虎皮責入公	범 가죽을 공가(公家)에 들이라 책임지우고

---

253) 원안(袁安): 현달하기 전에 낙양(洛陽)에 큰 눈이 내렸는데 낙양의 군수가 순행을 돌다보니 원안의 문 앞만이 사람이 다닌 흔적이 없었다. 군수는 그것을 이상히 여겨 원안에게 물어 보았더니 원안이 누워 있다가 대답하기를 "큰 눈에 사람들 모두가 굶주리고 있으니 남을 찾아가는 것은 온당치 못합니다"라고 하였다 한다. 『후한서(後漢書)』 「원안전(袁安傳)」에 보인다.

我創嘻不顧	아! 내 상처는 상관도 않네.
云此小虎賤	'이런 작은 범은 쓸모없다.' 하고는
令我大虎捕	나더러 큰 놈을 잡아오라 하네.
小虎旣云賤	작은 범 쓸모없다 해 놓고서는
取皮則何故	가죽을 뺏는 것은 어인 일인가
大虎那可逢	커다란 범을 어찌 만날 수 있나?
傷重立顚仆	상처가 거듭되면 곧 쓰러질 텐데
徒手間徒走	맨손으로 사이 길로 돌아와서는
入室羞婦孺	방안에 들려하니 처자식에 부끄럽네.
貧鄰乞米來	가난한 이웃들은 쌀 꾸러 오고,
富鄰携酒聚	잘사는 이웃들은 술 들고 모여드네.
且請皆安坐	아! "다들 모두 여기에 앉으시오!"
長嘆山日暮	길게 탄식하노라니 산의 해는 저무네.

53. 토지 조사를 탄식하다

檢田歎

山林出杞梓	산에서는 구기자나무나 가래나무가 나고
澤國饒魚蟹	못이 많은 고장에는 물고기, 게가 많네.
因之作任土	그로 인해 토지에 따라 부과함은
萬世一模楷	만세의 한결같은 본보기였네.
淸水賦嘉穀	청수(淸水)에는 좋은 곡식 부과하니,
咄咄眞難解	아아 정말로 이해하기 어렵네.
我初到花江	내가 처음 화강에 도착했을 때

陰雨夏秋灑	장맛비가 여름에서 가을까지 뿌렸네.
薿薿黍稷疇	무성하던 기장과 피 심은 밭이
渺渺翻渤澥	아득하게 바다로 변하였었네.
俄然受災然	갑작스레 재앙을 입은 것이니
急疾雞犬駭	급작스레 개와 닭이 놀라게 되네.
菙楚故神物	회초리는 옛날의 신물이라서
沙灘玉粒夥	여울엔 옥 같은 쌀알 쌓이어 있네.
弱者吞聲泣	약한 자는 소리를 삼키어 울며,
欲語且復罷	말하려고 하다가 다시 그쳤네.
强者將訴官	강한 자가 장차 관에 소송을 하려 하면,
鄰曲嗤其騃	이웃들은 그 어리석음 비웃네.
典鬻不遑惜	전당 잡아 팔기에 아낄 겨를이 없고,
蔬薪到蟲夥	나물에도 땔감에도 벌레만 가득하네.
稱物怪價輕	물건을 생각할 때 값싼 것 괴이하기로,
慘沮不忍買	참담하여 차마 살 수가 없네.
嗷嗷衆赤子	슬프게 우는 저 많은 갓난아이들,
誰其爲黃嬭	누가 그 유모가 되어 줄 건가?

54. 밤에 앉아서

夜坐

孤館寒燈夕	외로운 여관의 등불 쓸쓸한 밤에
羣山積雪時	산마다 눈이 쌓인 때이었네.
遙指淸漏下	멀찍이 물시계가 내리는 걸 가리키니

猶是五更遲	아직도 오경이 더디게 가네.
燎火宵衣切	횃불은 소의(宵衣)²⁵⁴)에 가까울 건데
形骸旅食衰	몸뚱이는 떠돌이 식사에 쇠해 가네.
徘徊千里月	천천히 흘러가는 천리의 달이
偏照鬢邊絲	귀밑가의 백발만 비추어 주네.

55. 일찍 일어나서 2수이다

早起 二首

[1]

半天雲黑色	중천에 구름은 검은 빛이더니
初日畫圖文	처음 뜬 해가 그림 같은 문채였네.
松灌參差立	소나무와 관목은 들쭉날쭉 서 있고,
門巷遠近分	마을은 여기저기 나뉘어 있네.
興來看鳥跡	흥이 나는 건 새 발자취 볼 때이고
愁絶向豺羣	근심이 지극함은 이리떼에 향할 때이네.
寂寞古今意	적막한 예와 지금의 뜻을
無人與遣聞	더불어 들은 것을 풀만한 사람 없네.

[2]

| 每雪風添冷 | 매번 눈 내리면 찬 기운 더하는데, |

---

254) 소의(宵衣) : 날이 새기 전에 일어나 옷을 입는 것. 임금이 정사에 부지런함을 비유하는 말이니, 여기서는 당시의 왕이 정사를 위하여 일찍 일어났을 것이라고 생각하는 것이다.

今風雪後低	이번 바람은 눈 온 뒤에 잦아졌네.
高峯初上日	높은 봉우리에 해가 처음 오르니,
深巷半生泥	깊은 골목은 절반쯤 진흙 생기네.
相問樵人去	나무꾼이 가는 것을 물어보니,
催沽酒榼携	술 받는다 술통을 휴대하였네.
老夫啓蓬戶	늙은 내가 사립문을 열어 보노니
不必有輪蹄	반드시 거마가 있어서는 아니네.

56. 답답한 속을 풀다 2수이다

遣悶 二首

[1]

蕭條錦樹落天霜	쓸쓸한 단풍나무 서리를 맞았을 때
爲客江關日月長	강호에 나그네 된 지 세월이 오래됐네.
千佛風霜供坐臥	천불처럼 풍상 속에 좌와(坐臥)하여 먹었고,
五山氷雪變衣裳	오산의 빙설(氷雪)에 옷차림 바뀌었네.
衰顔實對蒼生哭	늙어서 실로 백성의 곡소리 대하니
往歲虛隨粉署香	지난 세월 헛되이 분서255) 향기 따랐네.
薄暮柴門扶杖立	저물녘 사립문에 지팡이 잡고 서서
愁看荒草野茫茫	시름겨워 풀 시든 망망한 들 바라보네.

[2]

| 秋盡玄冬冬又仲 | 가을 가고 겨울 와서 겨울은 또 동짓달, |

---

255) 분서(粉署): 곱게 단장한 누각인데, 부인의 거실을 뜻함.

天涯涕淚向佳辰	타향에서 눈물지며 좋은 시절 향하였네.
空山雲物催長至	텅 빈 산 경물(景物)은 동지 재촉하건만
故國梅花送小春	고향의 매화일랑 10월 보냈으리.
愁極有時憑夢寐	시름이 많을 때엔 때때로 꿈에 기대고
興來無處問情親	흥겨워도 친한 사람 물을 곳 하나 없네.
可憐詩句還欺我	가련하다! 시구조차 나를 속이려 하니
本擬開唫轉入神	본래 한음(開唫)하려 했는데, 신묘한 데 들어갔네.

57. 백문256)

白門

白門消息柳烟絲	백문의 소식이 버드나무 연기 속에 늘어져 있는데,
搖落風林對故枝	나뭇잎 진 풍림은 옛 가지를 마주했네.
尙憶蒼黃嚴譴日	아직도 창졸간에 엄히 견책당한 날 생각나니257),
正臨曛黑永辭時	정히 영원한 하직 어두울 때 임하였네.
孤墳幾歲將身到	외딴 무덤에 몇 해나 내가 찾아 갔던가?
病骨于今在眼悲	지금에 병든 몸이 눈에 보여 서글프네.
淸淚由來非峽雨	맑은 눈물은 그 후에 협곡의 비가 아닌데
不知何事鎭垂垂	무슨 일로 모두 다 눈물이 흐르는지 모르겠네.

---

256) 백문(白門): 서남방(西南方)을 이르는 말. 여기서는 저자 금대(錦帶)가 서울에서 서남방으로 유배된 곳을 가리킨 것으로 보인다.
257) 임금에게 문책 당해서 파직, 귀양 가게 되는 것을 말함.

58. 허승암許勝菴의 「견회見懷」에 받들어 화답하다

奉酬許勝菴見懷之作

憶兄初奠雁	생각건대 형께서 처음 전안했을 제
我髮纔覆肩	내 머리는 겨우 어깨 덮을 정도였었네.
今成兩禿翁	지금 둘 다 머리 빠진 늙은이 되어
相對悲秋天	서로 마주해 가을 하늘 슬퍼하고 있네.
辭榮兄臥雲	영화를 사양했던 형은 구름에 누웠고,
求富弟執鞭	부귀를 구했던 동생은 채찍 잡았네.258)
賢愚召禍福	어짊과 어리석음 간에 화복을 부르지마는
蟲鵠難同年	벌레와 고니는 해를 함께 하기 어려웠네.
自送靑山路	청산의 길에서 전송한 때부터
長懷白屋烟	늘 초가집 연기를 그리워했네.
初日照積雪	처음 뜬 해가 쌓인 눈에 비추니
萬里霽景鮮	만 리에 맑게 갠 경치가 선명했네.259)
新詩皎然墮	새로운 시를 고결하게 보내 왔으니,
披急緘似堅	단단히 봉해진 걸 급히 펼쳤네.
竊喜情親近	적이 정이 친근함을 기뻐하노니
寧甘歸期愆	차라리 돌아갈 기약이 어긋남을 감수하리라.
犬馬猶有戀	개와 말도 오히려 그리워함 있는데
求羊不易捐	양 구함을 쉽사리 버릴 수 없네.260)

---

258) 집편(執鞭): 집편은 채찍을 잡는 마부를 가리킨다. 곧 천한 일을 말한다. 『논어(論語)』 「술이(述而)」에 "子曰 '富而可求也, 雖執鞭之士, 吾亦爲之. 如不可求. 從吾所好.'"라 나온다. 여기서 인용한 것은 금대 자신은 벼슬길에 나가 미관말직에 있었다는 뜻을 말한 것이다.
259) 유배지에서 매형 있는 곳을 바라본 모습이다.
260) 삼경(三徑)의 고사(故事)를 말하는 것으로 보인다. 여기서 구양(求羊)은 장후(蔣詡)의 친구인 양중(羊仲)과 구중(求仲)으로 볼 수도 있다.

古來臨岐者	예부터 갈림길에 임하는 자는
灑泣有由然	눈물 뿌림 까닭 있어 그런 것이네.

59. 계진사^{桂進士}가 신안^{新安}의 송별하는 자리에서 송별시를 지어준 시운에 뒤이어 수답하다

追酬桂進士新安餞席送別韻

簿尉功曹散席參	부위(簿尉)261)와 공조(功曹)262)들이 산석(散席)263)에 참여하니,
萋萋靑草馬嘶銜	이들이들 푸른 풀에 자갈 맨 말 울었네.
出城却怪逢多酌	성 나서니 도리어 많은 술잔 만난 걸 괴이하게 여겼고,
把袂還期達遠函	옷깃 잡고 도리어 먼 편지 통하길 기약하였네.
關塞回頭鴻渺渺	국경 요새에 머리 돌리니 기러기 아득하고,
柴荊伏枕鬢毿毿	초가집에서 자리에 누우니 귀밑머리 길었네.
知君心逐浮雲色	알겠네. 그대 마음 뜬구름 빛 쫓아서
天末秋風日向南	하늘 끝의 추풍(秋風)에 날로 남쪽 향함을.

---

261) 부위(簿尉) : 지현(知縣)의 아래에 속하는 관리.
262) 공조(功曹) : 군수(郡守)는 본적지 회피의 제도에 의하여 타군 출신자가 임용되었으나, 공조(功曹) 등의 군리는 그 군내에서 임용되었다. 그중에서도 공조는 군리의 임면(任免)·상벌을 관장하였고, 지방 세력자가 많았기 때문에 자연히 그 권한이 강해져서 상급 관리로 승진하는 예도 많았다. 육조시대(六朝時代)의 군수는 한나라의 공조보다도 권한이 적었다.
263) 산석(散席) : 여기서는 끝날 무렵의 잔치 자리라는 뜻.

60. 계진사桂進士가 「서로 생각한다相憶」를 보내와서 수답한다

酬桂進士相憶見寄之作

衣冠浿北世多賢　대동강 북쪽 사대부는 대대로 현자가 많아
不讓城南尺五天　성남(城南)의 척오천(尺五天)264)에 못하지 않네.
野水春田常早起　들 물은 봄 논에서 항상 일찍 일어나고,
晴雲草閣只閒眠　맑은 구름 낀 초각에서 단지 한가히 잠자네.
相思兩地應通夢　양쪽 땅에서 그리워해 응당 꿈이 통할 것이니,
後會西州可有緣　뒤에 서주(西州)에서 모일 인연 있게 되리.
莫問花江憔悴客　화강(花江)의 초췌한 나그네에게 묻지 말지니,
惟將華髮照清泉　오직 흰머리를 맑은 샘물에 비추노라.

61. 계진사桂進士에게 수답하고 아울러 홍진사洪進士에게 편지를 보내다

酬桂進士, 兼束洪進士

天涯流轉歎身謀　하늘가 떠돌며 내 한 몸 탄식하노니
峽裏陰陽逼孟陬　협곡의 음양일랑 새해 첫 달에 가깝네.
苦憶向來洪桂輩　이때까지 홍진사와 계진사를 몹시도 생각했으니,
共銷無限古今愁　한없는 고금의 시름을 함께 사르노라.
芙蓉濯濯出清水　부용은 깨끗하게265) 맑은 물에서 나왔고,

---

264) 성남(城南)의 척오천(尺五天) : 고귀한 가문은 제왕(帝王)과의 거리가 가깝다는 뜻이다. 당(唐)나라 때에 장안성(長安城) 남쪽에 사는 위씨(韋氏)와 두씨(杜氏) 가문에서는 대대로 고관이 나왔으므로, 두보의 「증위칠찬선(贈韋七贊善)」에서 "時論同歸尺五天"이라 하고 자주(自注)하기를 "俚言曰, 城南韋杜, 去天尺五"라 했다. 척오(尺五)는 1자 5치이다.

鋩鍔幽幽橫素秋　　망악266)은 유유하게 가을에 비껴 있네.
已判高張無側耳　　이미 고장267)임이 판단되어 측이268)할 게 없으니
欲携二仲事西疇　　이중(二仲)269)을 끌고 서주(西疇)270)에 일삼으려 하네.

62. 이종식李宗式에게 수답하다

酬李生宗式

琴嘯堂中上日筵　　금소당(琴嘯堂)271) 안의 상일(上日)272)의 자리에서는
雄鳴憶數李君先　　웅장한 울음은 이군이 선두(先頭)임을 생각하노라.
衝星鬱鬱寧非劒　　별 찌르는 무성한 기운은 어찌 검이 아니더냐.273)
有骨珊珊自是仙　　뼈까지 산산한 것274)은 스스로 신선일러라.
西塞雲山橫遠道　　서쪽 변방의 구름 산엔 먼 길이 비껴 있고,
東閣氷雪滿寒天　　동각(東閣)275)의 얼음, 눈은 찬 날씨에 가득하네.

---

265) 탁탁(濯濯) : 여기서는 연꽃이 밝고 깨끗한 모양이다.
266) 망악(鋩鍔) : 도검(刀劍) 등의 뾰족한 끝을 이른다.
267) 고장(高張) : 높은 자리에 있으면서 으스대는 것을 이른다.
268) 측이(側耳) : 귀를 기울여 자세히 들음.
269) 이중(二仲) : 한(漢)나라 때 양중(羊仲)과 구중(求仲)이다. 장후(蔣詡)가 동산에 세 갈래의 길을 내고 오직 양중(羊仲)·구중(求仲)과만 사귀었다. 두 사람은 모두 후대에 은거한 선비를 가리키는 말로 사용되었다.
270) 서주(西疇) : 도연명의 「귀거래사(歸去來辭)」에 나오는 말로 후세에는 농장(農場)이란 뜻으로 많이 쓰인다.
271) 금소당(琴嘯堂) : 화순현(和順縣)의 자사(子舍)이다.
272) 상일(上日) : 여기서는 '좋은 날'이란 뜻으로 쓴 것으로 보인다.
273) 여기서는 그 자리에 모인 훌륭한 인사(人士)들을 명검(名劍)인 용천검(龍泉劍)에 비유한 말이다. 당(唐)나라 왕발(王勃)의 「등왕각서(藤王閣序)」에서 "物華天寶, 龍光射牛斗之墟"라 했다.
274) 이 시구는 주인의 인품이 신선같이 보인다는 뜻이다. 산산(珊珊)이 여기서는 모습이 고결(高潔)하고 표일(飄逸)하다는 형용이다.

| 由來方寸無千里 | 그 이후로 마음에 천릿길이 없으니 |
| 珍重新詩在我邊 | 진귀한 새 시가 나의 곁에 있기에. |

63. 정군행(鄭君行)을 정현희(鄭賢希) 군이 신안(新安)으로 돌아가는 데에 주다

鄭君行, 贈鄭君賢希還新安

鄭君高義天雲屬	정군의 높은 의리는 하늘 구름에 속하는 데
誰其似者古巢谷	누가 그 같은 자이냐. 옛날의 소곡(巢谷)276)일세.
崢嶸玄陰逼歲晏	덧없는 현음(玄陰)277)은 세모(歲暮)에 가까운데,
繭足訪我花江曲	발에 물집 생기도록 화강으로 날 찾았네.
歎我方唫製荇衣	나는 연잎으로 옷을 만들게 됨 탄식하는데,
愧君苦道照天燭	그대 몹시 조천촉(照天燭)278)이라 함이 부끄럽네.
坐來累累探袖出	앉아서 여러 차례 소매를 더듬어서 꺼내니,
素書新詩人人玉	평소에 쓴 새 시가 사람마다 옥이구나.
椎牛釃酒分所無	소 잡고 술 거름은 분수 넘는 일이어서,
破屋相對飯脫粟	낡은 집에서 마주하여 거친 밥 먹는다네.
古稱貧賤親戚離	옛날부터 빈천하면 친척들도 떠난다 했으니279)
誰爲夢見他人篤	누가 꿈속에 다른 사람 보기를 독실히 하랴?

---

275) 동각(東閣) : 여기서는 옛날 고을의 수령(守令)들이 정사(政事)를 처리하던 동헌(東軒)과 같은 뜻으로 쓴 것이다.
276) 소곡(巢谷) : 소(巢)는 요(堯)임금 때의 은자인 소보(巢父)로 보이며 곡(谷)은 한(漢)나라 때 은자인 곡구(谷口) 정자진(鄭子眞)을 말하여 정군행(鄭君行)에 비유한 것이다.
277) 현음(玄陰) : 한 겨울의 음기(陰氣)를 말함.
278) 조천촉(照天燭) : 조천납촉(照天蠟燭)과 같은 말. 송(宋)나라 때 민간에서 청렴한 관리를 칭찬하던 말이다. 여기서는 정군행이 금대를 칭찬한 말이다.
279) 조려(曹攄)의 「감구시(感舊詩)」에 "富貴他人合, 貧賤親戚離"라는 구절이 있다.

知君所求在一見	알건대, 그대가 구하는 건 한 번 만남이었으나
旣見告歸還局促	이미 보게 되었노라, 돌아감을 도리어 촉박하게 여김을.
昨夜北風散重雲	어젯밤 된바람이 뭉게구름 흩으니
銀溪驛前升朝旭	은계역 앞에는 아침 해 떠오르네.
四顧靑天盖白雪	두루 보니 하늘에는 흰 눈이 덮여 있어,
曠野一道行人促	너른 들판 길에는 행인이 재촉하네.
君心金石君腸熱	그대 맘은 금석 같고 자네 심장(心腸) 뜨거우니
折綿之寒安能毒	솜을 꺾는 추위[280]인들 어찌 독이 되겠는가?
目擊猶未忘凋瘵	눈으로 볼 제는 오히려 곤핍함[凋瘵][281] 못 잊겠는데,
身閒久已任榮辱	몸이 한가로우니 오래전부터 이미 영욕을 내맡겼네.
新安士民如相問	신안(新安)의 사민(士民)들이 만일 나에 관해 묻거든
此意憑君爲我告	이런 뜻을 그대에게 부탁하니 나 위해 말해다오.

64. 허승암(許勝菴)에게 화답하다

答許勝菴

玄晏先生還晏如	현안 선생[282]은 도리어 느긋한데,
日高筆硯著書初	한낮에 붓과 벼루로 처음으로 저술하네.
行唫臥病雙蓬鬢	다니며 읊고 병에 눕기에 두 귀밑머리 희어 가니,

---

280) 절면(折綿) : 아주 극심한 추위를 말한다. 혹독한 추위에 솜이 얼어붙어서 서로 부딪치면 꺾어지기 때문에 이르는 말이다.
281) 곤핍함[凋瘵] : 조채(凋瘵)는 쇠약하고 곤핍한 것. 여기서는 금대가 유배지에 왔을 때 백성의 참상을 말한 것이다.
282) 현안선생(玄晏先生) : 진(晉)나라 황보밀(皇甫謐)의 호. 여기서는 빌어서 허승암을 가리킨 것이다.

遠水寒山一草廬	먼 물과 차가운 산에 한 채의 초가집일세.
裘葛淹留殊俗厭	구갈283)로 오래 머무니 다른 풍속 싫어지고,
鴈魚阻絶故人踈	편지가 막히고 끊어졌으니 친구도 멀어지네.
靑城百里無多路	청성284)가는 백리 길은 많지 않은 길이니,
未信東關是索居	동관(東關)285)이 쓸쓸한 거처임을 못 믿겠네.

65. 심대사(沈大士)가 두시(杜詩)를 찾기에 장난삼아 올리다

戱呈沈大士, 覓杜詩

馬巖西畔驛門東	마암의 서쪽 언덕에 역문의 동쪽에는
白葦黃茅望不窮	흰 갈꽃과 누른 띠풀 끝없이 펼쳐졌네.
我對隱侯驚拍案	내가 은후286)를 대하자, 놀라 책상을 치며,
宅中留得浣花翁	"집안에 완화옹287)이 머물러 있게 됐네."

---

283) 구갈(裘葛) : ① 가죽 옷과 칡의 외올실로 짠 베옷이라는 뜻으로, 겨울옷과 여름옷을 아울러 이르는 말. ② 가죽 옷을 입는 겨울과 베옷을 입는 여름을 지낸다는 뜻으로, 1년을 이르는 말.
284) 청성(靑城) : 신선이 사는 고장. 여기서는 허승암이 사는 곳에서 백리밖에 안 되는 어떤 선경(仙境)을 가리킨 것이다.
285) 동관(東關) : 어디인지는 알 수 없으나 허승암의 거처이다.
286) 은후(隱侯) : 심약(沈約)의 호이니 여기서는 심대사(沈大士)를 가리킨다.
287) 완화(浣花) : 완화계(浣花溪)를 가리킨다. 완화계는 두보의 성도 초당(成都 草堂)이 있던 곳. 여기서는 심대사가 금대(錦帶)를 두보에 비유하여 부른 것이다.

66. 조진범(趙晋範)이 근체시를 보내준 것을 받았다. 멀어서 지난번 떠날 때 전송하지 못한 것을 아쉬워하고 아울러 최근의 상황을 물었으므로 운자에 맞추어서 곧 부치다 4수이다

趙生晋範, 見貽近體, 恨不遠送頃行, 兼問近狀, 倚韻却寄 四首

[1]

時論瓊州或柳州	때때로 경주288)나 유주289)를 논했더니,
花江偏荷聖恩優	화강에서 유난히 상감 은혜 두터웠네.
秪今風雪惟高枕	다만 이제 눈보라에 베개를 높이 베고,
尙憶神仙共泛舟	신선과 함께 타던 뱃놀이를 생각하네.
千里終須成一別	천리 길에 마침내는 한 번 이별 하였으니,
他年耐可續前遊	훗날에 어이해야 전날 놀이 뒤이을까.
寄聲好謝朝天石	소식 부쳐 조천석(朝天石)에 좋게 감사하노니,
遮莫西江歲月悠	서강의 세월도 이리 유유하다오.

[2]

每見西風至	매번 서풍이 이르는 것을 보니
無書便是書	편지가 없는 것이 곧 편지이네.
可知湘水客	알겠노라. 상수의 나그네[湘水客]290)가
猶食武昌魚	오히려 무창의 물고기291) 먹는 것을

---

288) 경주(瓊州): 중국의 해남도(海南島) 또는 광동성(廣東省) 경산현(瓊山縣)을 일컫는 이름이며, 여기서는 그곳 지방관으로 쫓겨난 사람을 가리키는 말일 것이나 알 수 없다.
289) 유주(柳州): 중국 광서성(廣西省)에 있는 주명(州名). 여기서는 유주자사(柳州刺史)로 좌천되었던 당(唐)나라 유종원(柳宗元)을 가리킨다.
290) 상수의 나그네[湘水客]: 상수(湘水)로 유배되었던 중국 전국시대 초(楚)나라 굴원(屈原)으로서 여기서는 금대(錦帶) 자신에 비유한 것이다.
291) 무창의 물고기[武昌魚]: 무창의 생선. 무창 지방의 토지가 각박해서 살 고장이 못된다는 동요가 퍼진 일을 두고 쓴 말이다.

[3]

聖君恩許高寒樂　　성군의 은혜로 높고 쓸쓸한 즐거움을 허락하시니,
二竪逡巡不敢隨　　병마(病魔)가 머뭇대며 따르지 못하누나.
峽水泠泠生羽翰　　골짜기 물, 맑고 맑아 날개가 나서292)
怳然淸露在三危　　갑자기 맑은 이슬 내리는 삼위산(三危山)293)에 있는 듯하네.

[4]

淸都謫送不無心　　청도로 귀향 보냄 뜻이 없지 않으시리니
要續人間正始音　　인간의 정시음(正始音)294)을 계속하려 해서이리.
君意元來天意似　　상감의 뜻은 원래부터 하늘의 뜻과 같아서,
放敎日日作閒唫　　나날이 한가로운 읊음을 짓게 하려 함이네.

67. 재차 심대사(沈大士)가 두시(杜詩)를 준 것에 감사하다

再疊謝沈大士, 惠杜詩

詩思無多古峽東　　시사(詩思)가 많지 않은 옛 협곡 동쪽에

---

292) 날개가 나다[生羽翰] : 여기서는 맑은 골짜기 물을 보니 신선이 된 것 같다는 뜻이다.
293) 삼위산(三危山) : 중국 서역(西域)에 있는 땅 이름 또는 산 이름. 『산해경(山海經)』「서산경(西山經)」에는 신선(神仙)이 사는 곳이라 했고, 『서경』「순전(舜典)」에는 "요(堯)임금이 명령에 따르지 않는 강남(江南)의 양주(揚州)와 형주(荊州) 일대에 사는 삼묘국(三苗國) 사람들을 삼위 지역으로 유배시켰다" 하였으니 여기서 금대(錦帶)는 두 가지 뜻을 다 쓴 것으로 보인다. 다시 말하면 자신이 이곳에 유배된 것은 삼묘족이 삼위에 유배된 것 같고 협곡의 물이 맑은 것을 보면 삼위산에 사는 신선이 된 느낌이라는 뜻이다. 청로(淸露)는 공중에서 받은 이슬이다.
294) 정시음(正始音) : 정시지음(正始之音)의 준말. 여기서는 시작을 하는 음악이란 뜻이며 옛날에는 예악(禮樂)을 치정(治政)의 중요한 일로 삼은 데에서 나온 말이다. 음(音)은 또한 시(詩)를 뜻하기도 한다.

枯腸探覓已全窮	마른 창자에서 찾아내려 하나 이미 완전히 사라졌네.
金丹一粒從空墮	금단 한 알[295]이 하늘에서 떨어졌으니
羽翰隨生勃窣翁	날갯죽지가 따라서 느긋한 늙은이에게 나네.

68. 동지

冬至

日日驛樓朝霧黃	날마다 역과 누대에는 아침 안개 깔리고
翻愁日暮更風狂	저물녘에 다시 거센 바람 부는 것이 새삼 걱정되네.
中天有月盡情白	중천에는 달이 있으니 진정으로 희고
老眼無梅多事香	늙은 눈에는 기생 없어도[無梅][296] 많은 일 향기롭네.
水鳥喧呼終不定	물가 새는 시끄러이 울면서 마침내 정처 없고,
商人歌笑也成行	상인은 노래하며 웃으니 또한 행렬 이루었네.
失眠轉輾悲南至	이리저리 잠 못 들고 동지된 걸 슬퍼하니
此夜疑過昨夜長	이 밤이 간 밤보다 더 긴 건가 의심했네.

---

295) 금단일립(金丹一粒) : 금단은 옛날 방사(方士)들이 금석(金石)을 고아 만든 선약을 말한다. 여기서는 시사(詩思)가 고갈된 금대(錦帶)에게 갑자기 두시(杜詩) 한 권을 준 것은 마치 금단 한 알이 하늘에서 떨어진 것과 같다는 뜻이다.

296) 기생 없어도[無梅] : 매(梅)가 여기서는 미녀(美女), 곧 기녀라는 뜻으로 쓴 것 같다.

69. 눈을 보고 장난삼아 원화체(元和體)297)를 모방하다. 36운으로 짓다

對雪, 戲效元和體, 三十六韻

四時冬寂寞	사철 중에 겨울이 적막하기에
時用雪爲佳	계절이 눈을 써서 멋있게 하네.
爛黑菰漂米	썩어서 검게 됨298)은 떠다니는 고미(菰米)이고,299)
新紅火出槐	새로 붉은 것은 불이 홰나무서 나온 거네.300)
南低迷日色	남쪽으로 낮으니 햇빛이 희미하고
四起漲陰霾	사방에서 일어나는 음매(陰霾)301)가 가득하네.
盡慘林容變	모두 참담한 것은 숲 모습이 변한 거고,
微溫地氣乖	조금 따뜻한 것은 땅기운이 어긋나서네.
縱橫猧走巷	발바리는 마을을 이리저리 뛰놀고
聚散雀喧階	참새는 뜰 안에서 흩모이며 지저귀네.
蔌蔌先珠礫	날던 것[蔌蔌]302)은 먼저는 주력(珠礫)303) 같더니
漫漫已豆稭	만만한 것[漫漫]304)은 이미 콩대의 재[豆稭]305) 일러라.

297) 원화체(元和體) : 당(唐)나라 때 백거이(白居易)와 원진(元稹)이 유행시킨 일종의 시풍(詩風)을 이른다.
298) 난흑(爛黑) : 부패성 물건이 썩으면 검게 변하는 것.
299) 고미(菰米) : 줄[菰]의 열매인 고미(菰米)로 조호미(雕胡米)라고도 부른다. 잎은 자리를 만드는 데 쓰이고 열매와 어린 싹은 식용에 쓰임. 두보(杜甫)의 「추흥(秋興)」에 "波漂菰米沈雲黑, 露冷蓮房墜粉紅"이라 했다.
300) 『논어』 「양화(陽貨)」에 "부시나무를 마찰시켜 불을 바꾼다[鑽燧改火]"라고 했으며 주자(朱子)의 주에 "개화(改火)라는 것은 봄에는 느릅나무와 버드나무의 불을 취하고[春取楡柳之火] 여름에는 대추나무와 살구나무의 불을 취하고[夏取棗杏之火], 늦여름에는 뽕나무와 산뽕나무의 불을 취하고[夏季取桑柘之火], 가을에는 갈참나무와 유나무의 불을 취하고[秋取柞楢之火], 겨울에는 회나무와 박달나무의 불을 취한다[冬取槐檀之火]"라고 하였다.
301) 음매(陰霾) : 바람에 먼지가 날려 온 하늘이 뿌옇게 되는 현상.
302) 날던 것[蔌蔌] : 여기서는 가볍게 날려 떨어지는 모양.
303) 주력(珠礫) : 여기서는 진주(珍珠)의 부스러기란 뜻이다.
304) 만만한 것[漫漫] : 여기서는 넓게 펼쳐져 있는 모양.
305) 콩대의 재[豆稭] : 두개회(豆稭灰)의 준말. 콩대를 태운 재로 눈[雪]을 비유하는 말이다.

井泉眞獨在	우물과 샘은 참으로 말짱하지만306)
丘垤則渾埋	개밋둑은 곧 완전히 묻혀 버렸네.
蠶食聲沈戶	누에 먹는 소리가 문에 가득하고
蛇蟠跡印鞋	뱀이 서린 자취가 신발에 박히었네.307)
凌兢衣屢挽	벌벌 떨면서 옷을 자주 당겼고,
眩轉眼頻揩	어지러워서 눈을 자주 비볐네.
有意飄人面	생각 있는 듯 사람의 얼굴로 나부끼고
無端落樹叉	까닭 없이 나무 가장귀에 떨어지네.
糢糊昏似曉	어른거려 혼미(昏迷)함은 새벽과 같고,
刻畫谷連崖	새겨 놓은 듯 골짜기가 낭떠러지와 연결되었네.
榾柮威難敵	등걸로는 한위(寒威)를 대적하기 어렵고,
罇瓢力未排	통술로도 억센 힘을 밀쳐내기 어렵네.
羣戲兒聚米	장난치는 애들은 쌀을 모으고,
分買市爭柴	나누어 사는 저자에서는 땔감 다투네.
挐縮蝗論尺	바짝 웅크린 황충은 자를 논하고
顚狂鹿失牌	미친 듯한 사슴은 패를 잃었네.
積深傾地軸	깊이 쌓이면 지축이 기울 듯하고
灑向接天涯	향하여 뿌리면 하늘 끝 닿는 것 같네.
竹凍歌姬滿	대나무가 어니 희만(姬滿)308)을 노래하였고,
篁寒怨女媧	대나무가 차니 여와(女媧)309)를 원망하였네.
呂妻藏米桶	여씨의 처는 쌀통을 갈무리했고,
袁子臥茅齋	원안은 띠집에서 누워 있었네.
孰辨高低自	누가 높낮음 스스로 구분하리오

---

306) 우물과 샘만 눈이 덮이지 않았다는 뜻으로 쓴 것 같다.
307) 원문에는 번(蟠)으로 되어 있으나, 반(蟠)의 오자로 보인다.
308) 희만(姬滿) : 주목왕(周穆王) 희만(姬滿)이 겨울에 황대에서 놀며 사냥하다가 날이 몹시 추우므로 황죽가(黃竹歌)를 지어 불러서 백성들을 불쌍히 여겼다고 한다.
309) 여와(女媧) : 복희씨의 여동생.

惟知遠近皆	오직 모두 원근을 알 수 있었네.
朝暾俄挾纊	아침 햇빛 갑자기 새 솜을 낀 것과 같고310)
氷溜儼垂釵	고드름은 엄연히 비녀를 드리웠네.
晴霽如將久	눈 개어서 장차 오래갈 것 같더니
霏微事又差	자욱이 내려서 일이 또 어긋났네.
纔欣西嶺露	겨우 서쪽 고개 드러난 것 기뻐했는데
已逐北風喈	이미 북풍을 따라 울었네.
重疊仍封瓦	거듭 거듭 쌓여서 지붕 기와 봉하기에
低垂倦掃街	나직이 머리 숙여 고달프게 거리 쓸었네.
何當沾宿麥	어찌 하면 가을 보리 적시어 줄꼬
秖是壓苦荄	다만 씀바귀 뿌리만을 뒤덮을 뿐이네.
宮扇朝開雀	궁중 부채는 아침에 공작새를 펼치나,
民居早念蝸	백성의 거처는 일찌감치 달팽이 집 염려하네.
憂勤停宴賞	(나라에선) 우근(憂勤)하여 잔치를 멈추었고,
減省在綏懷	덜어서 줄임은 어루만져 보살핌에 있네.311)
豊屋歡娛極	풍년 든 가옥에선 기쁨이 지극하여
飛牋伴侶偕	편지를 날려서 친구들과 함께 노네.
哀絲陳趙瑟	슬픈 실312)은 조나라 슬313)을 진열했고,
夜玉擁吳娃	야옥으로 오와314)를 끼고 놀았네.
座煖梅先臘	자리 따뜻하니 매화는 섣달 전에 꽃이 피고
盤香橘渡淮	소반에 향기 나니 귤이 회수를 건너왔네.

---

310) 협광(挾纊): ① 솜옷을 입음. 남에게 위로를 받아 따뜻하게 느껴짐을 비유하기도 한다. ② 솜을 넣어 옷이나 이불을 지음.
311) 수회(綏懷): 어루만져 보살핌. 또는 편안하게 하여 따르게 함.
312) 애사(哀絲): 슬픈 음조(音調)를 내는 현악기(絃樂器)를 이름.
313) 조슬(趙瑟): 슬(瑟)이란 현악기(絃樂器)를 가리킨다. 이 악기는 전국시대 조(趙)나라에서 유행되었기 때문에 조슬이라 한다.
314) 오와(吳娃): 중국 옛날 오(吳)나라 지역에 살던 미녀(美女)이다.

入門堪炙手	문에 들면 후끈함이 느껴지지만315)
橫道有僵骸	길 옆에는 죽은 해골 누워 있구나.
匝域愁凋瘵	온 역내는 궁핍함을 수심하게 되고
荒城更虎豺	거친 성에는 다시 범과 이리 날뛰네.
顧慙隨處樂	돌아볼 제 곳곳마다 즐긴 것이 부끄러운데
猶得遂時挨	오히려 때에 따라 미치게 되네.
寒暑裘兼葛	겨울과 여름에는 갖옷, 갈옷을 겸하였고,
朝晡菜與鮭	아침저녁으로 채소와 복어 요리였네.
懷人寧返棹	사람을 생각하니 어찌 배를 돌리랴
賒酒欲驅騋	외상술 받으려고 말 몰려 하는구나.
撫迹悲籠鳥	지난날 떠올리니 새장의 새가 슬프고
稱詩愧井蛙	시를 말하려 하나 우물 안 개구리 부끄러웠네.
梁園嗟莫及	양원316)은 아! 미치지 못할 것이고
郢曲渺難諧	영곡317)은 아득해서 조화되기 어렵네.
授簡非吾事	편지를 주는 것은 내 일이 아니나,
孤吟只類俳	외로이 읊으니 다만 배우와 같네.

---

315) 자수(炙手): 뜨거워서 손을 덴다는 말로, 권세가 대단함을 화열(火熱)에 비유하여 일컫는 말.
316) 양원(梁園): 한(漢)나라 때 양효왕(梁孝王)이 하남성(河南省) 개봉시(開封市) 남동쪽에 세운 동산 이름. 사방 3백여 리의 광대한 숲과 연이어진 화려한 궁실로 유명했다.
317) 영곡(郢曲): 전국시대 초(楚)나라 송옥(宋玉)이 초왕(楚王)의 물음에 대답하기를 "객 중에 영중(郢中)에서 노래하는 자가 있었는데 처음 하리파인(下里巴人)이라는 곡을 부르니 서울 안에서 이어서 화답하는 사람이 수천인이었고, 그가 양아(陽阿)와 해로(薤露)라는 곡을 부르니, 이어서 화답하는 사람이 수백 인이었고, 양춘백설(陽春白雪)이라는 곡을 부르니, 화답하는 자가 수십 인이었고, 인상각우(引商刻羽)하고 유치(流徵)를 섞어서 부르니 화답하는 사람이 몇 사람일 따름이었다"라고 했다. 후세에 영곡(郢曲)은 널리 악곡(樂曲)을 가리키는 말로 쓴다.

70. 허씨인 두 생질이 옥계^{玉溪}로 돌아가는 것을 전송하며

送許氏二甥還玉溪

許氏雙玉我親屬	허씨의 두 옥은 나의 친족이어서
相見喜甚春生谷	서로 보면 매우 기뻐 봄기운이 계곡에서 나네.
伯也掉鞅登詞壇	맏이는 뛰어난 재능 보여[掉鞅]318) 사단(詞壇)에 올랐고,
仲氏吹篪和其曲	둘째는 젓대 불어319) 그 노래에 화답했네.
謫居常日白晝眠	유배 생활 평일에는 낮잠에 빠졌으니
破屋却有深更燭	무너진 집에서 도리어 밤 깊도록 촛불 켰네.
我生瓢萍逐流水	내 삶은 부평초처럼320) 흐르는 물을 따르는데,
時名鄭鼠兼周玉	당시에 정나라 사람이 쥐라 부른 것을 주나라 사람 옥이라 하였으니,321)
老驥空思塞沙磧	늙은 말은 부질없이 변방 사막의 돌무더기를 생각하고
病鴈不謀秋菽粟	병든 기러기는 가을 콩과 조를 얻으려 않네.
魏子宅相奇始見	위자의 탁상322)을 기이하게 처음 보았는데,

---

318) 도앙(掉鞅): 여유있게 거마를 부리거나 전투에서 주도권을 장악함을 이른다. 본래에 적진에 들어가 도전할 때 수레에서 내려 말의 뱃대끈을 손질함으로써 거마를 부리는 기술이 뛰어나고 여유있음을 보인다는 뜻에서 유래한 말이다.『좌전(左傳)』「선공십이년(宣公十二年)」참조.
319)『시경』「소아」'하인사(何人斯)'에 "형은 훈(壎)을 불고 동생은 지(篪)를 부네[伯氏吹壎 仲氏吹篪]"라고 하였다. 형제간에 서로 마음이 맞아 우애한다는 비유로 쓴다.
320) 표평(瓢萍): 보이는 곳이 없다. 표평(飄萍)의 잘못으로 보인다. 표평은 표류하는 부평초라는 말로 정처 없이 떠도는 사람의 비유로 쓴다.
321) 정서(鄭鼠): 정나라의 쥐.『후한서(後漢書)』「응소전(應劭傳)」에 이르기를 "옛날 정나라 사람이 말린 쥐[鼠]를 박(璞)이라 하여 주나라에 팔려고 했다는 말이 있다. 그 이유는 정나라 사람은 거친 옥을 박(璞)이라 하는데 주나라 사람들은 쥐를 말려 포로 만들지 않은 상태의 것을 박(璞)이라 하는 데에서 생긴 말이다. 후세에는 정서(鄭鼠)를 진위가 뒤섞이거나 혹은 가짜를 진짜로 둔갑시키는 비유로 쓴다.
322) 위자의 탁상: 훌륭한 외손이 되는 것을 뜻함. 진(晉)나라 사도(司徒) 위서(魏舒)가 어릴 적에 부모를 여의고 외가인 영씨(寧氏) 집안에서 자랐는데, 집터의 길흉을 점치는 자가 "귀한 외손자가 나올 상이다[當出貴甥]"고 하니, 위서가 "이 집터에 맞게 외가를 빛내겠다[當爲外氏成此宅相]"라고 한 고사가 있다.『진서(晉書)』「위서전(魏舒傳)」참조.

殷生送別情彌篤	은생은 송별하니 정이 더욱 도타웁네.
寒天解攜正汗漫	추운 날에 헤어지니 정히 아득한데,
浩歌激越郍刺促	호탕한 노래는 세고 높았으니 어찌 세상 일에 안달하랴
積雪長氷橫遠道	쌓인 눈과 긴 얼음은 먼 길에 깔려 있고
估客征人散淸旭	장사치와 가는 사람은 맑은 햇살에 흩어졌네.
入天丹梯殘年眼	붉은 사다리323)로 하늘로 올라감은 늙은이의 눈이고,
排風靑冥君輩躅	하늘에 바람 헤치는 건 그대들의 발자취이네.
君家嚴親古巢由	자네 집 엄친은 옛날의 소유와 같은 사람이었고,
萬事放神任亭毒	온갖 일에 마음 놓아 양육에324) 맡기었네.
玉溪蕭瑟臥自高	옥계에 쓸쓸히 누우니 뜻이 절로 높은데,
荒山頻繁命累辱	황산에는 빈번하게 임명을 여러 차례 욕되게 했네.325)
幾因見月懷玄度	몇 번이나 달을 보고 현도를326) 생각했던가.
此心應不煩相告	이 마음을 번거롭게 알리지 않으리라.

---

323) 단제(丹梯): 신선 세계로 들어가는 붉은 사다리.
324) 정독(亭毒): 길러 자라게 함. 양육(養育). 정(亭)은 이룸을[成] 뜻하고, 독(毒)은 숙달(熟達)을 뜻함.
325) 임명을 여러 차례 욕되게 했네[命累辱]: 자주 금대를 찾아왔다는 말.
326) 현도(玄度): 달이라는 뜻 외에 여러 가지 뜻이 있으나 여기서는 우러러 사모하는 깨끗한 명사를 가리키는 말이다.

71. 사군使君 정경행丁景行이 임지인 흡곡歙谷으로 가는 것을 전송하다 [이름은 재운載運327)이다]

送丁使君景行之任歙谷 [名載運]

舊識滿京洛	구면들이 서울에 가득했으나
終年見一人	말년엔 한 사람만 보게 되었네.
逢迎相問訊	서로 만나 안부를 물어보면,
宦謫兩酸辛	벼슬살이 귀양살이 모두다 괴로웠네.
雨暗山城夕	비 자욱한 산성(山城)의 저녁이었고,
沙明海岸春	모래 밝은 바닷가 봄철이었네.
時應念遠者	때때로 멀리 있는 이 생각나리니,
書尺到天垠	편지를 하늘 끝에 이르게 하게.

72. 사군시

四君詩

故進士崔弘重 [字稚度] / 고인이 된 진사 최홍중(崔弘重) [자는 치도(稚度)이다]

自出十百人	많은 사람들 보다 뛰어났으니,
磊落珣玗琪	우뚝한 순우기(珣玗琪)328)였네.

---

327) 정재운(丁載運, 1739~1816) : 본관은 나주(羅州). 자는 영회(永會), 호는 치와(癡窩). 다산의 숙부. 1774년에 소과(小科)에 장원급제 하였고 같은 해에 대과(大科)에 급제했다. 현령을 지내기도 하였으나 행덕(行德)이 지고(至高)하여 시정(時政)이 맞지 않았으므로 시골에서 시서(詩書)로 여생을 지냈다. 문집 2권을 남겼다. 이 시는 정재운(丁載運)이 1787년에 강원도 흡곡현령으로 부임할 당시에 지어 준 것이다.

於中數苕發	그중에서 몇 사람 뛰어났지만,
崔子似者稀	최씨 같은 사람은 드물었었네.
硨兀二大相	우뚝한 두 가지의 큰 바탕은329)
寥廓餘慶垂	널찍하게 남은 경사 드리워지리.
昂藏六尺軀	헌걸찬 여섯 자의 체구에서는
炯晶雙眸奇	수정 같은 두 눈동자 기이하였네.
談諧巧丸注	농담하면 자유자재로 흘러나왔고,330)
詩筆駿足馳	시를 쓰면 붓은 준마가 달리는 듯 했지.
縱橫顧眄際	이리저리 돌아보며 대면할 때엔
四座爲解頤	사방에 앉은 사람 그 때문에 웃었네.
乃翁詞林宗	그 부친은 사림의 종주였는데
百發數愈奇	노년331)에 운수 더욱 기박(奇薄)하였네.
佳此少年郞	소년을 기특하게 여기시어서,
操契取主司	좌계(左契) 잡고 주사(主司)332)에 취하였구나.
俊鶻逢始霜	뛰어난 송골매333)가 첫 서리 만나노니,
高下皆所宜	높고 낮게 날기를 모두 마땅히 했네.
崢嶸萬里天	높직한 만 리의 하늘이지만
未足當橫飛	마음껏 날기에는 충분치 않았네.
伊昔忝末客	지난날에 말석에 참석하여서,
曛旭窮追隨	조석으로 끝까지 따라 다녔네.

---

328) 순우기(珣玗琪) : 옛날 동이족(東夷族)이 살던 의무려산(醫巫閭山)에서 생산되는 옥돌 이름이었으니 『서경』「고명(顧命)」에 보이는 이옥(夷玉)이 그것이라 했다. 여기서는 최흥중의 우뚝한 인품에 빗대어 쓴 것이다.
329) 두 가지의 큰 바탕[二大相] : 내용이 무엇인지는 모르겠다.
330) 교환(巧丸) : 원래는 탄환(彈丸)을 잘 던진다는 뜻이다. 여기서는 말을 자유자재로 한다는 뜻으로 쓴 것 같다.
331) 백발(百發)은 무슨 의미인지 알 수 없다. 여기서는 백발(白髮)의 오자로 보인다.
332) 주사(主司) : 과거장의 주시관(主試官)이다.
333) 준골(俊鶻) : 건장한 매. 여기서는 최흥중의 건장한 인품에 비유한 것.

茅齋富淸賞	초가엔 맑은 감상 넉넉했으니,
羅列鏡箱姿	경상(鏡箱)334)의 모습이 줄지어 있었네.
獅紐篆良常	사자 새긴 끈[獅紐]335)은 전자가 양상(良常)336)하였고
豹囊懸隃糜	표낭(豹囊)337)에는 유미(隃糜)338)를 달아매었네.
羅帶颯飄飆	비단 띠를 바람에 스쳐 펄럭이면서,
偃仰隨所爲	언앙(偃仰)339)을 하는 바에 따라 하였네.
嗚乎名家子	오호! 이름난 가문의 자제였다면
展也英妙時	진실로 영묘한 때이겠지만
不復有勝流	다시는 인재가 있지 않은데
墓草屢變衰	무덤 풀이 여러 번 시들었구려.
平生遊衍地	평소에 노닐었던 장소에서
默默獨含悲	묵묵히 홀로 슬픔 머금고 있네.
沮削紫閣色	자각(紫閣)340)의 빛깔일랑 시들해졌고,
參差杏園期	행원(杏園)341)의 추억도 가물거리네.
吳鴻安在哉	오홍(吳鴻)342)은 어느 곳에 있을 것인가?
衆鉛競欲施	여러 무딘 것들이 다투는구나.

---

334) 경상(鏡箱): 사전에는 사진기(寫眞機)라고 하였다. 이때에 우리나라에 사진기가 있었는지는 알 수 없다.
335) 사자 새긴 끈[獅紐]: 사대(獅帶)라는 뜻으로 보았다. 사대는 사자 무늬를 수놓아 만든 허리띠이다.
336) 양상(良常): 사전에는 중국의 산 이름이라 했으나 여기서는 매우 떳떳했다는 뜻으로 보았다.
337) 표낭(豹囊): 표범 가죽으로 만든 주머니. 먹을 저장하면 습기를 방지한다.
338) 유미(隃糜): 중국의 현(縣) 이름. 먹[墨]의 산지이며, 따라서 먹이라는 뜻으로 쓴다.
339) 언앙(偃仰): 고개를 숙였다 우러러 보았다 하는 것. 세속에서 하는 대로 한다는 뜻.
340) 자각(紫閣): 궁전. 은사(隱士)의 거처, 재상(宰相)의 저택(邸宅) 등의 뜻이 있으나 여기서는 최홍중과 놀던 건물을 가리키는 것으로 보인다.
341) 행원(杏園): 당(唐)나라 때 진사(進士)에 합격한 자에게 연회를 베풀어 주었던 동산. 여기서는 진사들의 모임이란 뜻으로 쓴 것이다.
342) 오홍(吳鴻): 보검(寶劍) 또는 이기(利器)라는 말이니, 여기서는 훌륭한 인물이란 뜻으로 쓴 것이다.

咨余復嬰累	아! 나는 다시 죄에 연루되어서
伏枕天一涯	베개에 엎드린 채 한 물가에 막혀있네.
流慟久要心	옛 사람 생각하며 통곡하는 마음,
悵望絶妙辭	뛰어난 글 서글프게 바라보노라.
放歌花江雪	화강의 내리는 눈을 노래하노니
愁絶誰得知	깊은 수심 그 누가 알 수 있으랴.

族孫是鋼 [字君成] / 족손(族孫)인 이시강(李是鋼) [자는 군성(君成)이다]

鋼也吾家秀	강(鋼)이는 우리 집안의 수재이니
毛骨特高妙	그 모습 특히 고상하고 뛰어났네.
漂搖風雨巢	비바람 몰아치는 둥지에서도
奮迅見黃鷂	날쌔고 잽싼 누른 새매 보았네.343)
荒寒上黨城	쓸쓸하고 차가운 청주 성에서
茅葦彌雲嶠	띠풀과 갈대가 구름 산에 가득하였네.
脫畧鹿豕遊	녹시(鹿豕)344)가 노는 데서 벗어나서는
京洛振長嘯	서울에서 장소(長嘯)345)를 떨치었네.
坐令沓拖氣	마침 답타(沓拖)346)한 기질로 해서,
蕭索王謝少	쓸쓸함이347) 왕사(王謝)348)에게는 적었네.
花草散毫端	꽃과 풀이 붓끝에서 흩어져 가고,349)
星月暎心竅	별과 달은 심규(心竅)350)에 비추었네.351)

---

343) 가정의 어려움이 있어도 굴하지 않고 생활했다는 말.
344) 녹시(鹿豕) : 사슴과 돼지. 여기서는 산짐승이 사는 산중(山中)이라는 뜻으로 쓴 것이다.
345) 장소(長嘯) : 여기서는 큰소리로 부르짖는다는 말. 문장상의 실력을 가리킨다.
346) 답타(沓拖) : '질질 끌며 시원스럽지 못하다'는 뜻으로 보았다.
347) 소삭(蕭索) : 『서경』 「목서(牧誓)」에 "古人有言曰, 牝鷄無晨, 牝鷄之晨, 惟家之索" 이라 하고, 채전(蔡傳)에 "索, 蕭索也"라 하였다.
348) 왕사(王謝) : 진(晉)나라 때 왕도(王導)와 사안(謝安). 잘난 인물이란 뜻이다.
349) 이 시구는 글씨를 잘 쓴다는 말이다.
350) 심규(心竅) : 생각이라는 뜻. 옛 사람들은 심장에 생각하게 하는 구멍이 있다고 여긴

戮力經百戰	힘을 다해 백전을 겪었으니,352)
聲名日焜耀	명성일랑 나날이 빛나게 되었네.
鉅匠爲虛館	거장들은 관사를 비워 놓았고[虛館]353)
蛾眉常自照	아미(蛾眉)354)들이 항상 자진해 보살펴 줬네.
隱忍羈旅苦	나그네의 괴로움을 은인자중하여서
遲回尺一召	한 통의 편지355)로 부름도 망설이었네.
孰知騄耳姿	누가 알았으리오 녹이 같은 자질도
竟使靑蠅吊	마침내 금파리로 조상하게 될 줄을356)
濬發西城李	서성(청주지방)의 이씨 깊이 발굴하여서
瑚璉薦淸廟	호련357)을 청묘358)에다 천거하였네.
胥原在皁隷	서원359)이 노예의 자리에 있게 됐으니,
後謝孫不肖	훗날 자손들은 불초함 사죄해야 하리.
昔爲人所羨	옛날에는 남들의 부러운 바 됐으나,
今爲人所笑	이제는 남들의 비웃는 바 되었네.

데에서 생긴 말이다.
351) 이 시구는 마음, 곧 생각하는 것이 별이나 달과 같이 밝음을 칭찬한 말이다.
352) 이 시구는 과거에 많이 응시했다는 뜻이다.
353) 관사를 비워 놓았고[虛館] : 관사를 비워 놓고 기다린다. 현인(賢人)을 예우함을 이르는 말이다. 이 시구는 거장들이 이시강(李是鋼)에게 그 자리를 양보했다는 뜻이다.
354) 아미(蛾眉) : 미녀(美女)의 눈썹을 형용한 말이다. 여기서는 명성이 높아지니 미녀들이 보살펴 주었다는 뜻으로 쓴 것이다.
355) 척일(尺一) : 조서(詔書). 한(漢)나라 때 조서를 한 자 한 치 길이의 널빤지에 썼기에 생긴 말임. 또한 서신을 말하기도 한다.
356) 녹이와 같은 말도 죽으면 파리가 꾀는 것을 말함.
357) 호련(瑚璉) : 호(瑚)와 련(璉). 종묘의 제사에 쓰는 예기(禮器). 훌륭한 인재에 비유한다. 『논어(論語)』 「공야장(公冶長)」에 "'자공(子貢)이 '저[賜]는 어떻습니까?' 하고 묻자, 공자(孔子)께서 '너는 그릇이다.' 하셨다. '어떤 그릇입니까?' 하고 묻자, '호(瑚)·련(璉)이다' 하고 대답하셨다[子貢問曰 : '賜也何如?' 子曰 : '女器也.' 曰 : '何器也?' 曰 : '瑚璉也']"라 했다.
358) 청묘(淸廟) : 태묘(太墓), 곧 종묘(宗廟)를 말함.
359) 서원(胥原) : 춘추시대 오(吳)나라의 오자서(伍子胥)와 전국시대 초(楚)나라의 굴원(屈原). 나라의 조정에 있어야 할 인물이 쫓겨나거나 살해된 것을 말함.

支廈非一木	큰 집은 일목(一木)으로 될 것 아니니,360)
天意良可料	하늘 뜻을 진실로 헤아릴 만하구나.
吾已迫鬢變	나는 이미 머리가 희어져 가니
無復望同調	다시는 동조(同調)함을 바랄 수 없네.
聲發不忍吞	소리 나와 차마 삼킬 수가 없으니,
嗷嗷在荒徼	멀고 먼 변방에서 곡을 하노라.

東明子 權淑身 [字師愼] / 동명자(東明子) 권숙신(權淑身) [자는 사신(師愼)이다]

林宗去已久	임종(林宗)361)이 세상 뜬 지 이미 오래 되어서
斯世無至論	이 세상엔 지극한 의논 없게 되었는데
嶕崒得權子	출중한 권자(權子)362)를 얻게 되어서,
奇氣爲一噴	기이한 기운 한 번 뿜게 되었네.
汝家數崔盧	너의 집은 최노(崔盧)363)처럼 손꼽히는 집,
尊翁始肥豚	부친께서 비로소 비돈(肥豚)하시어364)
淸江帶高山	맑은 강이 높은 산을 두른 데에서

---

360) 지하비일목(支廈非一木) : 대하장전비일목소지(大廈將顚非一木所支)의 준말. 큰 집이 무너지려할 때 나무 하나로는 떠받들어 괼 수 없다는 말로서 나라가 망하려 할 때 한 사람의 힘으로는 구제할 수 없다는 뜻으로 쓴다. 여기서는 당시 어떤 당쟁의 불리한 상황을 비유한 것으로 보인다. 『문중자(文中子)』「사군(事君)」참조.
361) 임종(林宗) : 곽태(郭泰, 128~169)의 자이다. 중국 후한(後漢)의 사상가로서 높은 학문과 덕으로 일세의 숭앙을 받았다. 굴백언(屈伯彦)에게 사사하여 전적(典籍)에 통달하고 낙양(洛陽)에 가서 당시 하남윤(河南尹) 이응(李膺)과 깊이 교제하며 명성을 떨쳤다. 향리에 은거하여 제자를 가르쳤는데, 그 수가 수천 명에 달하였다. 외척과 환관이 전횡(專橫)하는 세상에서 절조를 굽히지 않았으나 언행이 신중하여 당고(黨錮)의 화를 면할 수 있었다. 『문선(文選)』에 곽옹(郭邕)이 만든 곽태의 묘지명(墓誌銘) 「곽유도비문(郭有道碑文)」이 있다.
362) 권자(權子) : 권숙신(權淑身)을 높여서 부른 것이다.
363) 최노(崔盧) : 최씨(崔氏)와 노씨(盧氏). 두 성씨가 다 육조(六朝) 시대부터 당(唐)나라 시대까지 저명한 가문이었다.
364) 비돈(肥豚) : 돈(豚)은 둔(遯)과 통용하는 글자이다. 따라서 비돈(肥豚)은 비둔(肥遯), 곧 여유 있는 마음으로 은둔생활(隱遁生活)을 한다는 뜻이다.

偃仰終靜散	기거하며 조용히 한가하게 마치셨네.
窈窕丹穴棲	깊숙한 단혈365)에서 살고 있을 때에
聯翩五色翰	사령장이 끝없이366) 이어졌으니
伯仲盡雲霄	백씨와 중씨는 높은 지위 다했고,
季也隱見半	계씨는 은현(隱見)367)을 반반씩 했지.
蕩潏雲海濤	운해의 파도같이 높이 솟구쳤으니,
離披霜雪幹	서리와 눈 맞은 줄기처럼 해져 버렸네.
豫章色蕭條	예장(豫章)368)의 빛깔도 쓸쓸해졌는데,
況乃凡草蔓	하물며 범상한 풀 넝쿨들이랴.
棲棲猛虎行	맹호(猛虎)의 걸음으로 바쁘게 살아
未暇赤松願	적송자 따르기를 원할 틈 없었네.
側塞志蜍中	자연에369) 온통 다 뜻을 두고서370)
孤標寄憤懣	고고(高孤)함을 불만에 기탁하였네.
渂㴸吾輩人	나약(儒弱)함에 푹 빠진 우리들로는
亦能有戒勸	또한 경계하고 권면함이 될 만하기에.
靑燈夜幽寂	푸른 등불 밤중의 쓸쓸한 데서
碧草春悽怨	푸른 풀 봄철에 슬퍼하며 원망했네.
搖落江山悲	낙엽 진 강산은 서글프게 만들고
炎赫肢骸困	한더위371)에 지친 몸372)은 피곤하였네.

365) 단혈(丹穴) : 산속에 있는 어떤 동굴을 가리킨 말.『여씨춘추(呂氏春秋)』「귀생(貴生)」에『월(越)나라 사람이 삼세(三世)에 걸쳐 그 임금을 죽이므로 왕자(王子) 수(搜)가 단혈(丹穴)로 도망하였다[越人三世, 殺其君, 王子搜患之, 逃乎丹穴]"라는 말이 있다. 여기서는 권숙신의 가문이 어떤 당쟁의 불리함으로 인하여 낙향 생활을 했던 시기를 일컬은 말로 보인다.
366) 연편(聯翩) : 끊이지 않고 계속 이어진다는 말이니 여기서는 오색한(五色翰), 곧 나라에서 나오라는 사령장이 끊임없이 이어졌다는 말이다.
367) 은현(隱見) : 혹은혹현(或隱或見), 곧 은퇴(隱退)와 출사(出仕)를 반복한다는 뜻.
368) 예장(豫章) : 나무 이름. 동량(棟樑) 재목, 곧 유능한 인재의 비유이다.
369) 여중(蜍中) : 달을 뜻한다. 여기에서는 자연이라는 의미로 쓰인 것 같다.
370) 측색(側塞) : 꽉 참, 가득함.

突如驚戶牖	갑자기 방문하여 날 놀라게 하더니,373)
慰我離索恨	홀로 사는 아픔[離索]374)을 위로해 줬네.
崢嶸吐高議	뛰어나게 높은 의론 토해 냈으니
去天無尺寸	하늘까지 거리가 한 자 한 치 안 되리.
直性遺物我	강직한 성격은 물아(物我)를 버리었고
正義後利鈍	정의감은 이둔(利鈍)을 뒤로 하였네.
余顔爲敷腴	내 얼굴이 그 때문에 살지게 되어
勝食靑精飯	청정반375)을 먹은 것보다 나았었는데
高張忽已絶	높이 펼치는 소리 갑자기 끊어지니,
衆竅空吹萬	뭇 구멍[衆竅]376) 부질없이 온갖 소리 불어 대네.
一木戢其身	하나의 나무[一木]377)에 그 몸을 거두어,
悠悠泝江漢	여유롭게 강한을 거슬러 갔고
余今隘世網	나는 지금 세상의 그물에 막혀
流轉荒江畔	황량한 강가에서 떠돌고 있네.
窮賤兼羈旅	궁하고 천한데다 나그네지만,
衰疾反似健	노쇠한 질병에도 도리어 건강했네.
行吟任殊俗	다니며 읊조림을 타향에 맡긴 채,
流淚惜民獻	흘린 눈물은 민헌(民獻)378)을 애석해 했네.

371) 염혁(炎赫): 혹심한 더위를 말함.
372) 지해(肢骸): 지체(肢體)와 해골. '몸'이라 번역한다.
373) 두보(杜甫)의 「送重表姪王砅評事使南海」라는 시에 "秦王時在坐, 眞氣驚戶牖"라는 구절이 나온다.
374) 홀로 사는 아픔[離索恨]: 이군삭거(離群索居)의 준말. 여러 친구들을 떠나 삭막하게 살아간다는 말. '홀로 사는 아픔'이라 번역한다.
375) 청정반(靑精飯): 도가(道家)에서 청정석(靑精石)으로 지은 밥을 이른다. 이 밥을 오래 먹으면 장수한다고 한다. 두보(杜甫)의 「증이백(贈李白)」에, "어찌 내 얼굴빛 좋게 해 줄 청정반이 없으랴[豈無靑精飯, 使我顔色好]"라고 한 데서 온 말이다.
376) 뭇 구멍[衆竅]: 『장자(莊子)』 「제물론(齊物論)」에 "지뢰(地籟)란 여러 땅 구멍에서 나는 소리이다[地籟, 則衆竅穴是已]"라 하였다.
377) 하나의 나무[一木]: 한 그루의 나무. 여기서는 배[舟]를 가리킨 말로 보인다.

溫溫汝白眉	온화한 너와 같은 백미는
汪汪今黃憲	왕왕한 이제의 황헌379)이었네.
何當櫂鑑湖	어찌하면 감호(鑑湖)에 배를 저어서,
割我腸氷炭	내 마음속 번민을 없앨 것인가.

寰愚子 金黙欽 [字景言] / 환우자(寰愚子) 김묵흠(金黙欽)380) [자는 경언(景言)]

金生胄子選	김생은 맏아들로 태어났으니,
惟古士大夫	다만 그 옛날의 사대부라오.
煖姝悲衰俗	자득하여381) 쇠한 풍속 슬퍼하였고
茂樸眞吾徒	질박함이 참다운 우리의 무리[吾徒]382)였지.
伯奮及倉舒	백분(伯奮)383)과 창서(蒼舒)384) 같았는데
盛事今已徂	성대한 일 지금 이미 막히었지만
孫枝特秀發	후손385)이 특출나게 빼어났으니

---

378) 민헌(民獻): 여기서는 백성 중에서 어진 사람. 곧 권숙신을 가리킨 것으로 보인다.
379) 황헌(黃憲): 숙도(叔度)는 그의 자. 후한(後漢) 낙양(洛陽) 사람으로 학행(學行)으로 명망이 높았다. 곽태(郭泰)는 황헌의 인품을 논평하기에 "넓고 깊음이 천경의 방죽과 같아 맑게 하려 해도 맑게 되지 않고 뒤섞여도 흐려지지 않으니 헤아릴 수가 없다[汪汪若千頃之陂, 澄之不清, 淆之不濁, 不可量也]"라고 하였다.
380) 김묵흠(金黙欽): 금대와 인척 관계로 보이나 확인 할 수는 없다.
381) 난주(煖姝): 『장자(莊子)』 「서무귀(徐無鬼)」에는 난주(暖姝)로 되었으니 같은 말로 보인다. 난주(暖姝)는 유순함을 형용하는 말. 한 스승에게서 배우면 유순하게 받아들여 기뻐하고 만족스럽게 여기는 사람을 이르는 말이었다. 여기서 인용한 것은 김묵흠의 유순함에 비유한 것으로 보인다.
382) 오도(吾徒): 나의 문도(門徒)란 뜻. 『논어』「선진(先進)」에 공자께서 말씀하기를 "非吾徒也, 小子, 鳴鼓而攻之, 可也"라 했다.
383) 백분(伯奮): 『좌전(左傳)』에 나오는 고신씨(高辛氏)의 여덟 재자(才子) 중의 한 사람이니, 참고로 8재자는 백분(伯奮)·중감(仲堪)·숙헌(叔獻)·계중(季仲)·백호(伯虎)·중웅(仲熊)·숙표(叔豹)·계리(季貍) 등으로 팔원(八元)이라 불린다.
384) 창서(蒼舒): 중국 전설에 나오는 고양씨(高陽氏)의 여덟 재자(才子). 창서(蒼舒)·퇴애(隤敱)·도인(檮戭)·대림(大臨)·방강(尨降)·정견(庭堅)·중용(仲容)·숙달(叔達)을 이른다.
385) 손지(孫枝): 고목이 다 된 나무에서 새로 돋아 나온 가지. 여기서는 후손을 가리키는

顚木如可扶	넘어진 나무를 부축할 것과 같네.
薄劣忝通家	박렬(薄劣)386)한 내가 인척을 맺어
涕淚當撫孤	눈물로 고아를 길러야만 했는데,
蘭筋未及壯	난근387)이 아직 튼튼하기도 전에,
已是千里駒	이미 천 리 달리는 준마 되었네.
欻然繼名祖	어느새 이름난 조상을 계승하여
卓爾晞純儒	우뚝하게 순유로 우러르게 되었네.
子敬舊氈存	자경(子敬)388)은 옛날 청전(靑氈)389) 간직했었고,
士衡文賦殊	사형(士衡)390)은 『문부(文賦)』391)가 남달랐네.
磨琢動光彩	(그대는) 절차탁마, 광채를 더했으니,
璵璠可傾都	인품392)은 서울을 기울게 할 만했지.
斂退恥穎脫	은퇴(隱退)하여 빼어남[穎脫]393)을 부끄럽게 여기고

말이다.
386) 박렬(薄劣) : 재능이 변변치 못하다는 겸사이다. 여기서는 김묵흠(金默欽)과 저자의 집과 어떤 인아(姻婭) 관계를 맺은 것을 말하기 위하여 저자 쪽을 겸칭(謙稱)한 말이다.
387) 난근(蘭筋) : 말[馬]의 눈[目] 위에 생기는 근육 이름. 그 근육이 단단한 말이 하루에 천 리를 달리는 준마(駿馬)라 한다.
388) 자경(子敬) : 진(晉)나라 때 명필가인 왕헌지(王獻之)의 자이다.
389) 옛날 청전(靑氈) : 푸른 빛의 모전(毛氈 : 담요)를 말한다. 전하여 대대로 전하는 학문(學問)을 '청전세업(靑氈世業)'이라 칭한다. 『진서(晉書)』 「왕헌지전(王獻之傳)」에 왕헌지가 밤에 재(齋)에서 자고 있는데 도둑이 그 방에 들어와 물건을 모두 훔치고 마지막으로 청전을 훔쳐 가려 하자 그제서야 헌지가 가만히 말하기를 "도둑 양반! 청전(靑氈)은 우리 집의 오래된 물건이니 두고 가게나" 하자 도둑이 놀라 훔친 물건을 모두 버리고 달아났다고 한다.
390) 사형(士衡) : 진(晉)나라 때 문장가인 육기(陸機)의 자.
391) 『문부(文賦)』 : 남북조(南北朝) 시대를 대표하는 문학 비평서이다.
392) 여번(璵璠) : 춘추시대 노(魯)나라의 보옥(寶玉) 이름이다. 여기서는 김묵흠의 훌륭한 인품에 비유한 말이다.
393) 빼어남[穎脫] : 중국시대 조(趙)나라 무령왕(武靈王)의 아들 평원군(平原君)의 식객(食客)인 모수(毛遂)가 한 말로써 자신의 능력을 자신있게 표현한 말이다. 이때 조(趙)나라가 강력한 진(秦)나라의 침공을 받게 되자 평원군이 초(楚)나라에 구원병(救援兵)을 요청하러 가게 되었다. 그런데 자신이 거느리고 있는 수천 명의 식객 중에서 능력이 있는 사람 20명을 차출하여 수행케 되었는데 열 아홉 사람은 선발되었으나 한 사람이 모자라서 고민하니 식객 중의 무명인이었던 모수가 자신이 가겠다고 자천(自薦)하

虛澹得內腴	허심하고 담박하게 학덕394)을 쌓았네.
飛騰衆少年	날고뛰는 능력의 뭇 소년들은
不可及其愚	그 어리석음[其愚]395)에 미칠 수가 없었는데,
惜哉苗不秀	아깝도다! 싹이 좋은 결실 못보고,
零落凡草俱	잡초와 함께 시들어 떨어졌도다.
百年曾未半	백년 인생 반절도 못 살았으니
存歿兩須臾	살고 죽음 모두다 잠깐이구려.
尙想鍾樓秋	생각나누나, 종루의 가을날
明月流通衢	밝은 달이 큰 거리 비추던 때가.
聽我昇天行	나의 승천행(昇天行)이란 노래를 듣고,
起舞碎玉壺	일어나 춤추다가 옥호 부쉈지.
緬憶紅巷夜	기억나누나, 홍등가(紅燈街)의 밤
華燈列明珠	환한 등불 밝은 구슬 펼친 듯 했네.
相將宛轉橋	서로 함께 다리를 빙빙 돌면서
延緣競鳧趍	느긋이 거닐면서 오리처럼 놀았네.396)
曠莾千載下	너무나도 아득한 천 년 후에는
冠童出舞雩	어른, 아들이 무우로 나아가리라.397)

였다. 평원군이 말하기를 "현사(賢士)가 처세(處世)하는 것은 마치 송곳이 주머니 속에 있는 것과 같아서 그 끝이 뾰족하게 보이는 것인데 선생은 내게 있은 지 3년이 됐는데도 내가 그대에 관하여 들은 것이 없소"라고 반대의 의사를 밝히니 모수는 말하기를 "제가 일찍이 주머니 속에 들어 있었다면 뾰족하게 보일 뿐만 아니라 주머니 밖으로 쑥 빠져 나왔을 것입니다"라고 하면서 굳이 가게 해달라고 히므로 그대로 데리고 갔었는데 과연 모수의 수완으로 초나라의 구원을 얻어 진나라를 물리쳤다. 여기서는 이 고사를 번안하여 그와 같이 다시 나서지 않았다는 뜻을 말한 것이다.

394) 내유(內腴): 안으로 살지다. 겉으로는 잘난 체하지 않으나 속으로는 학덕(學德)을 충실하게 한다는 뜻이다.
395) 그 어리석음[其愚]: 남이 못하는 일을 우직(愚直)하게 해내는 성실성을 말한다. 『논어』 「공야장(公冶長)」에 "子曰, 甯武子, 邦有道, 則知, 邦無道, 則愚, 其知可及也, 其愚不可及也"라 하였다.
396) 부추(鳧趍): 오리처럼 날다. 기뻐함에 비유하는 말이다.
397) 무우(舞雩): 『논어(論語)』 「선진(先進)」에 나온다. 증점(曾點)이 "늦은 봄에 봄옷이

玆惟見心賞	여기에서 마음속의 통쾌함398) 보겠으니
豈但窮歡娛	어찌 환오(歡娛)만 다할 뿐이었으랴?
至今荒峽夢	지금은 황량한 협곡의 꿈에
眉目屢驚呼	그 모습 보고 자주 놀라 부르네.
孤墳竟何處	외론 무덤 마침내 어디 있는가.
舟楫阻江湖	강호(江湖)의 뱃길이 막히어 있네.
交情此見矣	사귀는 정, 여기에서 볼 수 있으니,
俛仰愍衰軀	이리저리 생각할 제 늙은 몸 부끄럽네.

73. 허승암許勝菴에 수답하다

酬許勝菴

孤雲一以出	외딴 구름처럼 한 번 나와서
縹緲無還山	아스라하게 산에 돌아옴이 없었고
威鳳亦高逝	위엄 있는 봉황처럼 또한 떠나갔으나
遺響遂千年	남긴 메아리가 천년에 이르리라.
戢戢窮轍鮒	옹기종기 모인 궁핍한 수레바퀴 자국 붕어는399)

이미 이루어지거든 관자(冠者) 5,6명과 동자(童子) 6,7명과 더불어 기수(沂水)에 목욕하고 무우(舞雩)에 바람 쐬며 읊조리고 돌아오리이다[莫春者, 春服旣成. 冠者五六人, 童子六七人, 浴乎沂, 風乎舞雩, 詠而歸]"라고 하였다. 여기서는 스승과 제자가 함께 소요할 것이라고 추측하는 말이다.

398) 심상(心賞) : 마음의 유쾌함을 이른다.
399) 철부(轍鮒) : 학철부어(涸轍鮒魚)를 말한다. 남의 도움이 절실히 요청되는 긴박한 처지를 가리킨다. 동해의 물고기가 수레바퀴가 패인 데에 고여 있는 물속에 있으면서, 한 되나 한 말의 물이라도 우선 얻어 목숨을 부지하려고 한다는 데에서 나온 고사. 『장자(莊子)』 「외물(外物)」에 나온다.

終竟不脫淵	마침내 못을 벗어나지 못하였네.
局促彭澤令	자유롭지 못했던 도연명처럼
何乃懷故田	어찌 이에 옛 전장을 그리워했나?
而況垂空名	하물며 헛된 이름 드리워져서,
于今滿世間	지금까지 세상에 가득함이랴?
雖異夸毗子	비록 과비자(400)와는 다르다 하나,
良怪太古前	진실로 태고 이전의 일이 괴이하구나.
我生天地內	내가 천지간에서 태어나서는,
苦此燧人烟	이 수인씨(401)의 연기에 고생을 하네.
屈曲順衰俗	인생의 굴곡 속에 쇠한 풍속 따르면서
奄冉及華顚	어느덧 흰 머리가 되어 버렸네.
有累但不顧	근심이 있더라도 돌보지 않는다면,
安往獨無閒	어디에 간다한들 한가함 없으리오.
委形任所適	하늘이 준 형체를 가는 바에 맡기니,
遠近壹蕭然	멀거나 가깝거나 한결같이 쓸쓸하네.

74. 받들어 이간옹^{李艮翁}에게 올리다

奉呈李艮翁

淮陽太守謫仙流	회양태수는 적선과 같은 유파(流派),
東海東頭汗漫遊	동해 있는 동쪽에서 자유롭게 놀았네.

---

400) 과비자(夸毗子) : 남에게 굽실거리며 아첨을 떠는 사람을 가리킨다. 『시경』「대아」 '판(板)'에 나온다.
401) 수인(燧人) : 불을 처음으로 발명한 사람.

豈有衣裳輕黼黻	어찌 의복이 있다하여 보불을 가볍게 여기랴.
祇緣山水待淹留	다만 산수로 인연하여 기다리기 오래 했네.
頻繁屢得天邊使	빈번하게 여러 번 천변사(天邊使)402)를 얻고서도,
悵望難乘雪裡舟	바라보며 눈 속 배[雪裡舟]403) 못 타는 걸 슬퍼했네.
聞道抽簪春色及	듣건대 봄이 되면 벼슬을 관둔다 하니,
荒村殘臘倍人愁	황량한 마을 세모에 시름이 남 갑절 되게 하네.

75. 섣달 6일에 문로의 집에서 매화를 감상했다. 문로는 매화를 사랑하여 스스로 수백 리 밖에서 메고 돌아왔다.

臘月六日, 文老家賞梅, 文老愛梅, 自擔歸數百里外

茅齋晴日野梅深	맑게 갠 띠집에는 들매화 무성한데,
病起扶藜姿遠尋	병에서 일어나 지팡이 잡고 되는대로 멀리 찾았네.
接換難移天賦色	접 붙여도 타고난 색깔을 옮기긴 어려웠고,
輕微不負歲寒心	경미해도 세한심을 저버리지 않았네.
一生破臘方爲美	일생에 섣달을 깨뜨리니404) 바야흐로 아름답고,
累雪漫空任見侵	여러 번 내린 눈 공중에 가득하니 마음껏 눈 맞았네.
珍重主人擔百里	소중히 여기는 주인이 백 리를 지고 왔으니,
莫嗟荒僻在雲林	쓸쓸한 벽촌의 운림에 있는 것 슬퍼하지 말라.

---

402) 천변사(天邊使) : 당시 명(明)나라에서 우리나라에 왔다가 금강산을 구경하게 된 사신을 가리킨다.
403) 눈 속 배[雪裡舟] : 왕자유(王子猷)의 고사와 같이 눈이 올 때 흥취를 타고 배를 타는 것을 말한다.
404) 섣달에 꽃이 피었다는 말.

76. 배경조에게 주다

贈裵生慶祚

乾鵲噪枝弄小晴　　까치가 가지에서 지저귀며 날씨 갠 것 희롱함을,
頭風起坐得欣迎　　머리 아파405) 일어나 앉았다가 기쁘게 맞이했네.
脩然古色蓬茅下　　고색이 날 듯한 나의 집에서,
一席何妨與我爭　　한바탕 나와 다툼 어찌 해로우랴?

77. 윤공에 대한 만시 [다른 사람을 대신해 짓다]

尹公輓 [代人]

古峽埋殘雪　　옛 협곡은 남은 눈에 묻혀 있었고,
遙天隔暮霞　　먼 하늘엔 저물녘 놀 깔려 있었네.406)
寥寥楊子宅　　너무나도 쓸쓸한 양웅의 집에
誰是守門芭　　누가 문을 지키는 후파407)이랴.

---

405) 두풍(頭風) : 머리 아픈 것이 오랫동안 치유되지 않고 수시로 발작하고 멎는 증상.
406) 이 시의 1,2구는 죽은 윤공(尹公)을 조문하러 갔을 때의 광경을 말한 것이다.
407) 후파(侯芭) : 한(漢)나라 때 거록(鉅鹿) 사람으로 양웅(揚雄)의 제자. 양웅이 죽자 그를 묻고 묘를 지키며 삼년간 독서하였다. 『한서(漢書)』 「양웅전찬(揚雄傳贊)」에 보인다.

78. 운자에 맞춰 심생에게 주다

倚韻贈沈生

少出端逢好客來　조금 나가서 마침 좋은 손님 오는 것 만났으니
柴門久向碧山開　사립문 오랫동안 벽산 향해 열려 있네.
總然有筆堪題鳳　설사 붓이 있은들 제봉(題鳳)408)할 수 있으랴,
道是終留一面迴　이르기를 "끝내 머물러서 한 번 보고 돌아가시라" 하네.

79. 운자에 맞춰 송지계가 금강산의 설경을 생각해서 노중路中에서 먼저 방문한 이의 작품에 수답酬答하다

倚韻, 酬宋芝溪憶金剛雪景, 路次先訪之作

蓬萊楓嶽摠幻身　봉래산과 풍악산이 모두 몸을 바꿔서
皆骨嵯峨始立神　높다란 개골산이 비로소 정신을 세웠네.
解惜雪中奇絶處　눈 속 기찬 곳의 애석함 알겠으니,
濟南生後又夫君　제남409)이 난 후에 또 부군이 났네.

---

408) 제봉(題鳳) : 진(晉)나라 때 여안(呂安)과 혜강(嵇康)은 친한 사이였다. 어느날 여안이 혜강을 찾아가니 혜강은 없고 그의 형 혜희(嵇喜)가 나와 맞이하였다. 여안은 문에다가 '봉(鳳)'자를 써 놓고 돌아갔으므로 혜희는 뜻도 모르고 좋아했는데 실은 파자(破字)하면 범조(凡鳥)라는 글자가 되며 평범한 인물이라는 뜻이었다. 여기서 이 뜻을 번안(翻案)하여 쓴 것이다.
409) 제남(濟南) : 중국(中國) 산동성(山東省)의 성도(省都). 태산(泰山)의 북방, 황하(黃河) 남쪽 기슭을 차지하는 수륙(水陸) 교통(交通)의 요지(要地)임. 자전에는 이런 뜻으로 나오나, 여기서의 의미는 무엇인지 확실치 않다.

80. 백곡의 운을 거듭 써서 박이소에게 수답하다

疊栢谷韻, 酬朴生爾素

歎爾懷奇氣	감탄하노라. 그대가 기이한 기를 품어
空山歲月磨	빈산에서 세월을 연마한 것을.
衝星猶古劒	별 찌르는 건 옛날의 검기(劍氣)였고,
出水是新荷	물에서 나온 것은 새 연꽃이었네.
暄暖扶人近	따뜻한 햇빛은 사람을 부축하여 가까이하고,
鶯花引興多	꾀꼬리와 꽃은 흥 돋우기를 많이 하누나.
杖藜恣遠步	지팡이 짚고 멋대로 멀리 걷지만,
早晚對陰何	조만간 음기(陰氣)를 대함에 어찌할까나

81. 원일에 순옥[410]에게 주다

元日, 寄純玉

時序還元日	계절의 순서는 새해가 돌아왔는데,
春歸客未歸	봄은 왔어도 객은 못 돌아가네.
雪晴猶亂眼	눈[雪]이 개었는데도 눈[眼]은 어지럽고,

---

410) 순옥(純玉) : 허질(許瓆, 1755~1791)의 자. 호는 가이소(可以所)였다. 이용휴는 『혜환잡저(惠寰雜著)』에 그에 대해 「和菴記」・「外孫許瓆字純玉說」・「題外孫許瓆所寫古詩選後」・「書贈外孫許瓆」 등 여러 편의 글을 남기고 있고, 이가환은 『시문초』에 「許純玉墓誌銘」・「元日寄純玉」・「喜純玉到」・「別純玉」・「可以所記」라는 글을 남기고 있다. 또, 그에 대한 기록이 『이사재기문록(二四齋記聞錄)』에 간단히 남아 있다. 이 글에서는 허찬(許瓚)을 이가환의 생질(甥侄)이라 소개하고 있는데, 여러 가지 정황상 허질(許瓆)로 추정된다.

風大只吹衣	바람이 세지만 옷깃에 불 뿐이네.
故宅人誰到	옛집에는 어떤 사람 이르렀던가.
中宵鬢更稀	한밤중에 살쩍 더욱 드물어졌네.
遙憐江總在	멀리서 강총(江總)411)이 있음을 사랑하노니
[杜詩江總外家養]	[두시에 강총이 외가에서 길러졌다 했다.]
愁絶倚門扉	시름 많아 문밖에 기대고 있겠지.

82. 심하성沈廈成의 시에 차운하다

次沈生廈成韻

盃樽寂寞藥爐親	술을 뚝 끊고서 약화로를 가까이 하노니,
客裡逢春不似春	나그네는 봄 만나도 봄과 같지는 않네.
剝啄聲中驚起坐	두드리는 소리에 깜짝 놀라 앉으니
蓬門一箇拜年人	봉문에 한 명의 세배 온 사람이었네.

83. 인일에

人日

| 人日今朝是 | 인일이 오늘 아침 이니 |

---

411) 강총(江總) : 진(陳)나라 때 사람. 7세로 부친을 잃고 외가(外家)에서 자랐는데 문장으로 이름을 날렸다. 여기서는 그를 빌어서 금대(錦帶)의 생질인 허질에게 비유한 것이다.

天時信不違	천시는 진실로 딱 맞는구나.
雲山生遠色	구름이 낀 산에 먼 빛이 생기고,
風雪少餘威	눈보라는 위엄이 약간 남았네.
漢詔應初下	한나라의 조령은 응당 처음 내릴 것인데,
唐臣且好歸	당나라의 신하412)는 잘 돌아갔네.
前溪一唫望	앞 시내 한 번 읊고 바라보자니,
楊柳已依依	버드나무가 이미 무성해졌네.

84. 우연히 나오다

偶出

幽興元無著	그윽한 흥취는 원래 드러남이 없어서
微唫正自由	작게 읊으니 정히 자유롭구나.
野人不相識	야인은 서로 모르는 사이지만,
植杖意何悠	지팡이에 기대어413) 마음 매우 느긋한가!
細路如中斷	가는 길은 도중에 끊긴 것 같고,
平川似倒流	평평한 냇물은 거꾸로 흐르는 듯.
飛蟲滿斜日	곤충이 저물녘에 가득히 나니,
歷亂亦羣遊	난 겪었어도 또한 떼 지어 노네.

---

412) 당나라의 신하: 이 시의 주에는 위정공(魏鄭公)이라 나온다. 위공공은 위징을 가리킨다. 당 태종(唐太宗)의 명신(名臣)이었던 위징(魏徵)이 정국공(鄭國公)에 봉해져서 위정공이라 이른다.
413) 치장(植杖): 여기서는 지팡이에 기대 있다는 뜻이다.

85. 빗줄기

雨

小驛新年雨	작은 역참 새해에 비 내리는데,
空山野老家	빈 산의 촌 늙은이 집에 있었네.
夜聲聞櫪馬	밤 소리는 마굿간의 말에서 듣고,
春色見燈花	봄빛은 등불 속의 꽃에서 보네.
人事終無極	사람 일은 마침내 다함 없으나,
浮生會有涯	뜬 인생은 마침내 끝이 있는 것이네.
何當謀二頃	어찌하면 밭뙈기 이경쯤을 장만해서
歸種故侯苽	돌아가서 옛 후의 외를 심어 보리오.414)

86. 샘물을 베고 있는 집

枕泉軒

流到軒牕淨	흐름이 집 창문에 이르러 깨끗한데,
源窮草樹蒙	샘이 다한 곳에는 풀과 나무 덮여 있네.
筑琴生永夜	축금(筑琴)같은 소리가 긴긴 밤에 생기고,415)
羅綺動輕風	비단 같은 초목(草木)이 미풍에 움직이네.
甘滑元通井	좋은 맛은 원래 우물에 통하고,

---

414) 종과(種苽) : 진(秦)나라 때 동릉후(東陵侯)를 지낸 소평(邵平)을 가리킨다. 진나라가 망하자 포의(布衣)가 되어 청문(靑門) 밖에다 오이를 심었는데, 오이 맛이 좋아서 당시의 사람들이 동릉과(東陵瓜)라 불렀다고 한다.『사기(史記)』「소상국세가(蕭相國世家)」에 나온다.
415) 물소리가 악기 연주하는 소리 같다는 말.

霏微或透櫳	자욱함은 이따금 창살로 드네.
主人偕坐臥	주인이 함께 앉았다 누웠다 하니
淸冷夢魂中	맑고 찬 기운이 몽혼에 들어오네.

87. 운자에 맞춰 신감역의 시에 수답하다

倚韻, 酬辛監役

桑陰不見中牟兒	뽕나무 그늘에서 중모아를 보지 못했으나,[416]
疲馬空驚截鐙時	피로한 말 떠남에 부질없이 등자(鐙子) 끊을 때[417] 놀라게 되었네.
南北已拚身泛梗	남북으로 이미 버려졌으니 몸은 물에 뜬 허수아비 같은데,[418]
士民何事口成碑	사민은 무슨 일로 입으로 빗돌 만드나?
春風玉水雙行屐	봄바람 부는 옥수에 둘이 함께 나막신 신고 가서,
暮雨花江一釣絲	저물녘 비 내리는 화강에 한 번 낚싯줄 던졌네.
物色滿前筋力弱	물색은 펼쳐 있어도 근력이 약하노니,

---

416) 원래는 노공(魯恭)의 교화를 받아서 아이들까지도 해물지심(害物之心)이 없었다는 뜻이다. 이 싯구에서는 특별한 치적이 없었다는 의미로 쓰였다. 여기에 쓰인 고사는 노치(魯雉)라는 말로 자주 쓰이는데 『후한서(後漢書)』「노공전(魯恭傳)」에 "魯恭拜中牟令. 恭專以德化爲理, 不任刑罰 …… 建初七年, 郡國螟傷稼, 犬牙緣界, 不入中牟. 河南尹袁安聞之, 疑其不實, 使仁恕掾肥親往廉之. 恭隨行阡陌, 俱坐桑下, 有雉過, 止其傍. 傍有童兒, 親曰: '兒何不捕之?' 兒言: '雉方將雛' 親瞿然而起, 與恭訣曰: '所以來者, 欲察君之政迹耳. 今蟲不犯境, 此一異也; 化及鳥獸, 此二異也; 豎子有仁心, 此三異也. 久留, 徒擾賢者耳.' 還府, 具以狀白安"이라고 나온다.

417) 절등(截鐙): 요숭(姚崇)이 형주목사(荊州牧使)가 되었었는데 교체가 되던 날에 온 경내의 백성들이 울면서 말의 머리를 어루만지고 등자를 끊었으며, 말채찍을 멈추게 하여 그리워함을 표시하였다. 뒤에 관리를 이별할 때 만류한다는 의미로 쓰인다.

418) 범경(泛梗): 나무로 만든 인형을 가리킨다. 두보의 「임읍사제서지운운(臨邑舍弟書至云云)」에 "나는 쇠하여 물에 뜬 나무 인형 신세 같으니, 반도 있는 동해로 건너고 싶네[吾衰同泛梗, 利涉想蟠桃]"라고 했다.

石田宜粟好歸治　　돌밭에 맞는 곡식을 돌아가 다스림이 좋으리.

88. 허승암의 시에 차운하다

次許勝菴韻

　　近日關東客　　요즘에는 관동의 나그네가
　　多從定遠城　　정원성(定遠城)[419]에서 많이 오누나.
　　屢驚千里回　　여러 번 천 리에서 돌아옴 놀랐는데,
　　眞竊一時聲　　참으로 한 때의 명성을 훔쳤었네.
　　老病雲同臥　　늙고 아파 구름과 누워서 있고,
　　幽吟月共行　　그윽한 읊음은 달과 함께 다니었네.
　　向來多少意　　이때까지 많은 생각이
　　蕭瑟竟何成　　처량만 하니 끝내 무얼 이뤘나?

89. 문로文老에게 주다 2수이다

贈文老 二首

[1]

　　靑山千萬點　　푸른 산은 천 개나 만 개의 점이고

---

419) 정원성(定遠城) : 평안도 정주목(定州牧)의 옛 이름이 정원대도호부(定遠大都護府)였고 고을의 성 이름이 정원성이었다.

茅屋兩三間	초가집은 두 칸이나 세 칸쯤이네.
中有厖眉客	그 안에는 장수한 노인 있어서420)
春風盡日閒	봄바람 불 때 종일 한가하였네.

[2]
雨滋南陌草	비는 남쪽 길의 풀을 북돋우고,
風入東園花	바람은 동쪽 정원 꽃에 드누나.
日日靑山色	매일마다 푸르른 산속의 빛이
偏深野老家	유난히도 들 늙은이 집에 짙다네.

90. 흡곡(歙谷) 정사군(丁使君)이 호수에서 잡은 게를 선물한 것에 감사하며

謝歙谷丁使君餉湖蟹

湖蟹生遐遠	호수의 게가 멀리에서 생산된 거니,
名因美味傳	맛있어서 이름이 전해지었네.
泥塗辭郭索	진흙에서 떠나온 물가의 게가,
匕箸落團圓	수저에 원만하게 떨어지누나.
不怪官廚供	관가 부엌 공급됨은 괴이치 않으나,
眞驚旅食前	나그네의 밥상 앞엔 정말 놀랍네.
滄波想撈漉	바다에서 잡아낸 걸 생각을 하니,
旣飽亦悽然	배불리 먹었어도 서글퍼지네.

---

420) 방미(厖眉) : 눈썹이 긴 사람으로 보통 장수한 노인을 가리킴.

91. 먼 길

迢遞

迢遞天邊驛	멀고 먼 하늘가의 역전에서는
年華亦自侵	세월 또한 저절로 흘러가누나.
灘聲先雨大	여울 소리 비에 앞서 커다랗고,
野色殿春深	들 빛은 봄 간 뒤에 짙어지누나.
花柳驚人眼	꽃과 버들 사람 눈을 놀라게 하고,
雲山損客心	구름과 산은 나그네 맘 상하게 하네.
古來羈旅地	예로부터 나그네가 떠도는 곳엔
眞有白頭吟	참으로 백발 노래 있게 되누나.

92. 마현의 박씨 유거에 써서 보내다. [이름은 순우(舜羽)이고 그의 아버지는 진흥(震興)인데, 무신년에 향병으로 의병에 나갔다]

寄題馬峴朴氏幽居 [名舜羽, 其父震興, 戊申以鄕兵赴義]

聞說花江縣	듣자하니 화강의 고을에서는
時危一士雄	위태할 때 한 선비가 용감하였네.
烟塵方漠漠	연기와 티끌이 바야흐로 아득할 때,
鞍馬去忽忽	안장 얹은 말 가기를 바쁘게 했네.
義激登朝外	의는 조정에 오르는 밖에서 격동하였고,
功存不戰中	공은 싸우지 않은 중에 있게 되었네.
無勞鐫鐵券	노고 없이도 철권421)에 새기었으니,
草木尙英風	초목에도 오히려 영풍이 부노라.

93. 빗줄기

雨

漠漠春山雨	자욱하게 봄 산에 비가 오는 데,
茅齋獨立時	초가집에 홀로 서서 있을 때였네,
好花動皆色	좋은 꽃이 움직이니 모두 생색이 나고,
高柳更垂絲	높은 버들 더욱이 실가지 드리우네.
久客愁何有	오래된 객이 무슨 시름 있으랴.
豊年事不疑	풍년이 들 일은 의심할 나위 없는데,
正思霑潤處	정히 생각하노라, 적시는 곳
先在上林枝	상림의 가지부터 먼저 하기를

94. 이승선^{李承宣}이 보내온 시운에 수답하다

酬李承宣見贈韻

自別身猶在	이별한 때로부터 몸은 아직 있어서,
相逢老更侵	서로 만나니 더욱더 늙어 버렸네.
燭張渾忘短	촛불 켜니 완전히 짧아짐을 잊었고,⁴²²⁾
盃到不辭深	술잔 이르니 가득 따름도 마다 안 했네.
暫叙悲歡事	잠시 슬프고 기쁨을 서정(敍情)하다가,

---

421) 철권(鐵券) : 철계(鐵契)라 쓰기도 한다. 옛날 제왕들이 공신(功臣)에게 주어 대대로 특권(特權)을 누리게 했던 증빙인데, 한(漢)나라 고조(高祖)가 창시했던 제도로서, 철(鐵)로 만든 계권(契券)에 단서(丹書)나 서사(誓詞)를 써서 중간을 갈라 조정과 공신이 나누어 가졌다.
422) 이야기에 팔려서 촛불이 짧아지는 것을 몰랐다는 말.

仍驚去住心	인해서 떠나고 머무는 마음에 놀랐네.
新詩如玉案	새로운 시가 옥안과 같았으니,
思子卽長唫	그대 생각이 나면 곧 길이 읊노라.

95. 상원 종인이 내방하여 보여준 시에 차운하다

次祥原宗人來訪見示韻

初夏緖風春盡頭	초여름의 서풍(緖風)은 봄이 다한 머리인데,
翩翩有客從西州	훨훨 날듯 나그네가 서주에서 돌아왔네.
路長奮翼猶難到	길이 머니 날개 쳐도 이르기가 어렵고,
喜極傷神可自由	너무 기뻐 상심(傷心)되니, 자유로울 수 있는가?
詩筆少陵悲往事	시필은 소릉(少陵, 杜甫)처럼 지난 일을 슬퍼하고,
盃樽定遠憶淸遊	술잔은 정주(定州)에서 청유했던 일을 생각했네.
臨岐却恨翻飛燕	갈림길에 날아가는 제비를 한탄하고,
留與羈鴻暮澤愁	머물러서 기러기와 저물녘 못가에서 시름하네.

96. 운자에 맞추어 중표형(重表兄) 이경용(李敬庸)에게 화답하다 2수이다

倚酬重表兄李敬庸 二首

[1]

| 靑城玉水接烟霏 | 청성(靑城)의 옥수(玉水)가 연기 접해 자욱한데, |

| 慚愧愁顔一破時 | 부끄러운 건 수심스런 얼굴이 한 번 웃을 때였네.
| 燈下兩行論舊淚 | 등불 밑 두 줄기는 옛날 얘기 눈물이고,
| 雨中七字寫懷詩 | 비 오는 중 일곱 자는 감회 읊는 시였네.
| 衰年引鏡悲蘭佩 | 노년에 거울 당겨 난패(蘭佩)423)를 슬퍼하나,
| 他日浮槎共釣絲 | 훗날에 뗏목 띄워 낚시질 함께 하세.
| 會與求羊耽伴侶 | 마침 구양(求羊)424)과 반려됨을 탐하노니,
| 非關海島謝軒墀 | 바다 섬에서 조정(朝廷)을 하직함과 관련된 건 아니었네.

[2]
| 春來峽草動芊眠 | 봄 되자 골짜기 풀 누웠다 동하더니,
| 春盡芊眠已滿川 | 봄 다하자 누운 풀이 이미 내에 가득했네.
| 黃鳥數聲山罷霧 | 꾀꼬리 지저귐에 산 안개 걷히었고,
| 楊花欲落水生烟 | 버들꽃 떨어지자 물에서 연기 나네.
| 故園瀾漫魂長去 | 고향은 난만하여 혼이 길이 가 있고,
| 佳客淹留景且延 | 가객(佳客) 오래 머무른 건 경치 또한 맞이해서네.
| 村酒微醺聊一笑 | 탁주에 약간 취하자 애오라지 한 번 웃노니,
| 東門自古有瓜田 | 동문 밖엔 예부터 오이 밭이 있었네.425)

---

423) 난패(蘭佩) : 평측(平仄) 관계로 패란(佩蘭)을 뒤집어 쓴 것이다. 난패는 난초를 몸에 찬다는 말로 지취(志趣)가 고결함을 뜻하는 말이다.
424) 구양(求羊) : 진(晋)나라 도연명(陶淵明)의 「귀거래사(歸去來辭)」에 "三逕就荒松菊猶存"이라 했다. 삼경(三逕)은 삼경(三徑)이라 쓰기도 한다. 한(漢)나라 때 장후(蔣詡)가 정원에 세 갈래의 길을 내고 오직 양중(羊仲)·구중(求仲)과만 사귀었다는 고사(故事)에 의하여 친구 간에 왕래하는 길을 가리킨다.
425) 진(秦)나라 때 동릉후(東陵侯)를 지낸 소평(邵平)을 가리킨다. 진나라가 망하자 포의(布衣)가 되어 청문(青門) 밖에다 오이를 심었는데, 오이 맛이 좋아서 당시의 사람들이 동릉과(東陵瓜)라 불렀다고 한다. 『사기(史記)』 「소상국세가(蕭相國世家)」에 나온다.

97. 비속에 백곡을 지나다 사천의 운을 쓰다

雨過栢谷, 用槎川韻

滄洲剪鑿憶當年	창주에 전착(剪鑿)했던 그 해를 생각하니,
尹氏仍多翰墨仙	윤씨에는 글 잘하는 신선이 많았도다.
文藻秖今猶在眼	좋은 문장 지금에도 오히려 눈에 있으니,
雨絲雲影晚花邊	가랑비에 구름 그림자 지는 늦 꽃 핀 가이었네.

98. 문수폭포

文水瀑

秖驚方落處	다만 곧 떨어지는 곳에 놀라니,
誰見始生時	누가 처음 생길 때 보았겠는가?
角力靑山破	뿔 같은 힘 푸른 산 깨뜨리었고,
吹寒赤日宜	부는 추위 붉은 해에 어울리었네.
幽側無前度	외지고 누추함이 지난번엔 없었는데
淹留有後期	오래 머물렀으니 뒷기약 있게 됐네.
花江奇絶地	화강은 기가 막힌 땅인데도
吁怪少題詩	아! 괴이한 것은 제시가 적은 것이네.

99. 심진사에게 수답하다

酬沈進士

但教心不著	다만 마음으로 나타내진 않으나,
那見願常違	어찌 항상 어긋남을 볼 수 있겠나.
聚散從人事	모이고 흩어짐은 사람의 일에 따랐고,
行休任化機	가고 쉼은 화기에 맡기어 뒀네.
有懷詩或束	생각나면 시나 편지로 보냈으나,
相訪數兼稀	찾는 일은 자주 하기 드물었구나.
愁寂看今雨	수심으로 적적하게 오는 비 보나니,
還能幾日霏	도리어 며칠이나 자욱히 내리려나.

『詩文艸』卷之二

1. 종인인 사간^{司諫}의 운을 밟아 신생^{申生}에게 주다

步宗人司諫韻, 贈申生

王城裘馬古長安　　왕성의 구마(裘馬)¹⁾ 갖춘 옛 장안에서
送爾西遊一褐寬　　너의 서유(西遊)²⁾ 전송하는 한 갈관박(褐寬博)³⁾이네.
千里遠趨丹綍召　　천 리 길 멀리 임금의 부름에 나가는구나!
百年常奉彩衣歡　　일생 동안 항상 채의⁴⁾로 기쁘게 받든 몸인데
自天雨露衡茅及　　나라에서 우로 같은 은혜가 초가집에 미쳤으니,

---

1) 구마(裘馬) : 갖옷과 말. 2구의 빈천한 갈관박(褐寬博)에 대비되는 호화스런 생활을 의미한다.
2) 서유(西遊) : 여기서는 어떤 시골에 있는 신생(申生)을 서울로 보낸다는 뜻으로 쓴 것이다.
3) 갈관박(褐寬博) : 빈천한 사람이 입는 통이 넓은 거친 베옷. 『맹자』「공손추상(公孫丑上)」 참조.
4) 채의(彩衣) : 중국 주나라 시대 초(楚)나라의 노래자(老萊子)라는 사람이 나이 일흔에 색동옷을 입고 어버이를 기쁘게 해드리기 위하여 어버이 곁에서 물을 가지고 걷다가 넘어진다거나 새 새끼를 가지고 노는 등의 어리광을 부렸던 고사.

計日家鄕道路難　날짜를 따져 보면 고향 길은 어려우리라.
看取悠悠鍾鼎者　유유하게 종정5)으로 먹는 자를 보게 되면,
幾人負米潔晨餐　쌀 져다가6) 아침밥을 깨끗이 짓는 이가 몇이나 될까.

2. 심진사(沈進士)가 보내온 시에 차운하다

次沈進士見寄韻
異鄕初度日　타향에서 회갑날 맞이하노니,
衰髮悵唫時　노쇠한 머리털로 슬프게 읊는 때였네.
慚愧南鄰酒　부끄러운 중에도 남쪽 이웃의 술이,
淸深覺醉遲　맑고 깊어 취기가 오래감을 느끼네.

3. 오사군(吳使君)에게 주다

贈吳使君
螺髻靑山遠近　소라 같은 청산은 원근에 있고
縠紋流水東西　비단 무늬 같은 유수는 동서에 있네.
經旬闃寂封印　열흘 동안 고요히 관인 봉하고,

---

5) 종정(鍾鼎): 종명정식(鍾鳴鼎食)의 준말. 종을 치면서 신선로(神仙鑪)같은 고급 음식을 벌여 놓고 먹는 호부(豪富)한 생활.
6) 부미(負米): 공자의 제자인 자로(子路)는 부모 봉양을 위하여 백 리 길에서 쌀 짐을 지고 왔다 한다.

暇日逍遙杖藜	여가에 소요하러 명아주 지팡이 짚었네.
公館松風謖謖	공관의 솔바람은 우수수 불어 대고
訟庭草色萋萋	송정의 풀빛은 무성하게 자랐네.
閒花總使饒笑	한가한 꽃들 모두 넉넉히 웃게 하니,
吏隱終如浣谿	관리로 숨음 끝내 완화계와 같네.

4. 차운을 해서 허승암(許勝菴)에게 올리고 덧붙여 그를 오라고 부르다

次韻呈許勝菴, 兼速其來

聞道關河客	듣건대 관하에 있던 나그네가
春遊夏始回	봄에 노닐다 여름에야 돌아왔네.
身輕節不待	몸 가쁜하니 지팡이 기다리지 않고,
詩好棗堪災	시 좋으니 책으로[7] 새길 만하네.
室有樽瓢具	방에는 갖추어진 통술과 표주박 있고,
門無車馬猜	문에는 혐오스런 거마가 없네.
何當風檻夜	어찌하면 바람이 난간에 부는 밤에
盡意話東臺	마음껏 동대(東臺)[8]를 이야기할까.

---

[7] 조목(棗木) : 옛날에 인쇄를 위해 판각(板刻)하는 나무를 대추나무로 쓰기도 한 데에서 생긴 말이다.
[8] 동대(東臺) : 동도어사대(東都御史臺)의 준말로, 도성(都城)을 가리킨다.

5. 순옥純玉이 온 것을 기뻐하며

喜純玉到

聞汝中旬至	네가 중순에 온다고 듣고는
初旬便倚門	초순부터 곧 문에 기대 기다렸네.
直愁山寂寂	다만 산이 쓸쓸한 것이 근심이었는데,
兼對雨昏昏	게다가 비가 자욱한 것 마주했네.
間闊徵顔色	오랜 이별은 얼굴빛에서 징험이 되고,
艱難在笑言	곤란한 생활은 웃는 말에도 있었네.
那堪淸夜月	어떻게 견디리오! 맑은 밤 달이
已自照空樽	이미 스스로 빈 술통 비치는 것을.

6. 순옥純玉과 헤어지다

別純玉

六月花江峽	6월 달의 화강 골짜기에는
凄風似杪秋	쓸쓸한 바람 초가을과 같았네.
應緣別恨苦	이별하는 한의 괴로움으로,
助得短亭愁	단정의 시름을 조장(助長) 하리라.

7. 정창해(鄭滄海)가 해악을 유람한 화권에 쓰다

題鄭滄海遊海岳畵卷

[1]

暮山在眼	저물녘 산은 눈에 있었고,
明月在指	밝은 달은 손가락에 있었네.
顧僕之語	내가 한 말을 돌이켜 보면
如滿於耳	귀에 가득한 것 같았으리라.
謂畵無聲	그림에 소리가 없다 한다면
且請觀此	우선 청컨대 이 그림을 보아라.

[2]

松干天心	소나무는 하늘 복판 닿을 듯 하고,
瀑穿地肺	폭포는 땅의 복판 뚫을 것 같네.
挺拔奇壯	빼어나게 기이하고 장엄했으니,
其人斯在	그 사람이 바로 여기에 있네.

---

9) 정창해(鄭滄海) : 창해(滄海)는 정란(鄭瀾, 1725~1791)의 호. 본관은 동래(東萊). 자는 유관(幼觀). 본래 영남의 단성현(丹城縣)에 살았으나, 안산의 문인들과 교류가 많았다. 여행가이며, 시인이며 미술에도 조예가 깊었다. 이용휴가 그를 위해 지어 준 산문으로는 「송정일사입해유한라산(送鄭逸士入海遊漢拏山)」・「제정일사산행도(題鄭逸士山行圖)」・「송정일사유동북명산서(送鄭逸士遊東北名山序)」・「제정일사유백산록후(題鄭逸士遊白山錄後)」 등이 있다. 정란에 대한 다른 문인들의 기록으로는 강이천(姜彝天)의 「기창해옹유산사(記滄海翁遊山事)」와 성대중(成大中)의 「서창해일사화첩후(書滄海逸士畵帖後)」 등 몇 편이 남아 있다. 정란의 시문은 『대동시선(大東詩選)』 권7에 칠언절구 2수, 칠언율시 1수와 김홍도(金弘道)가 그려준 「단원도(檀園圖)」의 제화시(題畵詩)를 포함 4편이 전해진다. 『동래정씨창원공파보(東萊鄭氏昌原公派譜)』에는 『유고집(遺稿集)』・「유산기(遊山記)」・「불후첩(不朽帖)」 등이 가전(家傳)된다 하나 지금은 찾아볼 수 없다.

[3]
出山圖正徵　　산 나서면 그림이 정말로 징험이 된 들,
其不忍出山　　그 산에서 차마 나오지 아니하랴.10)

[4]
[騎牛訪嶽] / 소를 타고 금강산을 방문하다
生物來有　　　만물이 생긴 이래 있었으니,
牛以耕田自趙過　소로 밭 가는 것은 조과(趙過)11)에서 비롯되고,
始以遊岳自滄海　처음 산악 유람은 창해로부터였네.
始可見物之用　비로소 사물의 운용을 볼 수 있거늘
無窮人自不察　무궁한 사람들은 스스로 살피지 않네.

[5]
手勢竿意　　　손의 형세가 낚싯대 잡은 뜻은
欲引未引　　　당기려 하다가도 당기지 않네.
不畵魚而　　　물고기 그리지 아니했어도
魚已躍然　　　물고기 이미 뛰는 듯하네.

[6]
攢手乞畵　　　손 모아 그림을 그려 달라 애걸하면
人皆笑之　　　사람들 모두 비웃을 것인데,
比攢手乞官何如　손 모아 관직을 비는 것과 어떨까?

---

10) 그림을 보면 갔다 왔다는 게 증거가 된다는 말.
11) 조과(趙過): 중국 한(漢)나라 무제(武帝) 때의 사람. 소로 농사짓는 법을 가르쳤다고 한다.

[7]

[又訪瀛洲] / 제주를 방문하다

滄海翁一窮老　　창해옹은 한 명의 궁로(窮老)인데
布衣乃能爲　　　포의(布衣) 신분으로도 이에 할 수 있었네.
秦皇漢武所不能爲　진시황과 한무제는 할 수 없었던 거니,
天下事有如此者　천하의 일에는 이와 같은 것이 있네.

[8]

海勢滿幅　　　바다의 기세는 화폭에 가득하고,
石勢半幅　　　돌의 형세는 화폭에 절반이며,
人僅如豆　　　사람은 겨우 크기가 콩만 하나,
精神在人　　　정신은 사람에게 있기 때문에
故曰千枝萬葉不敵一英
　　　　　　　그러므로 "천 가지와 만 개 잎도
　　　　　　　한 명의 영웅에 대적할 수 없네"라고 하네.

[9]

[倚醉憑欄] / 취해서 난간에 기대다

呼之曰山雨欲來　부르짖길 "산 비가 오려고 하며
日已西矣　　　해는 이미 서쪽으로 기울었다" 했으니
彼醉憑欄者　　저 술 취해 난간에 기대 있는 자는
或當起來　　　어쩌면 일어나 와야 하리라.

[10]

此米家小混點也　이것은 미불가12)의 작은 혼점13)에,

---

12) 미불(米芾, 1051~1107) : 송(宋)나라 양양(襄陽) 사람. 자는 원장(元章), 호는 해악외사(海嶽外史) 또는 녹문거사(鹿門居士). 미전(米顚)이라고도 일컫는다. 금석(金石)·고기(古器)를 애완하고, 특히 기석(奇石)을 좋아하였으므로 '원장이 돌에 절하였다(元章

兼帶仲圭攢苔意　　아울러 중규14)의 이끼 모아 그리는 뜻 띠고 있구려.

[11]
能令身在驢背　　능히 몸을 나귀의 등에 있게 했어도,
意思却在海山間　　뜻은 되려 바다와 산에 있게 했으니,
非高手不能　　높은 솜씨 아니면 할 수 없는 것이네.

[12]
四鄰荷鋤出　　사방의 이웃들이 호미 메고 나가서,
何必吾家操　　하필이면 내 집 것만 조업(操業)하는가?
海翁觀稼　　해옹이 농사일을 살펴보기를
何必人田其田　　하필이면 남의 밭을 그 밭이라 하는가.

[13]
山接海　　산은 바다에 맞닿아 있고,
海接天　　바다는 하늘에 맞닿았으니
看盡轉自看不盡　　다 보아도 갈수록 절로 다 볼 수 없네.

[14]
寒林寂歷　　차가운 숲은 고요하고 쓸쓸하며,
小彴橫斜　　작은 돌다리는 비껴 있는데,

拜石'라는 말까지 있음. 그는 시·서·화에 모두 뛰어났다. 소동파(蘇東坡)·황정견(黃庭堅) 등과 친교가 있었다.
13) 혼점(混點): 동양화에서, 나뭇가지나 잎사귀가 우거진 모양을 타원형의 점을 찍어 그리는 화법(畫法).
14) 중규(仲圭): 오진(吳鎭, 1280~1354)의 자. 호는 매화도인(梅花道人). 황공망(黃公望)·예찬(倪瓚)·왕몽(王蒙)과 함께 원나라 말기 4대가의 한 사람으로 꼽힌다. 산수화에 뛰어났으며, 거연(巨然)에게 사사하였다고 하나 동원(董源)이나 마원(馬遠)·하규(夏圭) 등의 영향도 받은 듯하다. 사(詞)와 초서(草書)에도 뛰어났다.

| 但信驢蹄 | 다만 나귀 발굽만 믿으면, |
| 自有人家 | 스스로 사람 사는 집이 있으리. |

[15]
人物歷歷	인물이 분명하게,
在嵌竇中	속이 텅 빈 굴 속에 있으니,
此鏡箱也	이것은 거울의 상자이다.

[16]
登白鹿潭 백록담에 오르다
海中有山已奇	바다 속에 산 있는 게 너무나 기이하고,
山上有澤又奇	산 위에 못 있는 게 또 기이한데다,
澤畔之人又甚奇	못가에 있는 사람 또 매우 기이하다.

[17]
自白鹿潭 歸遇風雨 醉宿石窟 / 백록담에서 돌아오다 비바람을 만나서 술 취한 채로 석굴에서 잤다

夜臥空山石窟	밤에 빈 산의 석굴에 누웠는데
風雨如盤蟲鬼駭逼	
	비바람 마치 반충(盤蟲)과 귀해(鬼駭)가 핍박함과 같았네.
非人間第一險絶	인간에서 제일 험한 경지가 아니라면
不能成人間第一奇絶事	
	인간에서 제일 기이한 일을 이룰 수 없으리라.

[18]
欹立看山 / 기대어 서서 산을 보다
| 孟嘉落帽 | 맹가는 모자를 떨어뜨렸고,[15] |
| 子美整冠 | 자미는 관을 바로 잡게 하였네.[16] |

海翁之笠	해옹의 삿갓은
不落不整	떨어지지도 고쳐 쓰지도 않았으나,
其曠達一也	광달한 것은 매한가지네.

[19]

攢壁竦劒	절벽이 모여서 칼이 솟은 듯하니
疑若無路	길이 없을 것 같이 의심이 되나,
而竟有路	마침내 길이 있었으니
乃天設此	이에 하늘이 이것을 설치하여
令老此獨往	이 노인이 홀로 가게 한 것이리라.

[20]

脫巾引壺	두건을 벗고 술병을 당기다가
冠去其首	관이 그 머리에서 벗겨지자
壺引於膝	술병을 무릎에 당기었노라.
是謂或推而遠之	이걸 일러 혹은 '밀쳐서 멀리하는 것'이라 하고
或引而進之	혹은 '당겨서 오게 하는 것'이라 하리.

[21]

觀瀑 / 폭포를 보다

天下無此瀑則已	천하에 이 폭포가 없다면 그만이나,
有則宜著滄海於其傍	있다면 그 옆에다 창해(滄海, 정란)를 놓아야 할 것이네.

---

15) 맹가는 모자를 떨어뜨렸고[孟嘉落帽] : 진(晉)나라 환온(桓溫)의 참모 맹가(孟嘉)가 중양절 놀이에서 바람이 불어서 쓰고 있던 모자가 날려 땅에 떨어진 고사에서 나온 말이다.
16) 자미는 관을 바로 잡게 하였네[子美整冠] : 당(唐)나라 두보(杜甫)의 「구일남전최씨장(九日藍田崔氏庄)」에서 진(晉)나라 맹가(孟軻)의 고사를 번안(翻案)하여 "짧은 머리털 바람이 모자 벗길까 부끄러워서, 웃으면서 옆 사람 시켜 관을 바로잡게 하였네[羞將短髮還吹帽, 笑倩傍人爲正冠]"라고 한 싯구를 응용한 것이다.

[22]

亚海 / 바다를 아우르다

寫亚海	그림에 바다를 아울러서 그리고,
幷寫驢之凌兢	두려워서 벌벌 떠는 나귀를 그렸으니,
眞亚海	진짜 바다를 아우른 것이네.

[23]

騎驢訪壚 / 나귀를 타고 술집을 찾다

此境尋常	이 경지는 예사롭지만,
入畵便佳	그림에 들어가면 문득 아름다우니
此畵意亦詩道	이것은 화의(畵意)이고 또한 시도(詩道)로구나.

[24]

蘆花明月	갈대꽃과 밝은 달에
倚舷開襟	뱃전 기대 옷깃을 풀고
呼僮進酒	아이 불러 술 내오게 했으니
宜令紅塵	마땅히 홍진으로 하여금
席帽走	자리 걷고 모자 쓰고 달아나게 해야만
赤日中者觀	붉은 해가 중천에 있는 것을 보리라.

[25]

觀海 / 바다를 보다

万象瑣細	만상이 자질구레한 것은
無足寓目	눈으로 볼 만한 게 없기로,
擇其差强	그중에 약간 강한 것을 골라서,
乃走溟渤	이에 바다로 달려갔으나,
溟渤區區	바다도 구구한

一勺之積	한 국자 물이 모인 것이었으니,
悲哉海翁	슬프다, 창해옹이여!
更安所適	다시 어디가 갈 곳인가?

8. 현재(縣齋)에서 윤생의 증별시에 화답하다 [이름은 득제(得梯)이다]

縣齋和尹生贈別 [名得梯]

[1]

莫以困塩車	염거(塩車)17)에 곤란을 겪는다 해서
而謂無田子	논밭 없는 자라고 이르지 말라.
此日逢知音	오늘날 지음(知音)을 만나게 되니
關山蹄下起	관산이 말발굽 밑에 일어나누나.

[2]

不須强惜別	모름지기 억지로 석별한 게 없는 건,
心鏡兩分明	마음의 거울이 둘 다 분명해서지.
憑語東天月	동쪽 하늘 뜨는 달에 말을 의탁하노니,
旋旋好寄聲	계속해서 좋은 소식 보내 주게나.

---

17) 염거(塩車) : 소금을 운반하는 수레. 천리마(千里馬)가 소금 실은 수레나 끈다는 말로서 현자(賢者)가 하위직(下位職)에 있는 비유로 많이 쓴다. 『전국책(戰國策)』「초책(楚策)」에 "夫驥之齒至矣, 服鹽車而上太行. 蹄申膝折, 尾湛胕潰, 漉汁灑地, 白汗交流, 中阪遷延, 負轅不能上. 伯樂遭之, 下車攀而哭之, 解紵衣而冪之"라 했다.

9. 연안이씨 팔정려의 중수에 쓰는데 원운을 쓰다

題延安李氏八旌閭重修用原韻

城南一曲五倫全	성남의 한 굽이에 오륜이 온전했으니,
棹楔光輝逈接連	탁설(棹楔)18)의 광휘가 멀리 이어졌네.
爲柱扶持俱特起	기둥 만들어 지탱하자 다함께 특별히 일어났으니,
在音條理迭相宣	음악에선 조리(條理)19)가 서로 선양됨이리.
秪應家法由心授	다만 가법을 마음으로 전수한데 연유된 거나,
更覺天公用意專	천공이 용의를 오로지 한 것임을 더욱 깨닫게 되네.
舊建新修渾万口	옛날 건축을 새로이 수리함에 사람들의 말 뒤섞였으니,
不勞太史寸毫傳	사관의 작은 붓을 수고롭지 않게 해도 전하게 됐네.20)

10. 김일인 金逸人 연화 連化의 유거에 기재하다 [이름은 덕운 德運이다]

寄題金逸人連化幽居 [名德運]

定遠州南金布衣	정원 고을 남쪽에 김씨 선비는
山靑雲白一茅茨	산 푸르고 구름 흰 초가에 살고 있네.
鹿門獨往跡空斷	녹문21)에 홀로 간 뒤, 자취 끊어졌으나,

---

18) 탁설(棹楔) : 문 곁에 집을 표시하여 고을[坊]에 세우는 나무 기둥. 작설(綽楔)의 잘못으로 본다. 조선왕조 대에 탁설(棹楔)로 많이 썼으나 작설(綽楔)이라야 옳다. 작설은 정문(旌門) 양쪽에 세워 효의(孝義)를 표창하던 나무 기둥을 말한다라고 되어 있으나, 여기서는 우리나라에서 정문 입구에 세우는 홍살문[紅箭門]을 가리키는 말이다.
19) 조리(條理) : 음악 연주의 절차와 순서 또는 대악장(大樂章)의 선후 차례. 『맹자(孟子)』「만장하(萬章下)」에 "孔子之謂集大成. 集大成也者, 金聲而玉振之也. 金聲也者, 始條理也; 玉振之也者, 終條理也. 始條理者, 智之事也; 終條理者, 聖之事也"라고 했다.
20) 이 시구는 사관이 역사책을 쓸 필요도 없이 잘 전해질 것이라는 말이다.

谷口高棲人自知	곡구22)에서 높이 살자 사람 절로 알게 됐네.
舊日浿西眞錯過	지난날 평양에서 참으로 엇갈려서,
淸秋天末只相思	맑은 가을 먼 곳에서 다만 서로 생각하네.
杖藜終有幽尋意	여장(藜杖) 짚고 마침내 찾을 뜻이 있으니,
留取風烟更賦之	머물면서 풍경 취해 다시 시로 지으리.

11. 영월 이사군에게 받들어 부치다 [이름은 동욱(東郁)23)이다]

奉寄寧越李使君 [名東郁]

嗟君去上越中官	아! 그대 떠나 월중(越中)24)의 관리로 올랐으니
頗怪炎天伏裏殘	더운 날씨 복중에 남은 것이 자못 괴이하네.25)
疊嶺幷含仙寢色	첩첩 고개들은 선침(仙寢)26) 빛을 아울러 간직해 있을 거고,
澄江猶帶月精寒	맑은 강은 오히려 월정사(月精寺)27)의 차가움 띠고 있으리.
城南書信非難得	성남의 서신을 얻기 어려운 건 아닌데,28)
石北詩篇最好看	석북의 시편들은 가장 보기 좋아했네.

---

21) 녹문(鹿門) : 동한(東漢)의 방덕공(龐德公)이 은거한 녹문산(鹿門山)을 가리킨다.
22) 곡구(谷口) : 옛 땅의 이름이다. 중국 당(唐)나라 정자진(鄭子眞)이란 사람이 있었는데 벼슬을 버리고 곡구(谷口)란 땅에 숨어 살았으므로 곡구자진(谷口子眞)이라 호칭되었다. 여기서는 앞 구와 더불어 김일인(金逸人)을 빗대어 찬양한 것이다.
23) 이동욱(李東郁, 1738~1794) : 자는 유문(幼文)이고 호는 몽소(夢蘇)・소암(蘇巖)이다. 이용휴는 자신의 둘째 딸을 출가시켰고, 그를 위해「몽소헌기(夢蘇軒記)」를 지어 주었다.
24) 월중(越中) : 영월(寧越)을 가리킨다.
25) 이 시구는 아직 인사 이동을 할 시기가 아닌데 영월 군수로 이동하게 된 것이 괴이하다는 뜻으로 쓴 것 같다.
26) 선침(仙寢) : 제왕(帝王)의 능묘를 이르는 말이니 여기서는 단종의 무덤을 가리킨다.
27) 월정사(月精寺) : 강원도 오대산에 있는 고찰(古刹). 그곳을 흐르는 물이 영월을 거쳐 한강으로 내려오고 있는 것으로 보인다.
28) 이동욱의 본가의 서신을 말하는 것 같다.

| 吏隱逍遙堪却老 | 관리로 은자처럼 소요하매 늙음을 막을 수 있으리니, |
| 分沾無惜紫金丹 | 자금단 나눠 주어 혜택 적심 아끼지 말라.29) |

12. 현륭원顯隆園30)을 천봉한 때의 만장

顯隆園遷奉挽章

社稷紆謨遠	사직의 우모31)가 원대하여서
山川考卜靈	산천을 살펴서 좋은 곳 잡으셨네.
序方遒白露	절기는 바야흐로 백로가 끝났는데
和復出玄扃	조화는 다시 무덤에서 나오셨네.
邦禮雖依緬	국예(國禮)는 비록 면례(緬禮)32)에 의한 것이나,
王心似剪屛	왕의 마음은 전병(剪屛)33)할 때와 같으시었네.
嗚呼涵覆育	오호! 부육34)에 젖었으므로,
萬一述瞻聆	조금이나마 보고 들은 것을 글로 짓노라.
恭憶三宗脉	삼종35)의 맥을 삼가 생각하건대,

---

29) 당신이 신선 같은 생활을 나에게도 나누어 달라는 말이다.
30) 현륭원(顯隆園) : 경기도 화성군에 있는 사도 세자의 묘 후에 그 아들 정조(正祖)가 왕위에 오르자 사도 세자를 장헌세자(莊獻世子)로 추존하였으며 광무(光武) 3년(1899)에 장조(莊祖)로 추존(追尊)되고부터 '융릉'이 되었다.
31) 우모(紆謨) : 곡절이 심했던 계모(計謨)란 뜻으로 보았다.
32) 면례(緬禮) : 무덤을 옮겨서 다시 장사를 지냄. 또는 그런 일.
33) 전병(剪屛) : 전병주미(剪屛柱楣)의 준말. 옛날 장례를 치르면 기둥과 여막(廬幕)의 들보를 설치하고 덮었던 풀을 제거 했던 일을 말한다. 다시 말하면 정조의 슬퍼하는 마음이 초상(初喪) 때와 같았다는 뜻이다.
34) 부육(覆育) : 천지(天地)가 만물을 덮어 기름. 여기서는 금대(錦帶)가 상감의 은혜를 받아왔다는 뜻을 말한 것이다.
35) 삼종(三宗) : 여기서는 숙종(肅宗) · 경종(景宗) · 영종(英宗 : 뒤에 영조(英祖)로 고쳤음)을 가리킨 것.

昭孚一德馨	밝게 일덕36)에 부합되어 향기로우시었네.
誕彌仍定號	탄신일에 인해서 호칭이 정해지니,
時敏早橫經	그 때에 민첩하게 일찌감치 경서(經書)를 읽으셨네.
神器徵悠遠	신기(神器)37)의 유원함이 징험이 되어,
天人覩典刑	천인(天人)이 전형을 보게 되었네.
婉愉常玉色	부드러운 낯빛은 항상 옥빛이었고,
肅穆極淵渟	엄숙하고 공손함은 매우 깊고 조용하셨네.
裁決分堯倦	헤아려서 결정함은 요권(堯倦)38)을 나눈 것이니,
靈長祝武齡	영장(靈長)39)함은 무왕의 나이[武齡]40)를 축원했었네.
一哀纏五月	한 번의 슬픔은 오월에 얽혔으니,41)
中夜晦前星	한밤중에 전성(前星)42)이 어두워졌네.
羽翼懷商嶺	우익(羽翼)이 된 것은 상산사호(商山四皓)를 생각케 되고,43)

36) 일덕(一德): 순일(純一)한 덕을 일컫는다.『서경』「함유일덕(咸有一德)」에 "명두는 이를 열어 일덕을 항상 구하다[啓迪有命眷求一德]"라고 했다. 여기서는 정조의 효심을 가리킨다.
37) 신기(神器): 여기서는 사도세자가 영조 25년(1749) 대리청정 했을 때의 정사를 다스리는 능력을 가리키는 말로 보인다.
38) 요권(堯倦): 대리청정(代理聽政)을 하였다는 말.『서경』「우서(虞書)」'대우모(大禹謨)'에 요(堯)임금은 우(禹)에게 맡기면서 "내가 제위에 있은 지 33년이 되니 늙어서 근무에 권태롭다. 네가 부지런히 하여 내 부하를 총괄하도록 하라[朕宅帝位, 三十有三載, 耄期, 倦于勤. 汝惟不怠, 總朕師]"라 하였으나 우는 받아들이지 않았다. 여기서는 이 문구를 응용하여 사도세자가 영조 25년(1749)에 대리청정 하였음을 말한 것이다.
39) 영장(靈長): 광원(廣遠)한 면장(綿長), 곧 장수(長壽)를 말한다.
40) 무왕의 나이[武齡]: 여기서는 영조가 와병했을 때 사도세자가 치유를 축원하기를 주나라 무왕(武王)이 와병했을 때 주공(周公)이 무왕을 오래 살게 해달라고 축원하듯이 했다는 뜻이다.『서경』「금등(金縢)」참조.
41) 사도세자가 영조 38년(1762) 여름 윤 5월 21일에 죽어서 한 말이다.
42) 전성(前星): 28수 중의 심성(心星)으로서 태자성(太子星)이니 여기서는 사도세자의 죽음을 말한다.
43) 이 시구는 한고조(漢高祖)가 여후(呂后) 소생인 태자(太子: 후일의 惠帝)를 척희(戚姬) 소생인 조왕(趙王)으로 교체하려고 했을 때 상산사호(商山四皓)의 우익(羽翼)으로 태자의 자리를 유지했던 고사를 빌어 사도세자가 세자로 책봉될 때의 일을 서술한 것이다.

謳歌憶夏庭	구가(謳歌)는 하(夏)나라 궁정(宮庭)을 구가하게 되었네.44)
瞻依惟家設	첨의(瞻依)는 오직 가정에 시설했는데,45)
風水要淸寧	풍수로는 깨끗하고 편한 자리 요구했네.
隱度宵常丙	은밀히 헤아림은 언제나 한밤중이었고,46)
明徵運適丁	밝은 징험은 운(運)에 정일(丁日)이 적합하였네.
崇崗元有待	높은 멧부리는 원래 기다림이 있었고
達孝視無形	달효(達孝)는 형상이 없는 데에 살펴보셨네.47)
承事思誠愼	받들어 섬기기에 성신(誠愼)을 생각했고,
優民費稱停	백성 우대(優待) 칭정48)에 마음을 썼네.49)
獻圖如食洛	도면 올림은 낙양을 먹힌 것과 같이 하였고,50)
移邑若遷邢	고을을 옮김은 형주에 옮긴 것과 같이 하셨네.51)

---

44) 이 시구는 하(夏)나라 태강(太康)이 나라를 잃었다가 그가 죽고 중강(仲康)이 나라를 회복했던 고사를 빌어 영조(英祖)가 죽고 사도세자의 아들인 정조(正祖)가 왕위를 계승한 것을 서술한 것이다.
45) 이 시구는 사도세자의 제사를 종묘에 모시지 못하고 사가(私家)에서 받들었음을 말한 것이다. 첨의(瞻依)는 『시경』「소아」 '소변(小弁)'의 "우러를 것은 아버지 아님이 없으며, 의지할 것은 어머니 아님이 없다[靡瞻匪父, 靡依匪母]"는 구절에서 부모를 뜻하는 말이다.
46) 무덤을 천장할 생각이 한밤중에서 났다는 말.
47) 이 시구는 정조(正祖)의 사도세자에 대한 효성을 말한 것이다. 달효(達孝)는 『중용』 제19장에 공자(孔子)께서 말씀하시기를, "무왕(武王)과 주공(周公)은 그 달효(達孝)이셨다"라고 하시었으니 천하 사람들이 다함께 인정하는 효자란 뜻이고 『예기』「곡례상(曲禮上)」에 "형상이 없는 데에 보아야 한다[視於無形]"라고 하였으니 부모의 모습을 보지 않는 때라도 마음속에는 항상 생각해야 한다는 뜻이다.
48) 칭정(稱停) : 저울대가 평평하게 멈춘 상태. 매우 공정함을 뜻함. 칭정(稱亭)이라고도 한다.
49) 백성에 관한 일을 공정하게 다스리기에 정신을 썼다는 말이다.
50) 이 시구는 정조가 부친의 무덤을 보호하기 위하여 수원을 확장 개발한 것을 주나라의 주공(周公)이 낙양(洛陽)을 개발할 때의 일을 인용한 것이다. 헌도여식락(獻圖如食洛)은 낙양의 개발에 관하여 점을 치니 점이 잘 맞았기 때문에 그 도면과 점을 성왕(成王)에게 바쳤다는 뜻이다. 『서경』「낙고(洛誥)」 참조.
51) 정조(正祖)가 즉위하던 해(1776)에 사도세자의 묘 수은묘(垂恩墓)를 영우원(永祐園)으로 고치고 사도(思悼)를 장헌(莊獻)으로 고쳤으며 동 13년(1789)에 영우원을 다시 현융원(顯隆園)으로 고치고 현 위치로 이장하였는데 그때 수원(水原)을 팔달산(八達山)

蘊秀瞻龍勢	온자하게 빼어남은 용의 기세 보게 되고.
經臨想鶴翎	경상(經常)으로 임하셔도 학의 날개 상상되네.52)
舊僚餘齒髮	옛 관리들 치발(齒髮)53)이 남아 있는데,
新寢宛丹靑	새로 이장한 무덤은 단청이 완연했네.
忍淚非今日	눈물 참는 것은 오늘만이 아니지만,
微文是可銘	보잘 것 없는 글은 새길 만하네.
邦家綿祚胤	나라에는 자손들 끊임없이 복되리니,
垂佑在冥冥	도움을 드리움이 명명(冥冥)한 데 있으리.54)

13. 조선달 만시 [이름은 진도55)이다]

趙先達挽 [名進道]

| 君恩欲說淚先垂 | 상감 은혜 말하려니 눈물 먼저 흐르는데, |
| 無事須臾可見之 | 일 없어도 잠시 뒤면 볼 수 있겠지. |

밑으로 옮긴 것을 말한 것이다. 형(邢)은 은(殷)나라 13대왕 조을(祖乙)이 수도를 옮겼던 곳이니 수원을 옮긴 것을 비유한 것이다.
52) 수원과 현융원의 지형이 좋은 것을 말한 것이다.
53) 치발(齒髮) : 치아와 두발(頭髮), 치아와 두발이 남아 있다 함은 아직도 살아 있다는 뜻이다.
54) 신이 남 모르게 도와줄 것이라는 말.
55) 조진도(趙進道, 1724~1788) : 자(字)는 성여(聖與), 호(號)는 마암(磨巖). 일찍이 종형인 졸천군(拙川君)과 태백산 각화사(覺華寺)에서 독서할 때 이광정(李光庭)을 만나 문의(文義)를 강론하였더니 이용(李邕)이 선생의 해박한 견해에 경탄하였다고 한다. 이로부터 더욱 학문에 힘써 1759년 증광별시에 뽑히고 복시(覆試)에 급제하였다. 그 후 산속에 은거하여 일체의 영욕을 떠나 오직 독서와 시문에 힘쓰고 거문고에 능한 손님이 오면 거문고 연주 듣기를 좋아했다. 저서로 『마암문집(磨巖文集)』이 있다.

| 泉路莫嗟回照晚 | 황천길에 회조(回照)56)가 늦은 것 한탄 말라, |
| 由來化日儘遲遲 | 옛날부터 화일(化日)57)은 모두 더디고 더디었으니. |

14. 광국光國에게 주다 [족손 시선是銑이다]

贈光國 [族孫是銑]

宿昔飛騰意	지난날에 비상하려는 뜻을
相看半百身	서로 본 지 반백 년 된 몸이로구나.
鬢毛渾短少	귀밑머리는 모두 짧아졌는데,
詩句轉淸新	시구는 더욱 청신하게 되었네.
千里關西月	천 리나 떨어진 관서의 달을 보며,
三年峽裡春	삼 년동안 골짜기 속 봄을 보냈네.58)
向來雙別淚	그 후로 둘이 이별한 눈물은
一一在衣巾	하나하나 옷과 수건에 있었네.

---

56) 회조(回照) : 반사하여 비치는 것. 여기서는 상감의 노한 마음이 풀린다는 뜻으로 쓴 것 같다. 작고한 조진도(趙進道)는 상감의 견책을 받고 있던 중에 죽은 것으로 보인다.
57) 화일(化日) : 화일광천(化日光天)의 준말. 여러 사람이 환히 알고 시비가 뚜렷한 상황을 비유하는 말.
58) 여기에서는 귀향 갔다는 의미로 쓴 것이다.

15. 김병사 만시

金兵使輓

漫說戎壇在	융단59)이 있다는 걸 말하지 말라,
斯人竟不登	이 사람이 마침내 못 올랐으니.
伏波奇始見	복파60)장군 기이함을 처음으로 봤으니,
破的老猶能	과녁 적중 늙어서도 능하였다네.
生貴門無跡	귀문(貴門)에서 태어난 자취 없다고,
諸儒口共稱	유생들은 입 모아 칭찬했었지.
荒原埋虎氣	황량한 언덕에다 무기(武氣) 묻으니
會逐暮雲騰	마침 저녁 구름 따라 피어 올랐네.

16. 성재聖在를 보내며

送聖在

高齋燈暗菊垂垂	높은 집에 등불 어둡고 국화꽃 드리웠는데,
惜別憐才愴欲悲	애석한 이별과 아까운 재주에 서글퍼 슬퍼지려네.
魯國諸生英玅日	노나라의 유생처럼 영묘(英玅)한 날에,
灞陵斗酒解攜時	패릉에서61) 말술로 헤어지는 때였네.
昭陽江上孤鴻遠	소양강 위에 외로운 기러기 멀어만 가고

---

59) 융단(戎壇) : 군대(軍隊)에서 대장의 자리. 융원(戎垣).
60) 복파(伏波) : 후한(後漢)때 장군 마원(馬援)을 일컬음. 교지(交趾)를 정벌한 공이 있다.
61) 패릉(灞陵) : 패릉은 장안성 동쪽에 있는 지명. 옛날부터 송별하는 장소로 유명하여 여기서 버들을 꺾어 주고 헤어졌다 한다.

廣德山邊匹馬遲　　광덕산62) 옆에서는 한 마리 말이 더디 가리라.
明歲杏下花更好　　이듬해63) 살구나무 꽃이 다시 좋게 피거든
元方正有季方期　　원방이 정히 계방과 만날 기약이 있으리라.64)

17. 채번암65) 상공의 어제 갱운을 받들어 화답하다

奉和樊巖蔡相公, 御製賡韻
珠盤翕集伏今勍　　주반(珠盤)66)에 모여 금경(今勍)67)을 굴복하자
雲漢昭回屬上卿　　은하의 빛이 돌아 상경(上卿)에 위촉됐네.68)

---

62) 광덕산(廣德山) : 강원 화천군과 철원군, 경기 포천시의 군계(郡界)를 이루는 산. 높이는 1,046m이다. 복주산(伏主山)·석룡산(石龍山)·가리산(加里山) 등과 함께 태백산맥에서 갈라지는 광주산맥의 일부를 구성하며, 산용(山容)이 웅장하다. 북한강 수계와 한탄강 수계의 분수계에 위치하여 양 하천의 지류들이 발원한다.
63) 하(下)는 평측에 맞지 않는 글자이다.
64) 원방이 …… 있으리라 : 후한 때 진식(陳寔)의 두 아들 기(紀)와 심(諶)은 덕행이 나란히 높아 난형난제(難兄難弟)로 일컬어졌다. 기(紀)의 자는 원방(元方)이고 심(諶)의 자는 계방(季方)이었다.『후한서(後漢書)』「진식전(陳寔傳)」참조 여기서는 빌어서 족손인 이성재(李聖在)의 형제가 막상막하(莫上莫下)로 똑같이 훌륭함을 비유한 것이다.
65) 채제공(蔡濟恭, 1720~1799) : 자는 백규(伯規), 호가 번암(樊巖)으로, 평강인(平康人)이다. 희암(希菴) 채팽윤(蔡彭胤)의 종손이며, 호주(湖洲) 채유후(蔡裕後)의 5대손이다. 남인(南人) 내 정계의 지도자로서 영·정조의 정국을 주도하였다. 시사(詩社)를 통한 동인의 결집에도 힘을 기울여 약산시사(藥山詩社)·번리시사(樊里詩社)·보은동시회(報恩洞詩會)·풍단시회(楓壇詩會) 등을 이끌었다. 이 같은 정계의 활약과 폭넓은 시회를 통해 안산 15학사에도 거론되었다.
66) 주반(珠盤) : 정밀하고 아름답게 제작된 소반. 옛날 군신(君臣)이 회맹(會盟)할 때 삽혈(歃血)에 쓰는 소반을 가리킨다. 여기서는 정조(正祖)가 집권한 것을 가리킨 것이다.
67) 금경(今勍) : 현재의 강적(强敵)이란 뜻이니 당시 사도세자(思悼世子)를 죽음으로 몰아 넣었던 정치 세력을 가리킨 것이다.
68) 이 시의 1,2구는 정조(正祖)가 왕위(王位)에 오름으로써 정치 세력의 판도가 바뀌었음을 말한 것이다. 주반(珠盤)은 주반옥돈(珠盤玉敦)의 준말로서 옛날 군신간이나 국제간에 어떤 사안에 관하여 합의를 보고 이를 굳게 서약하는 회맹(會盟)에 쓰던 기구

華藻紛敷承御氣	화조(華藻)는 어지럽게 폈으니 어기를 이어받았고,
瓊琚淸越會天聲	경거(瓊琚)는 깨끗해서 천성(天聲)에 화답했네.
端明實奉長編叙	단명전(端明殿)에서 장편으로 쓴 것 실로 받들었으니,
安石空留故墅盟	사안(謝安)은 부질없이 옛 별장의 맹서를 머물렀네.
萬一報酬無別事	만분의 일이나마 보답하려면 다른 일은 없으니,
八方多少有含生	온 누리에는 많은 백성이 있네.

18. 앞의 운자를 써서 고생(高生)에게 주다 [이름은 인기(仁基)이다]

用前韻寄高生 [名仁基]

千里來尋舊使君	천 리 길 옛 사군을 찾아 왔으니
高生高義薄層雲	고생(高生)의 높은 의리 층층 구름도 얇구나.
秋風分手無相贈	가을바람에 헤어질 제 서로 줄 것이 없어
拈與前賢勸學文	옛 현인의 권학문(勸學文)을 취해 주노라.

(器具)였으니 제1구는 정조가 군신들과 회맹하여 그의 부친인 사도세자(思悼世子)를 해쳤던 현재의 강경한 세력을 굴복시켰다는 뜻이고 운한소회(雲漢昭回)는 『시경』「대아」 '운한(雲漢)'편에 있는 말로서 '은하(銀河)'의 밝은 빛이 돌아왔다는 말이니, 여기서는 천운(天運)이 돌아와서 채번암(蔡樊巖)이 상경(上卿), 곧 정승에 위촉되었다는 말이다.

19. 삼가 어제(御製)인 「사릉(69)을 배알하고 감회를 기록한다」라고 하신 운자에 화답하다

恭和御製謁思陵志感韻

天回玉輦却輕寒	하늘이 돌아 옥연이 쌀쌀함을 물리칠 때
靈雨新晴御宿灘	영우(靈雨)가 어숙탄(御宿灘)70)에 새로 개었네.
父老百年欣再覩	부로(父老)들은 백 년 만에 다시 봄을 기뻐했고,
情文是日覺皆安	정문(情文)71)은 이 날에 모두 안온함을 느꼈네.
松杉喜色遙連越	소나무 삼나무의 기쁜 빛은 멀리 영월(寧越) 이어졌고,72)
香火恩言各賜壇	향화의 은혜 말씀 각각 단(壇)에 주시었네.73)
太史抽毫方有俟	태사는 붓 빼들고 바야흐로 기다리니,
漢陵甘露曉來溥	'한릉(漢陵)74)의 감로가 새벽에 맺혔다'고 쓰리라.

---

69) 사릉(思陵) : 조선 단종의 비(妃) 정순왕후(定順王后) 송씨(宋氏)의 능.
70) 어숙탄(御宿灘) : 사릉(思陵)이 있는 남양주시(南楊州市) 진건면(眞乾面)의 북쪽 들과 진접면(榛接面)의 남쪽 들을 가르는 냇물 이름이 왕숙천(王宿川)인데 그 이름을 한시(漢詩)의 평측(平仄)과 운자(韻字)에 구애되어 어숙탄(御宿灘)이라 쓴 것으로 보인다.
71) 정문(情文) : 여기서는 정(情)은 질(質)이고 문(文)은 문채(文釆)란 말로서 이때 사릉을 알현하는 여기(御駕)의 차림새가 문질(文質)이 빈빈(彬彬)함을 말한 것이다.
72) 이 시구는 단종대왕의 비 정순송씨(定順宋氏)의 능(陵)인 사릉(思陵)에 있는 나무들은 남편인 단종대왕(端宗大王)의 능인 이 장릉(莊陵)이 있는 영월(寧越)쪽으로 향하고 있다는 속설(俗說)을 인용한 시이다.
73) 이 시구는 정조대왕이 예조판서 서용보(徐龍輔)를 불러 놓고 사릉(思陵) 국내에 있는 개인묘단(個人墓壇)의 사초(莎草)가 보수되지 않은 것을 걱정하면서 자손들에게 통지하여 잘 수호하도록 할 것을 명령했던 일을 가리킨다. 『조선왕조실록』 47권 참조.
74) 한릉(漢陵) : 한(漢)나라의 능. 빌어서 사릉(思陵)을 가리킨다.

20. 홍맹호(洪孟浩)를 전송하며 [이름은 대연(大然)이다]

送洪生孟浩 [名大然]

　南城雪後有歸鞍　　남쪽 성에 눈 내린 뒤 돌아가는 말[馬] 있으니[75]
　古木寒山別意難　　고목 있는 찬 산에서 이별 심정 힘겹구나.
　但使么荷留玉井　　다만 작은 연꽃을 옥정(玉井)[76]에 남겨서,
　開花十丈與君看　　열 길로 꽃 필 적에 그대와 함께 보세.

21. 사위 권치복(權稺福)에게 주다

贈權甥稺福

　氷玉當年兩不慙　　빙옥(氷玉)[77]이 그 해에는 둘 다 안 부끄럽더니
　而今人事摠難堪　　지금의 인간사는 견디기 어렵구나.
　桃花桃實渾如夢　　복사꽃과 열매[78]는 모두 꿈만 같은데,
　枯柳依依臥漢南　　흔들흔들 마른 버들[79] 한남동(漢南洞)에 누웠노라.

---

75) 돌아가는 말이 있다[有歸鞍] : 홍맹호(洪孟浩)가 고향으로 돌아가는 길을 떠남을 가리킨다.
76) 옥정(玉井) : 여기서는 중국 화산(華山)의 정상에 있는 연꽃이 많이 피는 못 이름을 가리킨다. 연못이란 뜻으로 쓴 것이다.
77) 빙옥(氷玉) : 옛날 장인의 인품을 빙청(氷淸)에 비유하고 사위의 인품을 옥윤(玉潤)에 비유한 고사에 따라 장인과 사위란 뜻으로 쓴다.
78) 복사꽃과 열매[桃花桃實] : 『시경』「주남(周南)」'도요(桃夭)'에 있는 말로서 사위와 딸이 결혼한 때를 회상하는 말이다.
79) 마른 버들[枯柳] : 여기서는 저자(著者) 자신을 가리킨 것이다.

22. 방녹사 만시 [이름은 여곤^{如坤}이다]

房錄事輓 [名如坤]

[1]
械坐蟬冠意氣豪　　높은 사람 형틀 씌워 앉혀도 의기가 호방하여,
階前錄事鶴屻高　　뜰 앞에 녹사가 학처럼 높다랬네.
如今錄事霜顚死　　지금에는 녹사가 흰머리로 죽었으나
不道平生愧一毫　　평생에 요만큼도 부끄럽다 말 안했네.

[2]
疎髥炯目又長身　　성근 수염·빛나는 눈, 키는 훤칠하였고
言語詢詢似古人　　말씨는 순순하여 옛사람과 같았네.
尙憶今春扶病到　　올봄에 병든 몸 부축하고 찾아온 일 아직도 생각남은
外他名利重情親　　다른 명리 소원해 하고 정친을 중하게 여겼네.

[3]
束縛歸山事可悲　　꽁꽁 묶여 산으로 돌아간 일이 매우 슬프니,
枯桐幷歿一孫枝　　마른 오동나무 아울러 손자 한 명까지 죽었네.
故人惟有羊曇在　　친구로는 오직 양담(羊曇)80)같은 이가 있어서,
風雪敲門乞輓詩　　눈바람 칠 때 와서 만시를 구하였네.81)

---

80) 양담(羊曇): 진(晉)나라 사람. 양담(羊曇)이 술에 만취되어 자신도 모르게 서주(西州)의 성문을 지나게 되었다. 생전의 사안(謝安)이 생각나자며 비통한 눈물을 흘리면서 통곡을 했다는 고사가 있다.
81) 녹사의 친구가 만사를 구했다는 말.

23. 김생의 매화에 쓰다

題金生梅
　昨夜春回第一枝　　어젯밤 첫째 가지에 봄이 돌아왔는데
　畵師詞客夢酣時　　화가 나 시인들이 꿈에 취할 때였네.
　芳心不道無知己　　꽃은 지기가 없다고 말하지 않으리니,
　恰有牕間素月窺　　마침 창 틈서 흰 달이 엿보고 있기에.82)

24. 경주손씨 집안에 하사한 계천군(鷄川君83))의 삼보(三寶84))에 차운하다

次慶州孫氏家內賜鷄川君三寶韻
[1]
　鬐鬣蜿蜒細可分　　갈기는 구불구불 가늘어도 구분할 수 있는데.
　御香猶濕紫潭雲　　어향(御香)이 아직도 자담(紫潭)의 구름에 축축하네.
　箇中一滴皆恩露　　그중의 한 방울도 모두 은혜로운 이슬이니,
　要與淸朝贊寶文　　요컨대 깨끗한 조정과 함께 보문(寶文)을 찬양함이었네.

---

82) 달이 꽃을 알아준다는 뜻이다.
83) 계천군(鷄川君) : 손소(孫昭, 1433~1484)를 가리킴. 조선 시대의 문신. 본관은 경주(慶州). 자는 일장(日章). 시호는 양민(襄敏). 1459년 식년 문과에 급제, 주부(主簿) 등을 지냈다. 1467년 이시애(李施愛)의 난 때 종사관(從事官)으로 출정, 난이 평정된 뒤 적개공신(敵愾功臣) 2등에 책록되었으며 내섬시정(內贍寺正)에 특진되었다. 공조참의 등을 거쳐 계천군(鷄川君)에 봉해졌고 이어 진주목사(晋州牧使) 등을 지냈다. 글씨를 잘 썼다.
84) 삼보(三寶) : 송첨삼보(松簷三寶)를 가리킨다. 경주 손씨 집안에 가보로 전해 내려오는 세 가지 보물, 즉 옥연적(玉硯滴)·상아도(象牙刀)·산호영(珊瑚纓)을 말한다. 송첨은 경주 손씨 종가의 당호이며, 이 삼보는 계천군 손소(孫昭)의 유품들이다.

[2]
珊瑚不帶些兒斑　산호가 약간의 반점도 띠지 않는데,
金珀名高貝玉間　금박이 패옥 간에 이름이 높았다네.
海氣松香消落盡　바다 기운에 소나무 향은 다 없어지고,
祗餘眞色照心丹　참다운 빛만 남아 마음 붉은 것을 비추네.

[3]
奇功寶鍔兩相如　기이한 공, 보배스런 칼날 둘이 서로 비슷한데,
寵錫何曾數袋魚　은총의 하사품은 어찌 일찍이 어대(魚袋)[85] 헤아리리오.
三百年來藏十襲　삼백 년 동안 열 번 싸서 수장했으니,
爲言神用尙留餘　말하기를 "신명(神明)의 작용은 아직도 남음이 있다"고.

25. 적성군수 이덕무^{李德懋} 만시[86]

李積城輓 [名德懋]

頻年哭得故人多　해마다 옛 벗을 많이도 잃었는데
哭到靑莊奈爾何　청장관 잃게 되니 이 일을 어찌하랴!
天下奇才今寂寞　천하의 잘난 인물 이제사 죽었으니,
曲中流水已蹉跎　곡 중의 유수곡[87]은 이미 다 어긋났네.

---

85) 어대(魚袋) : 당(唐)나라 때 벼슬아치의 신분증(身分證)에 해당하는 물고기 모양의 부절(符節)을 넣어 차고 다녔던 주머니. 여기서는 나라에서 내린 교지(敎旨)를 가리킨 것으로 보인다.
86) 이덕무가 1793년에 죽었으니 이 시는 그 이후에 지어진 것으로 보인다.
87) 유수곡(流水曲) : 백아(伯牙)는 거문고를 잘 타고, 종자기(鍾子期)는 음악을 잘 들었다. 백아가 거문고를 타면서 높은 산에 뜻을 두면 종자기는 태산처럼 높고 높다고 했고, 백아가 흐르는 물에 뜻을 두고 거문고를 타면 종자기는 강하처럼 양양(洋洋)하다

空餘漢閣丹藜火	한나라 각에는 단려화(丹藜火)88)만 부질없이 남아 있고,
無復荊門白雪歌	형문(荊門)89)에서 백설가90)를 다시 부를 사람 없겠네.91)
誰識版橋春艸裏	누가 알리오 판교의 봄풀 속에
三蒼二酉正森羅	삼창92) 이유93)가 정히 빽빽이 늘어서 있는 줄을

26. 가을날 사람들과 함께 서쪽 못에서 연꽃을 감상하고 풍자운^{風字韻}에서 가려 함께 짓다

秋日同諸君, 西池賞荷, 拈風字共賦

共道西池好	다함께 서쪽 연못 좋다 말하였으니
殊因菌䔿紅	자못 연꽃 붉게 피어서였네.
相看憐脉脉	서로 보면서 말없이 사랑했고,

고 했다.
88) 단려화(丹藜火): 훌륭한 문장가였던 한(漢)나라 유향(劉向)이 천록각(天祿閣)에서 서적을 교정하다가 어두운 밤에 깊은 생각을 하고 있는데 누른 옷을 입은 어떤 노인(太乙老人이라 함)이 명아주 지팡이 끝에 불을 붙여 밝혀 주었다는 고사를 이덕무에게 응용한 것이다.
89) 형문(荊門): 춘추시대 초(楚)나라의 서울이란 뜻으로 쓴 것이다. 정식 이름은 영(郢)이란 곳이었는데 평측(平仄) 관계로 바꾸어 쓴 것으로 보인다. 형(荊)나라는 초(楚)나라와 같이 쓰는 이름이다.
90) 백설곡(白雪曲): 뛰어난 가곡을 이름. 전국시대 초나라에 〈양춘백설(陽春白雪)〉이란 가곡이 유명했다.
91) 이 시구의 뜻은 이덕무(李德懋)가 죽은 뒤로는 좋은 시를 짓는 사람이 없다는 뜻이다.
92) 삼창(三蒼): 한(漢)나라 때의 사서(辭書). 원래「창힐편(蒼詰篇)」·「원력편(爰曆篇)」·「박학편(博學篇)」이란 3편으로 된 것을 그 뒤 합쳐서「창힐편(蒼詰篇)」이라 하고 통틀어『삼창(三蒼)』이라 했음.
93) 이유(二酉): 중국 호남성(湖南省)에 있는 대유(大酉)와 소유(小酉) 두 산. 산 밑의 동굴에 고서(古書) 천 권의 장서(藏書)가 있었다고 한다. 여기서는 삼창(三蒼)과 아울러 기이(奇異)한 고서(古書)란 뜻으로 쓴 것이다.

欲罷恨匆匆	마치려 하니 바쁜 것이 한스럽네.
出色兼斜日	빛 나는데 아울러 해가 기울고,
吹香更遠風	향기 풍기는데 다시 먼 바람 부네.
所嗟官路近	관로가 가까워서 안타까우니
堀埃正無窮	나는 먼지 정말로 끝이 없구나.

27. 여러 공들을 모시고 거듭 서쪽 못을 찾다

陪群公, 重過西池

高閣今重過	고각(高閣)을 지금에야 거듭 찾으니
殘荷正自姸	남은 연꽃이 정히 절로 어여쁘네.
不渝殊艶色	자못 고운 빛깔이 바래지 아니했는데,
獨向早秋天	홀로 이른 가을 하늘을 향해 있네.
地僻三條裏	땅은 삼조[94]의 속에서 외진 곳이고
心蘇上客前	마음은 상객(上客)[95]의 앞에서 소생 되었네.
渺然西華頂	아득했던 서화[96]의 정수리에서
發興在他年	발흥(發興)[97]이 훗날에 있을 것이네.

---

94) 삼조(三條): 삼조로(三條路)와 같다. 도성(都城)의 세 갈래 큰 길을 가리킨다. 보통은 도성(都城)의 왕래가 잦은 거리를 가리킨다.
95) 상객(上客): 상빈(上賓)과 같은 말이며, 여기서는 서지(西池)에 모인 제공(諸公)들을 가리킨 것이다.
96) 서화(西華): 여기서는 서화갈피(西華葛帔)의 준말로서 세상 인심이 각박하다는 뜻이니 그 동안 정치적으로 냉대를 받았던 세력을 가리킨다.
97) 발흥(發興): 여기서는 위축되었던 것이 다시 일어난다는 말이다.

28. 원외員外 윤이서尹彛叙가 해남海南으로 돌아가는 것을 전송하다 [이름은 지범持範[98]이다]

送尹員外彛叙還海南 [名持範]

今夜西城月	오늘 밤에 떠오른 서쪽 성 달은
多因送客遲	송객 때문에 많이 더딘 것 같네.
無由留永夕	머물러서 밤을 길이 즐길 방법 없으나,
不分有前期	앞 기약이 있는지 헤아릴 수 없구려.
草木秋還入	초목에는 가을이 또 들어왔고,
詩書道未衰	시서(詩書)는 도가 쇠하지 않았네.
相看各半百	서로 보고 있노라니 각자 50세인데
努力向淸時	노력해서 태평성대 향하게 하세.

---

98) 윤지범(尹持範) : 윤규범(尹奎範, 1752~1846)의 초명. 본관은 해남(海南). 자는 이서(彛叙), 호는 남고(南皐)이다. 윤선도(尹善道)의 7세후손으로 윤두서(尹斗緖)의 증손이고 윤제(尹悌)의 아들이다. 조선 후기의 문신으로 서울 청파동에서 출생하였다. 어려서 부모를 잃고, 1768년 해남으로 내려가 있다가 1777년 문과에 급제하였으나 윤선도의 후손이라는 이유로 벼슬에 오르지 못하다가 왕의 특명으로 서용되었다. 1797년에는 임천(林川) 군수가 되었다. 1800년 정조가 죽자 사직한 뒤 12년 동안 은거하면서 지내기도 했다. 다산이 지은 「남고윤참의묘지명(南皐尹參議墓誌銘)」이 남아 있다.

29. 이시랑 공에게 회국(會菊)99)에 지어 주다 [이름은 정운(鼎運)100)이다]

贈李侍郞公會菊 [名鼎運]

獨立風霜晚	홀로 늦어 가는 풍상(風霜)에 서 있으니101)
應緣雨露深	응당 깊은 임금 은혜에 인연해서이리라.
爲憐三徑色	삼경의 빛깔을 사랑하기 위해서,
聊贈百年心	애오라지 백 년의 마음 주노라.102)

30. 홍지사 만시 [이름은 성원(聖源)103)이다]

洪知事輓 [名聖源]

[1]

藉甚洪知事	칭찬이 자자했던 홍지사께선
聲名五十年	명성이 오십 년간 유지되었네.

---

99) 회국(會菊) : 국화꽃 감상을 위하여 모였다는 뜻으로 쓴 것이다.
100) 이정운(李鼎運, 1743~?) : 조선 후기의 문신. 본관은 연안(延安). 자는 공저(共著), 호는 오사(五沙). 징대(徵大)의 아들이다. 1769년 정시 문과에 급제하였다. 검열·정언·지평 등을 거쳐 1781년 홍충도암행어사(洪忠道暗行御使)가 되고, 1784년 서장관으로서 사은사(謝恩使) 박명원(朴明源) 등과 함께 청나라에 다녀왔다. 그 뒤 승지 등을 지내다가 한때 안치되었고, 1796년 충청도관찰사, 이듬해 함경도관찰사, 1800년 형조판서가 되었다. 문명이 뛰어났다. 시호는 정민(貞敏)이다.
101) 1,2구는 국화가 풍상을 무릅쓰고 홀로 서게 된 것은 봄, 여름의 우로가 길러준 은혜가 있었기 때문이라는 말이다. 여기서는 이 말을 빌어서 작자가 이 세상에서 출세하게 된 것은 상감께서 길러 주신 은혜라는 뜻이 담겨 있다 할 수 있다.
102) 은퇴할 것을 예상하고 쓴 시 같다.
103) 홍성원(洪聖源, 1699~?) : 본관(本貫)은 남양(南陽). 1729년 식년시(式年試) 급제. 아버지는 홍수석(洪壽錫), 생부(生父)는 홍도임(洪道任), 조부(祖父)는 홍후창(洪后昌)이다.

石峯今世有	석봉이 지금 세상에도 있어서,
玉陛不時宣	옥폐(玉陛)에서 수시로 베풀어졌네.104)
絶藝看逾羨	잘난 기예는 볼수록 부러웠고,
相親老更偏	서로가 친절함은 늙을수록 많게 되었네.
淸眞昔風味	깨끗하고 진실했던 옛날 풍미가
豈獨翰香傳	어찌 홀로 한묵(翰墨)의 향기에만 전할손가?

[2]
徐家父子古稱奇	서씨 부자105)는 예부터 기이하다 일컬어졌는데,
盛事如今又見之	성대한 일 이제에 또 다시 보게 됐네.
除地種蔬須種薤	땅을 깎고 채소 심으면 부추를 심어야 할 것이니
爲憐風葉尙離披	바람맞은 잎이 오히려 흩날림이 사랑스러워서이네.

31. 농산정106)에서 상감을 모시고 유람하다 어제에 응하여

陪遊籠山亭, 應製

| 委佩陪宸賞 | 공경스레107) 상감의 감상을 모시니 |

---

104) 이 3,4구는 한석봉(韓石峯)처럼 글씨를 잘 썼기 때문에 뜻밖에 옥폐(玉陛), 곧 조정에 불려 들어가서 글씨를 썼다는 뜻이다.
105) 서씨 부자(徐家父子) : 송(宋)나라 때 효자 서적(徐積)을 가리킨다. 서적은 그의 부친인 나성군(羅城君)이 젊어서 집을 나가 돌아오지 않자 그 모친에게 효성을 다했으므로 주자(朱子)의 칭찬을 받았는데 홍성원의 부자간에도 이와 비슷한 사연이 있는 것으로 보인다. 『소학(小學)』「선행(先行)」 참조.
106) 농산정(籠山亭) : 창덕궁에 있는 건물 이름. 『궁궐지』에 상세한 기록이 남아 있다. 또, 정조가 이곳을 자주 이용한 기록이 남아있다. 기록에 따르면 농산정은 단순한 휴식 공간이 아니라, 신하들의 학문을 시험하는 장소로 많이 이용되었던 것 같다.
107) 위패(委佩) : 공경스런 모양을 말한다. 몸을 구부려 예를 행할 때 패식(佩飾)이 늘어

[缺]風屬上春	[缺]이 새 봄에 속하였네.
樓臺渾氣色	누대는 꾸밈없는 기색이었고,
卉木總精神	초목은 모두 다 정신이 있네.
不息玄功在	쉬지 않는 현묘한 공이 있으니
無私一氣眞	사심 없는 하나의 기풍이 참되네.
遲遲瞻化日	더디고 더딘 화육하는 날108)을 보게 되니,
靑帝爲停輪	청제109)가 위해서 수레를 멈추리라.

32. 이날 밤 배를 태액지110)에 띄우고 상감의 명령으로 글을 짓다

是夜, 泛舟太液池, 應製

春臺聘望百花稠	춘대에 초청 받아 구경하니 온갖 꽃 빽빽한데,
碧沼丹樓御氣浮	푸른 못과 붉은 누대에 어기(御氣)가 떠 있다네.
滕載恩波千萬斛	천만 섬의 은혜로운 파도를 넉넉히 싣고,
仙簫彩舸月邊遊	신선 퉁소 불며 채색 유람선 타고 달밤에 노네.

져 땅에 닿는 것이다. 『예기(禮記)』 「곡예하(曲禮下)」에 "立則磬折垂佩, 主佩倚, 則臣佩垂; 主佩垂, 則臣佩委"라 했다.
108) 화일(化日): 세상을 덕의(德義, 덕과 신의)로 교화한 날.
109) 청제(靑帝): 오방신장(五方神將)의 하나. 봄을 맡고 있는 동쪽의 신이다.
110) 태액지(太液池): 중국에서 만들어졌던 옛 못 이름. 한나라·당나라·청나라 때 각기 만들어졌으며, 청의 태액지는 지금의 북경 북해(北海)와 중남해(中南海)가 해당됨.

33. 서쪽 못에서 연꽃을 감상하며 정해좌(丁海左)[111]가 생각이 있어 부쳐서 보여준 작품에 받들어 화답하다

西池賞蓮, 奉和丁海左有懷寄示之作

槐柳千章夏	홰나무 버드나무 천 그루 우거진 여름이고
芙蕖一水秋	연꽃은 한 못물에 뜬 가을이네.
解衣風正入	옷깃 푸니 바람이 곧 들어오고
高枕日徐流	베개를 높이 베니 해는 천천히 흐르네.
滿眼前池色	눈에 가득한 것은 앞 못물의 빛이고,
傷心去歲遊	마음을 태운 것은 지난해의 놀이였네.
招邀兼悵望	초대 받고 아울러 서글프게 바라보니
眞覺此生浮	인생이란 뜬 것임을 정말로 느끼겠네.

34. 운자에 맞춰 권상서에 받들어 화답하다 [이름은 엄(襹)이다]

倚韻, 奉和權尙書 [名襹]

鼎貴卿惟月	종정(鐘鼎)이 귀한 것이 달과 같고,[112]
幽棲坐見山	은자의 거처는 앉아서도 산을 보겠네.

---

111) 해좌(海左): 정범조(丁範祖, 1723~1801)의 호. 조선 후기의 문신. 본관은 나주(羅州). 자는 법정(法正), 법세(法世). 시율과 문장에 뛰어나 사림의 모범으로 명성을 얻었고, 또 이로 인하여 영조(英祖)와 정조(正祖)의 총애를 얻었다. 특히, 문체반정(文體反正)에 주력하던 정조에 의하여 당대 문학의 제1인자로 평가되어 70이 넘은 고령에도 불구, 오랫동안 문사의 임무를 맡았다. 문집으로는 『해좌집(海左集)』이 있다.
112) 경월(卿月): 재상의 지위와 임무를 나타내는 말. 유래는 『서경』「홍범(洪範)」편으로 경사(卿士)가 1년 중의 월(月)을 살피도록 되어 있는 것에서 나옴.

心遊榮辱外	마음은 영욕에서 벗어나 놀고,
道在起居間	도는 기거하는 사이에 있네.
白屋多深望	초라한 초가집은 깊은 인망(人望) 많았고,
靑雲有散班	청운의 뜻은 하찮은 관직113)에 있었네.
還應聖明主	도리어 성스러운 상감께 응제 하니,
未許一身閒	한 몸의 한가함을 허락하지 않으시네.

35. 이제천(李堤川) 만시 [이름은 흡(熽)이다]

李堤川輓 [名熽]

鄰並當年接檻軒	그해 이웃이었을 때 집이 가까웠는데,
靑氈留得石交敦	청전은 석교(石交)의 돈독함을 머물렀네.
新知雜遝牙絃少	새로 사귄 사람 넘치나 백아의 현을 알아 주는 이 적고
舊德優游魯殿尊	옛 덕에 편히 지내니 노전같이114) 우뚝 했네.
浙浙寒風吹戶牖	쌩쌩한 찬바람은 문으로 불어오고,
霏霏薄雪灑郊原	펄펄 나는 싸락눈은 들판에 흩뿌리네.
此生悵望終何極	이 생의 서글픔이 어찌 끝이 있으랴만,
桃李瓊華付後昆	도리(桃李)처럼 좋은 꽃을 후손에 주시었네.

---

113) 산반(散班): 산관(散官)과 같다. 품계(品階)만 있고 실직(實職)이 없는 벼슬, 또는 그러한 벼슬아치.

114) 노전(魯殿): 전한 경제(景帝)의 아들이자 노왕(魯王)이었던 공왕(恭王)이 세운 영광전(靈光殿)을 말한다. 왕연수(王延壽)의 「노영광전부(魯靈光殿賦)」에, "연광전만이 홀로 우뚝 남아 있어라"라고 하였다. 『문선(文選)』에 보인다.

36. 정경암鄭磬菴 만시 [이름은 연경延慶115)이다]

鄭磬菴輓 [名延慶]

紫鷰島西海氣蒸　자연도(紫鷰島) 서쪽에 바다 기운 쪄대는데,
水雲如蕁起層層　물과 구름 순무같이 층층이 일어났네.
絶憐雙扇柴門裏　정말 가여운 것은 두 짝 사립문 속에
長有南壕夜半燈　남호(南壕)의 등불 길이 한밤중에 있음이네.

37. 차운해서 동추 신공의 회혼례 자리에 바친다116)

次韻奉呈同樞愼公重牢宴席

朝生夕秀漫夭喬　아침에 생겼다가 저녁에 피는 것은 매우 무성한데,117)
風雨羅浮屹不漂　나부산118) 비바람 쳐도 우뚝하여 떠돌지 않네.
劉鮑齊年雙籙籍　유포119)는 나이 비슷했으니 쌍으로 녹적(籙籍)120)되었고,

---

115) 황덕일(黃德壹)의 『공백당집(拱白堂集)』에 「정경암연경애사(鄭磬菴延慶哀詞)」라는 글이 있다. 자세한 행적은 확인할 수 없다.
116) 이 시는 동추(同樞)라는 직함(職銜)을 가지고 있는 신모(愼某)의 회혼례에 바치는 시이나 참고 자료가 부족하여 아는 대로만 해석하였다.
117) 요교(夭喬) : 초목이 무성한 모습. 『서경』「우공(禹貢)」에 "厥草惟夭, 厥木惟喬"라고 했다.
118) 나부산(羅浮山) : 수(隋)나라 조사웅(趙師雄)이 나부산의 매화(梅花) 밑에서 잠들었는데 매정(梅精)이 미녀(美女)로 나타나서 서로 술을 마셨다는 고사를 인용한 것으로 보이는데, 상세한 내용은 알 수 없다.
119) 유포(劉鮑) : 청(淸)나라 흠천감정(欽天監正) 유송령(劉松齡)과 흠천감부(欽天監副) 포우관(鮑友管)의 병칭(幷稱)으로 보이며 이들의 같은 나이를 동추(同樞) 신공(愼公)의 같은 나이에 비유한 것으로 보인다.
120) 녹적(籙籍) : 도교(道敎)의 비결(秘訣)과 신선(神仙)의 명부(名簿)를 이른다. 여기서는 동추동의 관작교지(官爵敎旨)와 그 부인의 외명부교지(外命婦敎旨)를 가리킨 것으로

| 鴻光媲德一簞瓢 | 양홍과 맹광121)은 덕을 짝했으니 하나의 단표(簞瓢)122)이었네.
| 迴文錦字元無盡 | 회문의 금자123)는 원래 다함이 없는데,
| 竝蔕蓮花豈易飄 | 꽃꼭지 아우른 연꽃은 어찌 쉽게 나부끼랴.
| 詩就少陵還悵望 | 시가 두보처럼 이루어졌어도 도리어 슬퍼지는 건
| 續絃餘饗覺偏饒 | 속현을 한 나머지 누림이 편벽되이 넉넉함을 느껴서이네.124)

보인다.
121) 홍광(鴻光) : 후한(後漢)의 양홍(梁鴻)과 그의 처 맹광(孟光). 양홍(梁鴻)이 늘 품을 파는 일을 했지만 집에 돌아오면 그의 아내 맹광은 밥상을 눈썹 높이만큼이나 받들어 올렸다 한다. 『한서(漢書)』 「양홍전(梁鴻傳)」에 상세히 보인다.
122) 단표(簞瓢) : 밥 한 그릇과 물 한 바가지. 지극히 빈궁한 생활을 형용한다. 『논어』 「옹야(雍也)」 참조.
123) 회문(廻文)의 금자(錦字) : 회문시(廻文詩)를 비단에 짜 넣는다는 말로서 전진(前秦) 때 두도(竇滔)의 아내 소씨(蘇氏)가 비단을 짤 때 먼 곳으로 유배된 남편을 그리워하는 회문시를 짜 넣어 남편에게 보냈던 고사를 가리킨다. 회문시란 한시체의 하나로서 시구(詩句)를 바둑판처럼 배열하여 아무 쪽에서나 읽어도 뜻이 통하도록 한 시이다.
124) 7,8구에서 시취소릉(詩就少陵)이라 한 것은 두보(杜甫)가 병을 앓고 난 뒤에 왕의를 찾아 술을 마시면서 지어 준 노래 「병후과왕의음증가(病後過王倚飮贈歌)」라는 시를 말하는데, 그 1구~4구에 '기린 뿔이나 봉황 부리 같은 좋은 재료를 세상에서 아는 이가 없어도[麟角鳳觜世莫辨] 부레풀 끓여 활시위 있으니 절로 기이함을 보겠네[煎膠續弦奇自見]. 언제나 왕생은 이런 회포 가진 것을 보게 되지만[尙看王生抱此懷], 나 두보에게는 어떻게 부럽게 여길 수가 있으랴[在於甫也何由羨]라고 한 시를 인용하여 금대가 이 시를 짓기는 하였으나 그 여유 있는 누림이 너무나 넉넉하기 때문에 자신의 처지를 돌아볼 제 서글퍼진다는 뜻으로 쓴 말 같다.

38. 김 동돈령 만시 [이름은 시구(蓍耉)125)이다]

金同敦寧輓 [名蓍耉]

大老投閒久	대로(大老)126)가 오래 한가함에 놓여졌으니,
中原屬望勞	중원 사람 촉망이 수고로웠네.127)
兩朝推玉立	두 왕조[영조와 정조]에서 옥립(玉立)으로 추대되었고,
五邑戒秋毫	다섯 고을 다스릴 때 작은 것[뇌물]도 경계 했네.
錯節宜干鏌	어려운 일에는 간장(干將), 막야(莫耶)를 씀이 마땅하였고,128)
豊年臥桔槔	풍년 든 건 두레박에 누워 있어서였네.
文星猶氣色	문성(文星)129)을 맡았던 건 아직도 기색이 나고,
卿月轉孤高	경월(卿月)130)에 있을 때는 더욱 고고하였네.
方喜分付至	바야흐로 분부가 이른 것 기뻐했는데
翻驚執紼號	도리어 집불131)하는 호곡(號哭)에 놀랐네.
琴臺雲漠漠	탄금대엔 구름이 막막하였고,
漢渚水滔滔	남한강가엔 물이 도도히 흘렀네.

125) 김시구(金蓍耉, 1724~1795) : 조선 후기의 문신. 본관은 경주. 자는 몽휴(夢休). 1754년 증광 문과에 을과로 급제하여 예문관검열이 되고, 그해 보안도찰방(保安道察訪)으로 나갔다가 곧 지평(持平)으로 승진하였다. 1758년 경양도찰방(景陽道察訪)으로 좌천되고, 1762년 이후 장령(掌令)·돈령부동지사(敦寧府同知事)·도총부부총관(都摠府副摠官) 등을 역임하였다. 1767년 전사관(典祀官)이 되어 관북(關北)에 파견되었으며, 1772년 승지를 지낸 뒤 주로 외직으로 나가, 1780년 제주목사로 있을 때 전라도관찰사 박우원(朴祐源)의 밀계로 파직되었다. 성리학에 밝았다.
126) 대로(大老) : 여기서는 '덕망이 높은 노인'이란 뜻으로 김시구(金蓍耉)를 가리킨다.
127) 1,2구는 김시구(金蓍耉)의 학덕(學德)은 높았으나 때를 만나지 못하여 한직에 있는 때가 많았으므로 그의 고향인 충북(忠北) 중원(中原) 사람들의 실망이 커서 피로할 지경이었다는 뜻이다.
128) 어지러운 일들은 간장(干將)이나 막야(莫邪)와 같은 칼로 끊어 버려야만 했다는 말.
129) 문성(文星) : 별 이름으로서 문장(文章)을 관리하는 별로 여겼으니 여기서는 김동돈령이 예문관(藝文館) 검열(檢閱)로 있었을 때의 업적에 비유한 말이다.
130) 경월(卿月) : 여기서는 여러 관직(官職)이란 뜻으로 김동돈령이 지낸 여러 관직을 가리킨 것이다.
131) 집불(執紼) : 관을 당기는 동아줄, 장사 때에 조문하는 것을 말한다.

佛頂俄封鬣　　불정(佛頂)¹³²⁾에 잠시 말갈기를 봉하였으니,
仙山似失鼇　　선산(仙山)이 실오(失鼇)¹³³⁾한 것 같았네.
尙看雙寶樹　　오히려 두 보수(寶樹)¹³⁴⁾를 보게 됐으니
矯矯出林皐　　씩씩함이 임고(林皐)에서 뛰어났노라.

39. 김백암¹³⁵⁾의 남긴 시에 뒤에다 쓰다

題金白巖遺詩後
王氣崧陽塹劫灰　　왕기 서린 개성에 전란(戰亂)으로 참호(塹壕)가 파졌으니,
孤舟一去幾曾回　　외딴 배 한 번 가자 언제나 돌아올까.
秖應皦皦扶桑日　　다만 응당 교교하게 부상에서 떠오는 해가
長帶伊人影子來　　길이 그 사람의 그림자 띠고 오리라.

---

132) 불정(佛頂) : 임시로 정한 장지(葬地)로 보인다.
133) 실오(失鼇) : 좋은 장지(葬地)를 아직 잡지 못했다는 뜻으로 쓴 것 같으나 어원(語源)
　　을 알 수 없다.
134) 보수(寶樹) : 보배로운 나무. 남의 집 젊은 자제들을 미칭(美稱)하는 말. 여기서는 김
　　시구의 두 아들을 가리킨다.
135) 백암(白巖) : 김제(金濟)의 호. 고려 때의 충신이다. 본관은 선산(善山). 고려 충신 72
　　현의 한 분이다. 평해군수(平海郡守)로 있을 때 고려(高麗)가 망하자 배를 타고 해도
　　(海島)로 들어가 시(詩)를 벗하면서 여생을 보냈다. 조선(朝鮮) 정조(正祖) 때 바다에
　　단(壇)을 세워 초혼제(招魂祭)가 거행되고 아우 주(澍)와 함께 안동(安東)의 고죽서원
　　(孤竹書院)에 제향(祭享)되었다.

40. 임금이 하사한 중화척[136]의 시운에 삼가 화답하다

恭和內賜中和尺韻

寶尺頒新製	보척을 새로 만들어 나눠 줬는데
緹灰動幾重	제회(緹灰)는 몇 겹으로 움직였던가.
與榮因舊履	영화에 참여함은 옛날 신발 때문이고,
拜賜阻晨鍾	삼가 공손히 받으려하나 새벽종에 막혔네.
久荷提攜力	오랫동안 제휴하는 힘을 받았는데,
猶存正直容	오히려 정직한 모습을 보존하고 있네.
中和方位育	중화에 곧 만물이 잘 자라나니,[137]
矯首望蒼龍	머리 들어 창룡을 바라보노라.

41. 신진택申震澤를 곡하며 [이름은 광하光河이다]

哭申震澤, 名光河

[1]

今代文章境	지금 세대 문장의 경지에서는
何人竟可傳	어떤 사람이 끝내 전할 만할까?
風流散海嶽	풍류는 산하에 흩어져 있고,

---

136) 중화척(中和尺) : 조선 정조 이후, 중화절(中和節)에 임금이 농업에 힘쓰라는 뜻으로 신하들에게 나누어 주던 자. 얼룩무늬가 있는 대나무나 잎갈나무로 만들었는데, 바느질 자보다 조금 짧았다.
137) 위육(位育) : 『중용』 제1장에 "천지가 제 위치에 있게 되며 만물이 잘 자라게 된다[天地位焉, 萬物育焉]"의 준말. 곧 사람이 하는 정치가 잘 되면 자연도 좋은 반응을 일으킨다는 뜻이다.

伯仲皆神仙	형제는 모두 다 신선과 같네.
泛愛存交道	두루 사랑함은 사귀는 도를 보존했고,
長貧任俗緣	오래된 가난은 속세의 인연에 맡겼네.
一盃那更把	술 한 잔을 어떻게 다시 잡으랴?
秋色轉凄然	가을빛이 더욱더 처량하누나.

[2]

滿目西城月	눈에 가득한 서쪽 성의 달이
還如震澤時	도리어 진택이 살아있을 때 같네.
江山向搖落	강산은 나뭇잎이 다 떨어지는데,
鞍馬罷追隨	말 타고 어울림은 그만이구나.
旣沒仍名大	이미 죽자 그대 명성 높아졌으니,
端逢竟位卑	응당 만나면 끝내 나의 지위 낮아지리.
滔滔方在後	도도한 흐름이 곧 뒤에 있을 것이니,
百世寸心知	영원토록 촌심을 알게 되리라.

42. 뒤늦게 지은 허우소^{許右巢} 만시 [이름은 시^是이다]

追輓許右巢 [名是]

[1]

八十八年馬鬣墳	88년 된 말 갈기 같은 무덤인데
墳開怳復見夫君	무덤 열리자 황홀하게 다시 부군 보게 되었네.
滔滔衆壑西流外	도도한 뭇 골짜기 물이 서쪽으로 흐르는 밖에
萬里秋風灑白雲	만 리에서 부는 가을바람이 흰 구름을 뿌리네.

[2]
總然豪傑亦殊科　아무리 호걸이라 해도 종류를 달리하는데,
純美其如至性何　순수한 아름다움은 그 지극한 성품을 어찌할까.
百尺樓頭張仲在　백 척 누대에 장중(張仲)138)이 있었으니,
古今人表恐無多　고금에 사람의 표상이 아마 많지 않았으리.

[3]
飢臥長安一布衣　장안에서 굶주리며 누워 있던 포의 한사람,
百年照暎有光輝　백 년을 비추어 빛남이 있었다네.
人間自有靑雲士　세상에 스스로 청운의 선비가 있었으니,
聲力游揚摠却悲　명성과 역량이 드날렸으나 모두가 도리어 슬프게 됐네.

[4]
九月聯翩十月來　9월이 훌쩍 가고 10월이 왔는데,
變褎搖落轉堪哀　포양(褎揚)이 변하여 시들었으니 갈수록 슬퍼지네.
何由齎取無窮淚　어떻게 했으면 끝없는 눈물을 취하여,
直向街頭慟哭廻　곧바로 거리 향해 통곡하고 돌아올까.

---

138) 장중(張仲): 주나라 선왕(宣王) 때 윤길보(尹吉甫)라는 장군이 험윤(獫狁)의 침입을 격퇴하고 개선한 환영연(歡迎宴)에 참석했던 효우(孝友)가 지극한 사람.『시경』「소아」 '유월(六月)"에 "侯誰在矣. 張仲孝友"라고 하였다. 여기서는 빌어서 허우소(許右巢) 생시에 백척루(百尺樓)에서 베풀었던 잔치에 참석했던 어떤 효우가 지극한 사람을 가리킨 말로 보인다.

43. 여정汝鼎이 연경에 들어가는 것을 전송하며 [재종이환再從彛煥이다]

送汝鼎入燕 [再從彛煥]

風雪龍灣舘	바람, 눈 내리는 용만139)관으로
棲棲一去鞍	서성대다가 한 번 떠나는 말이여.
已經花甲日	이미 환갑을 훌쩍 넘어섰는데,
重犯薊門寒	거듭 계문의 추위를 범하였네.
王事雖無責	나랏일에 비록 책임 없으나,
微軀敢自安	미천한 몸이 감히 스스로 편안하랴.
石榴千葉好	석류의 천 개 잎이 좋다하노니,
取種到三韓	종자 얻어 삼한에 가져오기를.

44. 송지계宋芝溪를 곡하며

哭宋芝溪

多士親風雅	많은 선비 풍아를 친히 하지만
先生信絶倫	선생은 진실로 무리에서 뛰어났네.
才高東海表	재주로는 동해의 표상이었고,
名重百年身	이름은 백 년의 몸에 무거웠노라.
滾滾詩無敵	도도한 시는 대적할 이 없었고,
翩翩筆有神	날 듯한 필치는 신과 같음 있었네.
鍾張輸壯浪	종요140)와 장욱141)은 장랑壯浪;豪放함이 못하고,

---

139) 용만(龍灣) : 평안북도 의주(義州)의 딴 이름이다.
140) 종요(鍾繇, 151~230) : 삼국시대 위나라의 서가(書家)이며 정치가로 자는 원상(元常)

沈宋未淸新	심전기,142) 송지문143)은 청신하지 못하네.
偃臥靑城月	청성의 달 밤에는 눕기도 하고,
留連紫閣春	자각의 봄철에는 묵기도 했네.
搜奇今謝客	기이함을 찾는 것은 지금의 사안(謝安)144)이고,
驚座古陳遵	자리를 놀래킴은 옛날의 진준(陳遵)145)이었네.
翕習常盈耳	시끌벅적한 말소리는 항상 귀에 차있고,
夤緣舊卜鄰	아름다운 인연은 옛날 이웃 함께 정하였네.
往來欣地近	오고 감에 거지(居地)의 가까움이 기뻤고,
疎放賞天眞	소방(疎放)함은 천진함을 칭찬했었네.

이다. 처음에 후한의 상서복야였으나 위태조 조조를 좇아 공로가 컸으므로 위나라 건국 후 태위를 거쳐 태부에 이르렀다. 글씨를 유덕승(劉德昇)에게 배워 특히 팔분(八分)에 능하였다.

141) 장욱(張旭, 675~750) : 당대(唐代) 서예가(書藝家). 자는 백고(伯高). 초서(草書)에 능하여 초성(草聖)이라 일컬어진다. 술만 마시면 미친 듯이 글씨를 쓰고, 술이 깨고 난 뒤에는 자신의 글을 신필(神筆)이라 자찬했던 기인(奇人)이다. 장전(張顚)이라고도 부르며, '이백(李白)의 시, 배호(裴旻)의 칼춤, 장욱의 글씨'를 삼절(三節)이라 일컫기도 하였다.

142) 심전기(沈佺期, ?~713) : 당나라 때 시인. 자는 운경(雲卿), 상주(相州) 사람. 시문에 능하였고, 특히 5언시를 잘 지었다. 송지문(宋之問)과 한때에 이름이 나란하여 당시 사람들이 '심송(沈宋)'으로 이들을 병칭하였다. 문집 10권이 전한다.

143) 송지문(宋之問, ?~713) : 당나라 때 시인. 자는 연청(延淸) 괵주(虢州) 사람. 웅변을 잘하였고, 특히 5언시에 뛰어났다. 시집 10권이 전한다.

144) 사안(謝安) : 중국 동진(東晉) 중기의 재상(宰相)이다. 오랫동안 회계(會稽)에서 은둔 생활을 하면서 왕희지(王羲之)·지둔(支遁) 등과 교우, 풍류를 즐기다가 40이 넘은 중년에 비로소 중앙 정계에 투신하였다. 명재상으로 칭송이 높았으며, 당시의 손꼽는 문화인이기도 하였다. 사안이 바둑을 두고 있는데, 전쟁에서 이겼다는 보고가 왔다. 그럼에도 느긋하게 다 두고서는 그제야 급히 알리러 가다 문턱에 걸려 넘어져 다리가 부러졌다. 이에 '불각극치지절(不覺屐齒之折)'이라는 말이 생겼다.

145) 진준(陳遵) : 한(漢)나라 두릉(杜陵) 사람이다. 자(字)는 맹공(孟公). 애제(哀帝) 때 교위(校尉)가 되어 적을 무찌른 공으로 가분후(嘉奮侯)가 되었으며, 왕망(王莽) 밑에서 대사마호군(大司馬護軍)으로 있다가 적도(賊徒)의 손에 죽음. 객을 좋아하여 회음(會飮)할 때마다 객의 수레바퀴 빗장을 빼어서 우물 속에 던져 자리를 뜨지 못하게 하였다 함. 당시 진준과 이름이 같은 자가 있어서 모임에 진준이 온다고 하면 좌중이 떠들썩하다가 막상 오는 사람을 볼 제 엉뚱한 사람이 나타나면 좌중이 놀라게 되었다고 한다.

閉口人長短	다른 사람 장단점에 입을 닫았고,
從心體屈伸	몸을 굴신하기를 마음대로 하였네.
瓢囊兼自帶	표주박과 배낭을 늘 휴대했고,
鸚鵡錯前陳	앵무(鸚鵡)는 섞어서는 앞에 펼쳤네.
靜夜琴橫膝	고요한 밤에 거문고 무릎에 비끼었고,
蕭晨酒入脣	쓸쓸한 새벽에 술이 입에 들어갔네.
追隨思附尾	추수는 꼬리에 붙는 것[146]을 생각하여,
降屈乃傾囷	항복하고 굽혀서 이에 곳간 기울였네.[147]
衰俗看豪士	말세의 풍속에 호걸스런 선비 보았고,
風塵有逸民	풍진 같은 세상에 일민이 있었네.
微言如破的	은미한 말은 과녁을 적중함과 같고,
善誨合書紳	잘 가르침은 서신[148]에 합당하였네.
離別由來有	이별은 예로부터 있는 거지만,
經過定幾巡	마침내 몇 번이나 겪으셨는가?
驛亭埋峽雪	역정(驛亭)은 협곡의 눈에 덮였고,
山郭帶松津	산속 성곽 송진을 띠고 있었네.
下馬容顔好	말에서 내리는 용안이 좋았고,
開箋警策頻	종이를 펼치면 경책[149]을 자주 썼네.
倦遊窮海嶽	지칠 만한 유람은 해악(海嶽)을 다 다녀
勝友沓歸輪	좋은 벗과 돌아가는 수레 거듭했었네.

---

146) 등에가 혼자서는 천 리를 못가나 천리마의 등에 붙어서는 하루에 천 리도 갈 수 있다는 뜻이다. 스스로 노력하지 않고 다른 사람에 기대어 이룸을 가리킨다.『사기』「백이열전」참조.

147) 곳간 기울였네[傾囷] : 통상 도름경균(倒廩傾囷)이라 쓴다. 창고에 있는 것을 모두 꺼내 놓는다는 말. 가지고 있는 것과 알고 있는 것을 다 쏟아 놓는 것을 비유한 말이다.

148) 논어 원문은 "자장이 큰 띠에 썼다[子張書諸紳]"로 되어 있다. 공자의 제자 자장이 공자의 가르침을 잊지 않으려고 길게 늘어뜨린 옷띠에 써서 보고 익혔다는 말이다.『논어(論語)』「위령공(衛靈公)」참조.

149) 경책(警策) : 좌선할 때, 주의(注意)가 산만하거나 조는 사람을 막대기로 깨우침.

意氣眞輕世	의기는 참으로 세상을 가볍게 보았고,
文章肯逐貧	문장은 기꺼이 가난을 쫓을 수 있었던가?
問年嗟甲子	나이를 물으니 아! 갑자년인데,
懸價失麒麟	값이 현격(懸隔)하였던 기린을 잃었네.
不復逢軒豁	다시는 드넓은 곳 못 만나게 되었고,
終焉任隱倫	마침내 은륜에 맡기게 되었구료.
山寒添肺氣	산은 차가우니 폐기(肺氣)를 더하였고,
路遠阻心親	길은 멀어 마음의 친함을 막았네.
凋喪俄流水	조상150)은 잠시 동안 흐르는 물이고,
超遙絶後塵	아득하게 후인(後人)과 단절되었네.
芝英秋宿草	지초꽃은 가을에 잔 풀이 되니,
藝苑一荒榛	예원은 날 갈수록 거칠어 가네.
永負中朝薦	영원히 중조의 천거를 저버렸으니,
虛爲末席賓	헛되이도 말석의 빈객 되었네.
鳴皐歌欲闋	명고산(鳴皐山)에 상여 소리 끝나려 하니,
悽愴憶同人	서글프게 친구를 생각하노라.

45. 영천永川 정처사 만시 [이름은 일찬一鑽이다]151)

永川鄭處士輓 [名一鑽]

| 谷口雲蘿鎖翠屛 | 곡구의 구름과 담쟁이가 푸른 절벽 봉쇄했는데 |
| 涵溪一派寫泠泠 | 함계(涵溪)152)라는 한 물줄기가 시원스레 쏟아지네. |

---
150) 조상(凋喪) : 피폐하고 궁핍함.
151) 정일찬(鄭一鑽, 1724~1797) : 호가 죽비(竹扉)이다. 자세한 행적은 알 수 없다.

非關聖世無羔雁	성세에 고안(羔雁)153)이 없는 것을 무관하게 여기고,
自是中林有雪螢	숲 속에서 형설(螢雪)로 공부함을 스스로 옳다 했네.
靑竹分明高士傳	역사는 고사전에 분명 오를 것이나,
玄冬錯莫少微星	한 겨울에 소미성이 어둡게 되었네.
那堪檢篋尋書札	어떻게 책 상자 검사해서 서찰을 찾을 수가 있으랴.
已道騎龍入杳冥	"이미 용을 타고 아득한 곳으로 들어갔다" 말하니.

46. 시랑 홍공이 기로로 승질된 운자를 받들어 차운하다 [이름은 주만周萬이다]154)

奉次侍郞洪公耆老陞秩韻 [名周萬]

大隱紅塵四十春	홍진에서 아주 숨은 지 40년이 흘렀는데,
童顔歲歲見來新	아이 같은 얼굴은 해마다 볼수록 새롭네.
烟霞隨地非難得	연하는 곳을 따라 얻기 어려운 게 아니었고,
樽酒留人未覺貧	통술로 사람을 머무르니 가난함 못 느끼었네.
卿月壽星流照遠	경월(卿月)과 수성(壽星)155)은 흘러서 멀리 비추고,

---

152) 함계(涵溪): 정석달(鄭碩達, 1660~1720)의 호. 본관은 오천(烏川). 자는 가행(可行). 일생에 학문을 탐구하여 그 인품과 덕망이 고을에 높았다. 이현일(李玄逸)의 문하에서 수학하고 이형상(李衡祥)과 학문을 토론하며 일생을 보냈다. 문집으로『함계문집(涵溪文集)』이 있다.

153) 고안(羔雁): 염소와 기러기. 고(羔)는 경(卿)이 가지고 가는 폐백이고, 안(雁)은 대부(大夫)가 가지고 가는 폐백임. 곧 경대부의 폐백.

154) 홍주만(洪周萬, 1718~?): 본관은 남양(南陽). 자(字)는 문백(文伯). 1766년 정시(庭試)에 합격. 아버지는 홍회(洪晦), 할아버지는 홍상빈(洪尙賓). 증조부(曾祖父)는 홍렴(洪濂)이고 외조부(外祖父)는 임명원(任命元)이다. 처부(妻父)는 이원휴(李元休)이다.

155) 경월(卿月)과 수성(壽星): 경월(卿月)은 백관(百官)을 이르고 수성(壽星)은 남극노인성(南極老人星)으로서 장수를 상징하는 별이니 여기서는 홍주만(洪周萬)이 벼슬도 높

桑弧金勝祝釐頻	상호(桑弧)와 금승(金勝)156)은 자주 복을 축하했네.

[公以人日晉階, 八日初度] [공은 정월 7일날 위계가 올라갔고, 8일날 회갑이었다.]

定知高閣題名處	반드시 알겠네. 높은 집에 이름을 쓴 곳에,
共道眞仙鬢不銀	"머리가 새지 않은 진짜 신선이라 함께 말하게 될 것을."

47. 신석북申石北의 천장 만시 [이름은 광수光洙이다]

申石北遷葬輓詞 [名光洙]

[1]

大雅何年喪	대아는 어느 해에 세상 떠났나?
佳城此日開	무덤을 이 날에 파보았도다.
江山還有色	강산에는 도리어 빛이 있지만,
人世竟無才	세상에는 마침내 재사(才士) 없게 되네.
爛漫空春物	난만한 건 부질없는 봄 물건이고,
凄凉復夜臺	처량함은 또다시 무덤이도다.
那堪舊賓客	어찌 견딜 수 있으랴 옛날의 빈객이
永負素車來	영원토록 소거157)를 저버린 것을158)

고 나이도 많은 것을 칭양한 것이다.
156) 상호(桑弧)와 금승(金勝) : 상호(桑弧)는 뽕나무로 만든 활을 가리킨다. 옛날에 사내 아이를 낳으면 뽕나무로 만든 활을 가지고 쑥대로 만든 화살 여섯 대를 천지(天地)와 사방(四方)으로 쏘았으니[桑弧蓬矢六個], 그 애가 사방에 원대한 뜻을 가지라는 뜻이었다. 금승(金勝)은 옛날 높은 벼슬아치들이 금으로 만들어 머리에 꽂는 장식을 일컫는 말이니 여기서는 홍주만(洪周萬)이 장수도 하고 벼슬도 높아 생일잔치를 자주 여는 것을 하례한 것이다.
157) 소거(素車) : 장례에 사용하는 수레를 말한다. 여기서는 신광수(申光洙)를 천장(遷葬)할 때에 쓴 수레를 가리킨다.
158) 천장하는데 못 갔다는 말.

[2]
棣萼曾聯發　　아가위 꽃159)이 일찍이 이어서 피었으니
崁洋不外求　　지기(知己)를 다른 데서 구할 것이 없었네.160)
天倫雙獨步　　천륜인 두 사람이 대단했으니,
心賞共千秋　　마음으로 감상함을 함께 천추에 하리.
崒兀瞻神降　　우뚝함은 신선이 내린 것을 우러러 보았고,
蕭疎想岱遊　　쓸쓸함은 태산의 유람을 상상해 보았네.
暮途多俗物　　"저물어 가는 길에 속물이 많다"고
此意日悠悠　　이 생각이 날마다 유유하였네.

[3]
宿昔追陪地　　옛날에 따라서 모시던 곳에
靑春樂事多　　청춘에 즐거운 일이 많았네.
光輝生顧眄　　광휘가 돌아보는 데에서 생겼는데,
酬報恨蹉跎　　보답은 어긋남이 한스러웠네.
一寸心常炯　　한 치의 마음은 언제나 빛났었고,
雙垂髮已皤　　두 귀밑머리는 이미 희게 세었었네.
玄亭向蕪沒　　현정161)에는 잡초가 우거져 가니,
後死欲如何　　뒤에 죽는 이들은 어찌하려 하는가!

---

159) 체악(棣萼) : 형제간에 서로 화락하는 즐거움.『시경』「소아」 '상체장(常棣章)'에 나온다. "상체의 꽃이 환하게 아름답지 않은가? 지금의 사람들은 형제만한 이가 없다[常棣之華, 鄂不韡韡? 凡今之人, 莫如兄弟]"라고 한 데서 유래하였다.
160) 형제가 지기와 같은 사이이니 다른 데에서 친구를 찾을 필요가 없다는 말.
161) 현정(玄亭) : 한(漢)나라 양웅(揚雄)이 일찍이『태현(太玄)』이란 책을 저술할 적 그가 사천성(四川省) 성도(成都)의 주택에 있었으므로 그 집을 초현당(草玄堂) 또는 초현정(草玄亭)이라 불렀다. 여기서는 빌어서 신광수 생존 시의 서재(書齋)를 가리킨 말이다.

48. 허수창(許睡牕)의 시에 차운하다 [이름은 원(源)이다][162]

次許睡牕韻 [名源] 二首

[1]

西臺北里問花期　　서대와 북리에서 꽃 필 기약 물어서는,
看到東城花更奇　　보려고 동쪽 성에 도착하니 꽃 더욱 기이했네.
遮莫兼旬風雨惡　　스무날을 비바람 모질었다 말하지 말라!
間花開早好花遲　　들꽃은 일찍 피고 좋은 꽃 더디 피니.

[2]

東城杏雪久成堆　　동쪽 성의 행설(杏雪)[163]이 오래전에 쌓였는데,
穠李夭桃也自開　　고운 오얏 꽃, 좋은 복숭아 꽃 또한 절로 피었네.
風雨無邊春已老　　비바람 끝없는데 봄이 이미 늦어가고,
池臺有約客還來　　지대에 약속 있어 객은 또한 왔노라.
百年世事滄浪鬢　　백 년동안 세상일은 세어 가는 살쩍이고,
一曲長歌瀲灩酩　　한 곡조 긴 노래에 넘치는 술잔이었네.
焉得赤車光道路　　어찌 붉은 수레 얻어 도로를 빛내어서,
凌雲詞賦價高擡　　능운부(凌雲詞)[164] 같은 사부로 값을 높이 올릴까.

---

162) 허원(許源, 1671~1729) : 조선 후기의 문신. 본관은 양천(陽川). 자는 청보(淸甫). 1695년 예안현감이 되어서 선정(善政)의 표본이 되었다. 1728년 천안군수로 재임 중 이인좌(李麟佐)의 난이 일어나 반군(叛軍)이 병사(兵使)를 죽이고 서울로 향할 때 인근 고을 수령들은 모두 도망하였으나 허원은 동요하지 않고 굳게 지켰다. 그는 군대를 징발하여 적에 대비하는 한편, 척후를 보내어 적정을 염탐하여 보고하였고, 도순문사 오명항(吳命恒)으로부터 운량사(運糧使)에 임명되어 이 난을 진압하는 데에 크게 공을 세웠다. 그 공으로 이듬해 청주목사로 승진되었다. 공은 성격이 단아하고 소박한 것을 좋아하여 말과 웃음이 적었으며 남의 곤궁함을 내 일처럼 여겼다고 한다.
163) 행설(杏雪) : 피었던 살구꽃이 질 때는 눈보라처럼 쏟아지는 것을 형용한다.
164) 『능운부(凌雲詞)』: 사마상여의 작품이다.

49. 매와梅窩에서 송씨의 운을 차운하다 [이름은 제悌이다]

梅窩步宋氏韻 [名悌]

人去花猶在	사람은 갔으나 꽃은 오히려 있으니
看多轉得新	많이 보면 볼수록 더욱 새롭네.
歲寒蜂蝶遠	날 추워져 벌, 나비가 멀어졌으니,
明月夜相親	밝은 달만 밤에 서로 친근히 했네.

50. 칠석

七夕

萬古雙星合	만고에 두 별[雙星]165)이 합치는 것은
終須七夕來	마침내 칠석날이 와야만 했네.
玉衡自回斡	옥형166)이 스스로 돌게 된다면,
龍駕且徘徊	용가(龍駕)167) 또한 배회168)를 하게 되리라.
環珮秋風入	환패에는 가을바람이 흘러들었고,
衣裳白露催	의상은 백로를 재촉하노라.169)
不知河漢外	알지 못하겠노라. 은하수 밖에서

---

165) 두 별[雙星] : 견우성(牽牛星)과 직녀성(織女星)이다.
166) 옥형(玉衡) : 7개의 북두칠성 중에 하나의 별 이름. 북두칠성의 이름을 자루서부터 말하면, 요광(搖光)·개양(開陽)·옥형(玉衡)·천권(天權)·천기(天璣)·천선(天璇)·천추(天樞)이다.
167) 용가(龍駕) : 여기서는 견우성(牽牛星)과 직녀성(織女星)이 타고 온 수레를 가리킨다.
168) 배회(徘徊) : 여기서는 인년(寅年)에 한 차례 만나는 견우와 직녀가 이별할 시간이 되면 불안하여 방황하게 될 것이란 뜻이다.
169) 이슬에 옷이 젖는다는 말.

| 高宴爲誰開 | 높은 잔치를 누구 위해 여는지를. |

51. 7월 17일 밤에 승선承宣 성오誠吾 강침姜忱[170]・경조랑京兆郎 덕능德能 신석상申奭相[171]・정언正言 무구无咎 윤지눌尹持訥[172]과 함께 세검정에 오르니 비바람이 깜깜하여 쓸쓸히 아득하였다. 밤이 절반쯤 지나자 어두운 것이 다 사라지고, 달빛이 휘영청 밝았다

七月十七夜, 偕誠吾姜承宣忱・德能申京兆郎奭相・无咎尹正言持訥, 登洗劍亭, 風雨晦冥, 蕭森洏洞. 夜過半, 陰翳盡消, 月色皎然.

絶壑泉呼洶	골짜기에 샘물 소리 콸콸대는데
喬林雨杳冥	우거진 숲에 비가 내려 깜깜하다네.
虛無翻窟宅	허무하게도 굴택(窟宅)[173]이 뒤집혔으니
咫尺逼精靈	지척에서 정령(精靈)[174]이 핍박한 듯 하였네.

170) 강침(姜忱, ?~?) : 본관(本貫)은 진주(晉州). 자(字)는 성오(誠吾). 1773년 증광시(增廣試) 급제. 아버지는 강수우(姜守愚). 『외안고(外案考)』에 의하면, 강침(姜忱)은 1778년 무술(戊戌)에 태천현감으로 나간 것을 알 수 있다.
171) 신석상(申奭相, ?~?) : 신광수(申光洙)의 아들로 자라서 신대연(申大淵)의 양자가 되었다. 자는 덕능(德能)이고 호는 대로(大鹵)이다. 조선시대 1786년에 진사(進士)에 오르고 1794년에 처음으로 관직에 올라 경능령(敬陵令)이 되었다가 형조정랑(刑曹正郎), 익위사익찬(翊衛司翊贊)을 지냈다. 뒤에 다시 예문(藝文)에 뛰어나고 법도가 있음으로 뽑히어 정산현감(定山縣監)에 올라 6년간 재직당시 선정을 베풀어 선정비(善政碑)도 세워졌다. 정산현감으로 재임 당시 집이 한산임으로 봉급을 털어 길산포(吉山浦)까지의 해로를 수리하는 등 관수로(灌水路)를 만들어 배가 출입하게 하였으며 고향 발전에 공로가 큰 인물이다. 문집(文集)이 있다.
172) 윤지눌(尹持訥, 1762~1815) : 본관은 해남(海南). 자는 무구(无咎), 호는 소고(小皐). 1790년 알성 문과에 급제. 사헌부 지평(持平) 등을 역임했다.
173) 굴택(窟宅) : 동물들이 살고 있는 동굴(洞窟), 또는 토굴(土窟)이나 주거지를 두루 이른다.
174) 정령(精靈) : 여기서는 도깨비라는 뜻으로 쓴 것이다.

酒任傍人勸	술은 옆 사람이 권함에 맡겨 두고
琴從靜者聽	거문고는 조용한 이 듣는 것을 따랐네.
留連得淸月	머물다가 맑은 달빛을 얻었는데
隨意滿孤亭	한껏 외딴 정자에 가득하였네.

52. 해좌(海左)의 운자에 맞추어 최수사(崔秀士) 학초(學初)에게 주다

倚海左韻, 贈崔秀士學初

相逢何恨晚	서로 만남 늦은 것 어찌 한하랴.
相見便相知	서로 보니 곧 서로 아는 이 됐네.
自道關東客	스스로 관동의 나그네라 말하면서
仍傳海左詩	인하여 해좌(海左)의 시를 전하였네.
弊貂非季子	떨어진 담비 갖옷은 계자[175]가 아니고
留寫似安期	머물러 쓴 것은 안기[176]와 같네.
莫倚神仙骨	신선이 되는 것을 본받지 말게
靑春且玉墀	젊어서는 또한 옥지에 올라야 하니.

---

175) 계자(季子) : 전국(戰國) 시대 변사(辯士) 소진(蘇秦)의 자(字). 소진이 연횡설(連橫說)을 가지고 열 번이나 진혜왕(秦惠王)을 설득하였는데 끝내 벼슬을 얻지 못했다. 검은 담비 갖옷이 다 해지고 황금 백 근도 떨어지자 끝내 고향으로 돌아갔다는 데에서 나온 말이다.

176) 안기(安期) : 안기생(安期生)을 말한다. 중국 진(秦)나라 때 낭야(琅耶) 사람으로 선인(仙人)이다. 하상장인(河上丈人)에게 배웠다. 당시 사람들이 모두 천세옹(千歲翁)이라고 말했으며, 진시황이 동유(東游)할 때 청해서 3일 밤낮을 더불어 이야기하고 금벽(金璧) 수천만을 주었는데 부향정(阜鄕亭)에 그대로 놓아 두고 떠났다.

53. 사마공(司馬公)은 또 7언 4운 1수가 있어서 세덕(世德)을 서술하고 은조(恩造)를 기술하여 뜻을 같이하는 사람들에게 화답해주기를 요구하므로 나 또한 대뜸 받들어 차운한다

지금 임금 무오(戊午, 1798)년 봄 정월(正月)에 대사마(大司馬) 권공(權公)이 나이 일흔 살로 기사(耆社)에 들어갔다. 좌상(左相)인 번암공(樊巖公)이 절구를 지어 주었는데 소서(小序)에 이르기를 "옛날에 갑과 을이 짝을 맺어서 수련을 한 일이 있었다. 갑(甲)이 먼저 훌쩍 오르는 것[沖擧]을 이루었다고 말하니, 을(乙)은 발돋움하여 생각하면서 선모(羨慕)하였다. 그 뒤에 갑자기 깊은 산중에서 만나자 참새가 뛰듯이 반가워 하면서 앞으로 가서 잡고 묻기를 평소와 같이 하면서 선가의 즐거운 일을 듣고 싶어했다. 갑이 이맛살을 찌푸리며 말하기를 '내가 신선에 오른 때로부터 안기(安期)와 선문(羨門)[177]같은 여러 노 선생들이 일을 시키기를 종처럼 부려 먹었다. 매번 십주(十洲)[178]와 삼산(三山)[179]을 노닐 때면 으레 나로 하여금 바둑판과 술병을 짊어지게 하고 또 나로 하여금 약을 캐서 약이(藥餌)를 복용함에 공급토록 하였다. 지금 이 산행(山行) 또한 약을 캐러 온 것이다. 노고가 이와 같으니 원컨대 그대는 나의 안기와 선문공을 신선으로 여기지 말라.'고 하는 것이 갑(甲)이었다"라고 하였으니 (이 이야기는) 한 시대를 전하면서 전아(典雅)한 해학(諧謔)이 되었다. 사마공(司馬公)은 또 7언 4운 1수가 있어서 세덕(世德)을 서술하고 은조(恩造)를 기술하여 뜻을 같이하는 사람들에게 화답해 주기를 요구하므로 나 또한 대뜸 받들어 차운한다.[180]

---

177) 선문(羨門) : 고대(古代)의 선인(仙人)으로 이름은 자고(子高)이다.
178) 십주(十洲) : 도교에서 큰 바다 가운데 신선이 거주한다는 조주(祖洲)·영주(瀛洲)·현주(玄洲)·염주(炎洲)·장주(長洲)·원주(元洲)·유주(流洲)·생주(生洲)·봉린주(鳳麟洲)·취굴주(聚窟洲) 등 열 곳의 섬이다. 또 널리는 선경(仙境)을 가리키는 뜻으로 쓰인다.
179) 삼산(三山) : 세 신산이라는 것은 봉래(蓬萊)·방장(方丈)·영주(瀛洲)의 세 산을 가리킨 것이다.
180) 이 시와 관련된 글이 『번암선생집(樊巖先生集)』 「戲贈耆社新僚權尙書公著」에 실려 있다.

今上戊午春正月, 大司馬權公, 以七十入耆社. 左相樊巖公, 贈以絶句, 有小序曰:"古有甲乙結侶修鍊. 甲道先成冲擧, 乙跂想羨慕. 後忽遇之深山, 雀躍, 前掺問訊, 如平生, 願聞仙家樂事. 甲嚬蹙曰:'自吾登仙, 安期羨門諸老先生, 役之如僕隷. 每遊十洲三山, 輒使吾, 擔碁局酒壺, 又使吾採藥, 供服餌. 今此山行, 亦採藥來也. 勞苦如此, 願子毋仙吾安期羨門公.' 甲也, 一時傳爲雅謔. 司馬公, 又有七言四韻一首, 述世德, 叙恩造. 要同人屬和. 余亦率爾奉次.

[1]

丹城拔宅有淮南　단성(丹城)[181]에서 발택(拔宅)[182]한 이로는 회남(淮南)[183]이 있으니,
月戸三千鏡彩涵　월호(月戸)[184] 삼천(三千)[185]이 달빛에 잠겼네.[186]
仙籍亦須多僕隷　신선의 명부에도 노복(奴僕)이 많아야만 한다니,
未能末至便肩擔　이르지 않는다면 짐을 메게 할 수는 없을 것이네.

[2]

長年眞訣重師資　장년의 진결은 스승을 중히 여기거니,

---

181) 단성(丹城): 궁금(宮禁), 곧 궁중(宮中)이란 말.
182) 발택(拔宅): 발택상승(拔宅上昇)과 같은 말. 온 가족이 이전(移轉)하여 신선(神仙)이 된다는 뜻.
183) 회남(淮南): 여기서는 한(漢)나라 때 회남왕(淮南王)이었던 유안(劉安)을 가리킨다. 안(安)은 고조(高祖)의 손자이고 고조의 작은아들인 회남왕 장(淮南王 長)의 아들이었다. 부작(父爵)을 습봉(襲封)하여 회남왕이 되었다. 글을 좋아하였으므로 많은 명사(名士)들을 모아 『회남자(淮南子)』 21편을 지었다. 나중에는 오초칠국(吳楚七國)의 모반(謀反)에 가담하였다가 일이 실패하자 자살하였다. 한편 「신선전(神仙傳)」에는 회남왕이 신선이 되어 하늘로 올라갔다라고 되어 있다.
184) 월호(月戸): 여기서는 전설상 달을 수리하는 인가(人家)라는 말. 문장이 능한 사람을 비유하는 말로 쓴다.
185) 삼천(三千): 여기서는 회남왕이 선비 수천인을 길러 냈다는 말을 삼천인이라 한 것으로 보인다.
186) 이 시의 1,2구는 회남왕(淮南王) 유안(劉安)이 맡은 명사(名士)들과 어울려 궁중을 벗어나서 신선술을 공부한 것을 읊은 것이다.

內敎傳家信有之	가문에 전하는 내교187)가 진실로 있을거네.
弧宿舊縣仁壽域	상호봉시와 남극노인성은 지난날에 인자는 수한다는 그 지역에 매달리었고,
孫枝又老聖明時	새로 난 가지[孫枝]188)는 또 성명한 시대에 늙어 가네.
風流壺局先生謔	풍류스런 술 단지와 바둑판 얘기는 선생의 농담이었고,
魁梧須眉後素姿	훤칠한 수염과 눈썹 모습은 그림 그리는 모습이었네.
題社幾人公冣健	기로소에 쓴 몇 사람 중에서 공이 가장 건강하시니,
酬恩謝事未云遲	은혜에 보답하고 사사(謝事)189)를 하더라도 늦었다 아니하리.

54. 시랑 이중휘(李仲輝)가 관북의 절도사로 가는 것을 전송하다 [이름은 집두(集斗)이다]190)

送李侍郞仲輝按節關北 [名集斗]

京尹堂前空柳條	한성부 판윤의 당 앞에는 부질없는 버들가지인데
朔方節度意氣饒	북방의 절도사는 의기가 넉넉하네.
舊僚暇日憑高送	옛 동료는 한가한 날 높은 곳에 올라가 전송을 하고,

---

187) 내교(內敎) : 여기서는 집안에서 하는 교육이란 뜻으로 쓴 것이다.
188) 새로 난 가지[孫枝] : 나뭇가지에서 뻗어난 새 가지. 손자(孫子)에 비유하는 말.
189) 사사(謝事) : 벼슬에서 물러남. 또는 속사(俗事)를 버림.
190) 이집두(李集斗, 1744~1820) : 조선의 문신. 자는 중휘(仲輝), 호는 파서(琶西)·구학(臞鶴). 1774년 진사(進士)가 되고, 이듬해 정시 문과(庭試文科)에 급제. 1784년 이조좌랑(吏曹佐郞)으로 한식제(寒食祭)를 치르게 한 공으로 문성진첨절제사(文城鎭僉節制使)에 승진했다. 1798년 함경도 관찰사가 되고, 1800년 주청부사(奏請副使)로 청나라에 다녀와 예조 판서에 올랐다. 1810년 동지사(冬至使)로 다시 청나라에 갔다가 판돈령부사(判敦寧府事)에 이르러 기로소(耆老所)에 들어갔다. 글씨에 뛰어나 앞서 정조(正祖)가 지은 만천명월주인옹(萬川明月主人翁)의 자서(自序)를 해서(楷書)와 전서(篆書)로 첩(帖)을 써서 바쳤다.

飛蓋春風出郭遙	일산(日傘) 날리는 봄바람에 성곽 나가 멀리 가네.
青海白山當綵筆	청해(青海:東海)와 백산(白山:白頭山)은 채필에 해당하고,
翠眉紅頰映清宵	푸른 눈썹 붉은 볼은 맑은 밤 비추리라.
重臣分陝由來事	중신이 분섭(分陝)191)함은 전부터 있는 일이니
只在旬宣奉聖朝	다만 순선(旬宣)192)하여 성조를 받드는 데 있네.

55. 남쪽 성에서 봄에 바라보다

南城春望

選勝因佳節	승지를 택한 건 좋은 계절 때문이고,
稱詩更作家	더욱 시로 칭찬을 받는 작가임에랴.
舊聞坊織錦	옛날엔 방에서 비단 짰다 들었는데
兼愛塢看花	언덕에서 꽃구경도 사랑함이랴!
好鳥衰顏破	좋은 새에 늙은 얼굴 웃음을 짓고
輕風綺席斜	산들바람 비단 자리에 비껴 부네.
典衣須一半	옷을 전당 잡힌 것이 절반이 되니
留待五沙賖	머물러서 오사(五沙)의 외상술을 기다리노라.

---

191) 분섭(分陝): 섭(陝)은 현재 섬서성(陝西省)의 섭현(陝縣)에 해당한다. 주나라 초기에 주공 단(周公旦)과 소공 석(召公奭)이 섭(陝)이란 곳을 나누어 다스리되 주공은 그 동쪽을 다스리고 소공은 그 서쪽을 다스렸다 한다. 그 후 왕조(王朝)의 관료가 외직으로 나가 지방관이 되는 것을 분섭이라 했다. 여기서는 빌어서 한성부 판윤(漢城府 判尹)으로 있던 이집두(李集斗)가 함경도 절도사(咸鏡道 節度使)로 나가게 된 것을 비유한 것이다.

192) 순선(旬宣): 널리 사방을 복종(服從)시켜 임금의 은덕(恩德)이 두루 미치게 함. 여기서는 절도사가 하는 일을 가리킨다.

56. 신대로(申大輅)를 모시고 김씨의 원림에 놀러가다

陪申大輅, 遊金氏園林

花亂風何急	꽃은 만발한데 바람은 어찌 그리 거센가.
春深草盡生	봄이 깊어 가니 풀이 온통 돋아났네.
徐尋園窈窕	천천히 찾으니 원림은 깊숙하고,
靜聽鳥分明	조용히 들으니 새소리가 뚜렷하네.
神解知流水	탁월한 이해는 유수곡을 알았고
心淸似化城	마음이 맑으니 화성193)과 같았네.
共欣違粉署	분서194)를 어기는 것 함께 기뻐하였고,
誰厭啜魚羹	누가 어갱을 마시는 것 싫어하리오.
哀樂終兼有	슬픔과 즐거움은 마침내 함께 있고,
行休且未輕	행하고 쉬는 것 또한 가벼이 못하겠네.
渺然江海上	아득한 강과 바다 위에서
長望一含情	길이 바라보며 한 번 정을 품노라.

---

193) 화성(化城) : 불교에서 말하는 법화칠유(法華七喩)의 하나. 불교도가 성불(成佛)의 길을 가다가 지치면 잠시 쉬어 힘을 비축한 다음 목적지에 가도록 하는 성이라 한다. 여기서는 마음을 맑게 하는 곳이란 뜻으로 쓴 것이다.

194) 분서(粉署) : 곱게 단장한 누각인데, 부인의 거실을 뜻함.

57. 삼가 어제에 화답하다. 3월 19일에 황단(皇壇)[195]에서 망배를 하다가[196] 창의에 몹시 감동해서 문정공 윤황[197]에게 부조에 대한 은전을 명령한 시운이다

恭和御製, 三月十九日, 望拜皇壇, 激感倡義, 命文正公尹煌不祧韻

大義誰先倡	대의(大義)[198]를 누가 먼저 제창 했던가
孤忠尙凜如	외로운 충성이 아직도 위엄이 있네.
遂令東海士	마침내 동해의 선비들로 하여금
猶泣八松書	오히려 팔송(八松)의 글에 울게 했노라.
廟安榮新動	사당에 편히 모셔 영화 새로 진동하니,
時殊契不疎	시기는 달라도 계합(契合)은 성글지 않았네.
皇壇興感地	황단에서 감회를 일으키는 곳에는
人物摠周餘	인물들 모두가 주나라의 나머지[199]였네.

---

195) 황단(皇壇) : 여기서는 임진왜란(壬辰倭亂) 때 원군(援軍)을 보내준 명(明)나라 황제 신종(神宗)의 은혜를 추모하기 위하여 쌓은 제단. 곧 대보단(大報壇)을 이른다.
196) 망배(望拜) : 대상이 멀리 떨어져 있을 때 연고가 있는 쪽을 바라보고 절을 함. 또는 그렇게 하는 절.
197) 윤황(尹煌, 1572~1639) : 조선 중기의 문신. 본관은 파평(坡平). 자는 덕요(德耀), 호는 팔송(八松)·노곡(魯谷). 시호는 문정(文正). 1597년 알성 문과에 급제 하였다. 1624년 부응교(副應敎)로서 이괄(李适)의 난 때 검찰사(檢察使)로 있던 이귀(李貴)가 임진강 싸움에서 패한 죄를 탄핵하였다. 정묘호란과 병자호란 때 사간으로서 극력 척화를 주장하였다. 환도 후 부제학 전식(全湜)의 탄핵을 받아 영동군에 유배되었다가 병으로 풀려나와 죽었다. 죽은 뒤 영의정이 추증되었다. 저서로는 『팔송봉사(八松封事)』가 있다.
198) 대의(大義) : 바른 도리. 여기서는 명말(明末) 청초(淸初) 때에 존명배청(尊明排淸)을 주장했던 이른바 척화대의(斥和大義)를 가리킨다.
199) 주나라의 나머지[周餘] : 그곳에 모인 사람들이 모두 존주대의(尊周大義), 곧 존명배청(尊明排淸)을 주장하는 사람들이란 뜻이다.

58. 또 이 날에 김충무공(金忠武公) 응하(應河)200)의 후손 택기(宅基)에게 선전관을 임명하고 이어서 활쏘기를 시험해서 사제(賜第)한 시운에 화답하다

又和是日, 拜金忠武公應河後孫宅基宣傳官, 仍試射, 賜第韻

將軍忠義滿華夷　　장군의 충의는 화이(華夷)에 가득한데,
遺裔承恩英妙姿　　남은 자손 은혜 받아 영묘한 모습이네.
戰地若敎衰柳在　　만약 전쟁터에 시든 버들이 있게 된다면,
春風葉動唱臚時　　봄바람에 창려(唱臚)201)할 때 잎이 움직이리라.

---

200) 김응하(金應河, 1580~1619) : 조선 중기의 무신. 본관 안동. 자는 경의(景義), 시호는 충무(忠武). 1610년 선전관으로 임명되고, 삼수군수(三水郡守) 등을 역임하였다. 1618년 후금(後金)을 치려고 명(明)나라에서 원병요청을 하자, 이듬해 도원수 강홍립(姜弘立)을 따라 좌영장(左營將)이 되어 참전하였다. 명나라 유정(劉綎)이 군사 3만 명을 거느리고 부차령(富車嶺)에서 패하여 자결하자, 3천 명의 휘하 군사로 수만 명의 후금군을 맞아 싸우다가 중과부적으로 패하고, 그도 전사하였다. 1620년 명나라 신종(神宗)이 그 보답으로 요동백(遼東伯)에 추봉(追封)하고, 처자에게는 은(銀)을 하사하였으며 우리나라에서도 영의정에 추증하였다.
201) 창려(唱臚) : 여기서는 명나라 전언관(傳言官)이 황제의 조서(詔書)를 가지고 와서 그 이름을 부르며 작위(爵位)를 추서(追敍)했던 일을 말함.

59. 봄이 저물었을 때 교리校理 성욱聖勖 이석하李錫夏, 교리校理 혜부徯父 한치응韓致應, 202) 교리校理 화오華五 심규로沈奎魯, 203) 무구無咎204)와 함께 하여 세검정205)에서 놀다206)

春暮, 偕聖勖李校理錫夏, 徯父韓校理致應, 華五沈校理奎魯, 無咎, 遊洗劍亭

良覿懷徂歲	벗 소식에 지난해 생각나는데,
名亭乃再登	이름난 정자를 이에 다시 올랐네.
極知非爛熳	화려함이 아닌 것을 매우 잘 알겠으나
猶憶傲炎蒸	오히려 찌는 더위 본보기를 생각하게 되네.

204) 한치응(韓致應) : 본치 응지용(持膺) 녹문(鹿門). (校理)·사간(司諫) 등을 거쳐 강릉부사(江陵府使)를 역임하고, 1806년 승지(承旨)로서 추탈 죄인(追奪罪人) 채제공(蔡濟恭)의 신원(伸寃)을 청했다가 삭출(削黜)당했다. 이름난 문신(文臣)으로 치훈(致薰)과 함께 정려문(旌閭門)이 세워졌다.
205) 세검정(洗劍亭) : 서울 경복궁(景福宮) 뒤 창의문(彰義門) 밖에 있는 정자(亭子) 이름. 인조반정(仁祖反正) 때 의거 인사(義擧 人士)들이 이곳에 모여 칼을 씻은 데에서 생긴 이름이라 한다.
206) 이들은 모두 죽란시사(竹欄詩社)의 일원이었다. 죽란시사는 정약용 형제를 중심으로 모였는데 명단은 다음과 같다. 주신(舟臣) 이유수(李儒修), 약여(約汝) 홍시제(洪時濟), 성욱(聖勖) 이석하(李錫夏), 자화(子和) 이치훈(李致薰), 양신(良臣) 이주석(李周奭), 해보(徯父) 한치응(韓致應), 진옥(振玉) 유원명(柳遠鳴), 화오(華五) 심규로(沈奎魯), 무구(无咎) 윤지눌(尹持訥), 경보(景甫) 신성모(申星模), 원례(元禮) 한백원(韓百源), 휘조(輝祖) 이중련(李重蓮), 이숙(邇叔) 채홍원(蔡弘遠).
207) 암비(巖扉) : 바위굴에 설치된 문. 은사(隱士)가 사는 집을 가리킨다.
208) 상산(象山) : 송(宋)나라 육구연(陸九淵)이 강학(講學)하던 상산서원(象山書院)을 가리킨다. 인신하여 그 학파(學派)를 가리키기도 한다.
209) 창의문(彰義門) : 서울 종로구 부암동(付岩洞)에 있는 문 이름. 서울의 서북문(西北門)으로 자하문(紫霞門)이라고도 불린다.

離立巖扉樹	저만치 서 있는 건 암비(巖扉)207)의 나무이고,
羣行野寺僧	무리로 다니는 건 들 절의 중들이네.
劍光危石發	장검 빛은 높은 돌에서 나오고
雷響落泉能	우레의 메아리는 떨어지는 샘물에서 잘 나네.
携手皆同好	함께 간 이들 모두 동호인들인데,
搜幽更幾層	그윽한 곳 찾으니 다시 몇몇 층인가.
象山獨不見	상산(象山)208)은 홀로 볼 수 없으니,
短夢杳難憑	짧은 꿈은 아득해서 믿기 어렵네.

60. 저녁에 돌아와서 창의문(彰義門)209)에 오르다

暮歸, 登彰義門

林迥猶斜影	숲 멀어도 오히려 그림자 비껴 있고,
溪回更遠聲	시내가 돌아오니 다시금 소리가 머네.
不成遊北渚	북쪽 물가 놀이를 하지 못하고,
還復入西城	도로 다시 서성으로 들어왔노라.
但使諸君健	다만 여러분들이 건강만 한다면
那嫌兩鬢明	어찌 두 살쩍 세어 감을 싫어할손가.
逢迎有少友	맞아 주는 이 중에 젊은 벗 있으니,
深見昔賢情	깊은 견해 옛 현인의 정서로구나.

---

207) 암비(巖扉): 바위굴에 설치된 문. 은사(隱士)가 사는 집을 가리킨다.
208) 상산(象山): 송(宋)나라 육구연(陸九淵)이 강학(講學)하던 상산서원(象山書院)을 가리킨다. 인신하여 그 학파(學派)를 가리키기도 한다.
209) 창의문(彰義門): 서울 종로구 부암동(付岩洞)에 있는 문 이름. 서울의 서북문(西北門)으로 자하문(紫霞門)이라고도 불린다.

61. 산다

山茶

僻遠孤根到	외진 데에 외딴 뿌리 이르렀으니,
滄溟一路通	너른 바다에 하나의 길 통하였네.
那能開見雪	어찌하면 잘 피어서 눈을 볼 수 있으랴.
終不色渝紅	마침내 색깔은 붉게 변치 않으리.
漢使求邛竹	한나라 사신은 공죽(邛竹)210)을 구하였고,
胡僧識海椶	오랑캐 중은 해종(海椶)211)을 알아보았네.212)
無人憐汝獨	너 혼자 있음을 연민할 자 없기에,
好伴白頭翁	백두옹과 동반하길 좋아한다지.

62. 심정언 만시 [이름은 봉석(鳳錫)213)이다]

沈正言輓 名鳳錫

名家韋杜襲衣冠	명가 위씨, 두씨214)처럼 의관을 세습했는데,

---

210) 공죽(邛竹): 중국 서남쪽에 있던 공(邛)이란 나라에서 생산되는 대나무 지팡이를 이른다.『사기』권123의 「대완열전(大宛列傳)」에 "장건이 말하기를 '제가 대하국에 있을 때에 공죽장과 촉석을 보았습니다[騫曰, 臣在大夏時, 見邛竹杖, 蜀席]"라고 했다.
211) 해종(海椶): 야자수(椰子樹)의 한 종류. 당(唐)나라 두보(杜甫)의 「해종행(海椶行)」이란 시에 "옮겨다가 북신(北辰 : 帝都)에 심을 수가 없는데 때때로 서역의 호승이 알아봤네[移栽北辰不可得, 時有西域胡僧識]"라고 했다.
212) 이 시의 5,6구는 한(漢)나라 사신 장건(張騫)이 대하국(大夏國)에서 공죽장(邛竹杖 : 공(邛)이란 나라에서 만든 대지팡이)을 구하였고, 호승(胡僧 : 서역(西域)이나 북지(北地)에서 오는 승려)이 해종(海椶)을 알아 보았다는 말인데, 산다(山茶)란 시제와는 무관한 말 같으나 제7구의 "너 혼자 있음을 연민할 자 없다[無人憐汝獨]"라고 한 말을 부각시키기 위하여 한 말이다.
213) 심봉석(沈鳳錫, 1729~): 본관은 청송(靑松). 자(字)는 천우(天羽). 1790년 증광시(增廣試)에 급제. 아버지는 심곡(沈轂), 조부(祖父)는 심득량(沈得良)이다.

白屋蕭條對碧巒	쓸쓸한 초가집이 푸른 산 마주했네.
詞賦終能承雨露	사부(詞賦)는 마침내 상감 은혜 받게 되었고,
絃歌聊復試彈丸	현가(絃歌)는 그런대로 다시 탄환(彈丸)215)을 시험했네.
城南數畝春歸盡	성의 남쪽 몇 이랑엔 봄이 다 돌아갔고,
海上孤墳月正團	바닷가 외딴 무덤엔 달이 정히 둥그네.
遺直泫然那再得	남긴 정직 현연함을216) 어찌 다시 볼 수 있으랴.
一函留取篋中看	상자 속 남긴 편지 한 통 취해 보노라.

63. 흰 모란

白牧丹

春去何曾去	봄이 갔다 하여도 어찌 간 적 있으랴
芳菲正耐看	향기로운 화초가 정히 볼 만하거니.
自然添竹檻	자연스레 대나무 난간217)을 더하게 되니,
虛覺對鉛丹	헛되이 연단(鉛丹)218)에 대한 것을 깨달았네.
殊衆非關色	뭇 꽃들과 다르니 색깔 때문 만은 아니고,
吹香不怯寒	추위 겁내지 않고 향기 뿜기 때문이네.

---

214) 위두(韋杜): 당(唐)나라 때에 대대로 높은 벼슬을 지냈던 위씨(韋氏)와 두씨(杜氏)를 가리키는 말.
215) 탄환(彈丸): 탄알. 여기서는 매끄럽고 유창한 시문(詩文)에 비유하는 말로 쓴 것이다.
216) 현연(泫然): 여기서는 언론(言論)이 물 흐르는 듯 막힘없다는 뜻으로 쓴 것이다.
217) 꽃을 받치느라 대나무로 만든 난간.
218) 연단(鉛丹): 도가(道家)에서 납[鉛]을 고아서 만든 단약(丹藥)을 이른다. 여기서 취한 것은 모란꽃을 보면 신선이 된 것 같으니 연단을 복용하면 신선이 된다는 말은 헛되다는 것을 깨달았다는 뜻이다.

夜深風露切　　밤이 깊자 바람・이슬 절박하기에,
愁絶倚欄干　　시름이 지극하여 난간에 기댔노라.

64. 등불 켠 밤 초대를 받아서 함께 서쪽 동산에 올라 이리저리 바라보다가, 서글픈 마음이 들어 짤막한 시를 지어서 뜻을 보이다

燈夕見招, 共登西園, 瞻眺遠近, 慨然興懷, 短述見志
無邊燈火照長安　　끝없는 등불이 장안을 비추는데,
每歲貪看到杏壇　　해마다 보기를 탐해 행단에 이르렀네.
入雲旌旆千竿直　　구름에 든 깃발 들은 많은 깃대 솟아있고,
倒水芙蓉萬柄寒　　물에 숙인 연꽃들은 만 송이가 차갑네.
舊對郊扉猶爛熳　　옛날 보던 들 집에는 오히려 난만하고,
卽逢盃酒亦闌珊　　곧바로 만난 술자리는 또한 술이 비어 가네.
天街玉漏流新月　　서울 거리 물시계에 초승달 흘러가니,
歸騎相將且盡歡　　돌아갈 말 전송할 제 잠시 기쁨 다하노라.

65. 오씨의 정원

吳氏園
疎豁高天色　　드넓고 높직한 하늘빛은
何關昨日陰　　어제의 흐렸던 일과 무슨 관계랴?
頻繁幽事得　　빈번하게 그윽한 일을 얻어서,

悵望歲華深	서글피 바라보니 세월이 깊어가네.
歸客仍無馬	돌아갈 나그네는 인하여 말이 없고,
含桃不見禽	함도219)에는 새들을 볼 수 없구나.
應須待新釀	응당 새로 빚어지는 술을 기다려
重上小亭心	작은 정자 복판에 거듭 오르리.

66. 이상사 규진(奎鎭)220)의 큰 시냇가 유거에서 네 수를 읊다

李上舍奎鎭, 大溪幽居, 四詠

[1]

留駐紛紛月	어지럽게 머물러 있는 밤 달이
交輝豔豔霞	서로 곱고 고운 놀을 비치고 있네.
自然含正色	자연스레 정색을 머금은 거지,
不是借鈆華	연지를 빌린 것은 아닌 것이네.
梨花塢	배꽃이 핀 언덕에서

[2]

徵士千年上	천 년 전에 살았던 징사221)는
衡門五樹同	형문이 다섯 그루 나무가 같았네.

---

219) 함도(含桃) : 앵도(櫻桃)의 별칭이다.
220) 이규진(李奎鎭, 1777~1837) : 본관은 전주(全州). 자는 응오(鷹五)이고 호는 모와(慕窩). 선친(先親)의 임환(淋患)에 7년 동안 연림(吮淋)을 하자, 만인장(萬人狀)으로 그의 효행(孝行)을 발천(發闡)하였다. 저서로 『모와일고(慕窩逸稿)』가 있다.
221) 징사(徵士) : 학식과 덕행(德行) 혹은 절행(節行)이 뛰어난 산림(山林)의 유일(遺逸)이 천거(薦擧)되어 조정에 나아오는 것. 또는 그 선비를 말함.

更無官可棄	다시는 버릴 만한 관직이 없으니,
只臥北窓風	북쪽 바람에 누워 있을 뿐이었네.222)
楊柳逕	버드나무 길에서

[3]

本業農家樂	본업인 농삿일이 즐겁고,
斯文孔軌尊	사문은 공자의 법을 높이었네.
人間無別事	인간 세상에서는 다른 일이 없으니,
留此與兒孫	이것을 남기어서 자손에게 주리라.
耕讀處	밭갈고 글 읽던 곳에서

[4]

家但無鹽井	집에는 염정223)이 없을 뿐이니
何愁作活貧	어찌 활빈을 지을 것을 걱정하리오
靑山兼白水	푸르른 산에다가 하얀 물들이,
日暮待歸人	날 저물자 돌아오는 사람을 기다리네.
漁樵侶	고기잡이 나무하는 짝.

---

222) 다만 …… 누웠네 : 희황 시대(義皇時代)에 눕다. 곧 복희씨 시대(伏羲氏時代)인 태평 성세에 있는 기분을 느낀다는 말. 중국 『진서(晋書)』「은일도잠전(隱逸陶潛傳)」에 도잠(陶潛)이 일찍이 말하기를 "여름 조용할 제 북녘 창문 아래에 눕자 시원한 바람이 불어오니 스스로 말하기를 '희황 시대에 사는 상등인(上等人)'[陶潛嘗言, 夏日虛閑, 高臥北窓之下, 淸風颯至, 自謂羲皇上人]"이라고 했다.

223) 염정(鹽井) : ① 소금을 만들 바닷물을 모아 두는 염전(鹽田)의 웅덩이, 또는 화염법(火鹽法)에서 바닷물을 애벌 고아서 담아 두는 곳. ② 염분(鹽分)이 들어 있는 우물.

67. 정생에게 주다 [이름은 환(煥)이다]

贈鄭生 [名煥]

中原賓客摠光輝　　중원의 빈객들은 모두 다 빛났으니,
鄭子論心更不違　　정자진의 논심을 더욱 아니 어겼네.
駟馬高車那夢到　　네 마리 말 높은 수레 어찌 꿈엔들 이르리오?
白雲青嶂無人非　　흰 구름과 푸른 산은 비난할 이 없다네.
詩書引興堪終老　　시서로 흥을 끄니 노년을 마칠 만하고,
樵牧知時喜自歸　　나무꾼, 목동은 때를 아니 스스로 돌아감 기뻐하네.
月峽丹臺通水陸　　월협과 단대224)는 수륙(水陸)225)으로 통하니
未應相憶寄聲稀　　서로 생각하여 소식을 드물게 하지 마세나.

68. 신초석(申蕉石)이 월계로 들어가는 것을 전송하며 [이름은 기상(夔相)이다]226)

送申蕉石入月溪 [名夔相]

之子罷官無一錢　　그대 관직 그만두자 동전 한 닢 없는데,
扁舟盡室入雲烟　　조각배로 온 집안이 운연으로 들어가네.
窮愁好就多佳士　　가난의 시름에도 많은 좋은 선비 성취를 좋아해서,
陶冶還須賴短篇　　도야되고 또한 단편에도 힘입게 되리.

---

224) 월협(月峽)과 단대(丹臺) : 두 지명으로서 금대(錦帶)와 정생(鄭生)의 거처를 가리킨 것이다.
225) 수륙(水陸) : 여기서는 수로(水路)와 육로(陸路)라는 뜻이다.
226) 그와 관련되어서는 정범조(丁範祖)의 『해좌집』에 「送申執玉夔相歸覲」이라는 시가 있다.

69. 족손 시론(是論)을 전송하며

送族孫是論

汝客春川久	네가 춘천에서 나그네 생활 오래였는데,
何時可得安	어느 때나 안정된 날 있었겠는가.
幸成新結搆	다행히도 새로이 집이 지어졌으니,
須覓舊衣冠	모름지기 옛 의관을 찾아야 했네.227)
井臼長宜潔	정구(井臼)228)는 언제나 깨끗이 함이 마땅하고,
詩書莫厭看	시서는 보기를 싫어하지 말라.
好知宗老憶	좋게 종로(宗老)를 알게 된 것을 생각해서
回首白雲端	머리를 돌리니 흰 구름의 끝이었네.

70. 7월 16일날 밤에 번암 상공을 모시고 시안정 앞에 배를 띄우다 2수

七月十六夜, 陪樊巖相公, 泛舟是岸亭前, 二首

[1]

隱暎前山色	어른거리는 것은 앞산의 빛이었고,
分明是岸高	분명한 것은 시안정이 높았네.
舟行蟾影動	배가 가니 달 그림자 움직이었고,
江濶竹聲豪	강 넓으니 피리 소리 호한하였네.
綺饌霑津吏	좋은 음식은 나루터 관리까지 미쳤고,

---

227) 양반 가문을 찾아서 인사하라는 말.
228) 정구(井臼) : 물을 긷고 절구질을 하는 일. 전(轉)하여, 살림살이의 수고로움을 이른다.

淸詩倒水曹	맑은 시가 수조랑[229]을 넘어뜨렸네.
夜凉瞻玉宇	밤에 서늘한데 하늘을 쳐다보니
歸臥夢魂勞	돌아가서 눕는 것 꿈에서도 수고롭네.

[2]

黃昏出郭遠囂塵	황혼에 성곽 나서니 시끄러운 세속이 멀고,
舍策登舟自在身	말채찍 버리고 배 오르니 자유로운 몸일세.
曲岸微風徐改席	굽은 언덕 미풍에 천천히 풍석을 고쳐 올리고,[230]
長洲明月更留人	긴 물가 밝은 달은 사람 더욱 머물게 하네.
終南漢水元來壯	종남산과 한강물은 원래가 장엄하고,
夜色秋光著處新	밤빛과 가을빛은 곳곳마다 새롭네.
不有東山雲海想	동산[231]과 운해 생각 있지 않다면
沙邊鷗鷺肯相親	모래 가의 갈매기, 해오라기들이 서로 친근히 하랴.

가. 신초석申蕉石에게 부치다

寄申蕉石

蕉石今安不	초석은 지금 편안한가 그렇지 않은가
風江颯已秋	바람 부는 강은 우수수 이미 가을이었네.

---

229) 수조(水曹) : 수조랑(水曹郞). 곧 수부조랑(水部曹郞)의 약칭. 남조 양(南朝 梁)의 시인 하손(何遜)과 당(唐)의 시인 장적(張籍)이 수부랑을 지냈다.
230) 개석(改席) : 여기서는 풍석(風席), 곧 돛폭을 고쳐 매단다는 뜻이다.
231) 동산(東山) : 진(晉)나라 사안(謝安)이 이른 나이에 관직을 사퇴하고 회계(會稽) 땅 동산(東山)의 별장에 은거하고 있을 때 조정에서 불러도 나아가지 않았던 고사에서 유래한 것이다. 『진서(晉書)』「사안전(謝安傳)」 참조.

思家慙宿鳥	집을 생각하니 자는 새에 부끄럽고,
憶弟恨歸舟	아우를 생각하니 가는 배가 한스럽네.
尙倚新詩好	오히려 새로 지은 좋은 시에 의지해
而多勝地游	경치 좋은 곳에서 많이 놀았네.
會將斑鬢色	마침 희어 가는 귀밑머리이지만,
鬢黑返林邱	숱 많고 검게 하여 고향에 가고 싶네.

72. 송석원[232]에 써서 보내다

寄題松石園

亂石長松間	어지러운 돌들 긴 소나무 사이에 있으니
杳冥非人境	호젓하여 인간 세상 아닌 것 같네.
偶因禽鳥喧	우연히 새소리 시끄러움으로 해서
更覺山林靜	더욱이 산림이 고요함을 느끼게 하네.

73. 길옆의 수레 [신대로申大魯에게 수창하다]

道傍車 [酬申大魯]

君不見道傍車	그대는 보지 못했나? 길옆의 수레가

---

232) 송석원(松石園) : 18세기 후반 여항 시인인 천수경(千壽慶), 장혼(張混) 등이 시사(詩社)를 만들어서 시문(詩文)을 지었던 곳이다. 인왕산 기슭 옥류동(玉流洞)에 있다.

風塵冥冥輪輻疎	풍진이 자욱한데 바퀴폭[輪輻] 성근 것을.
淸廟明堂在天上	청묘와 명당233)은 하늘 위에 있는데,
九衢泥塗困僕夫	도성의 진흙 길엔 노복이 피곤하네.
蕭瑟布帆空相憐	쓸쓸한 베 돛 폭 부질없이 가여움은,
百丈委絶秋江邊	백 길이나 초췌한 가을 강가의 가이네.

74. 거듭 오씨의 정원을 찾다

重過吳氏園

錯莫秋園色	어지럽고 쓸쓸한 가을 정원의 빛은,
朝陰到夕陰	아침에 진 그늘이 저녁까지 이르네.
知寒窺石井	추위를 알아 보려 석정을 엿보고,
惜盡坐風林	다함이 애석하여 풍림에 앉았노라.
顔髮雖遲暮	얼굴과 머리털은 비록 늙어 간다 해도,
雲山豈阻深	운산은 어찌 막기를 깊이 할 건가?
無令更衰疾	다시는 병들어 쇠약함이 없게 하라.
圖畵響鳴琴	그림 같은 경치에 거문고 소리 같은 물소리가 울리니.

---

233) 청묘(淸廟)와 명당(明堂) : 여기에서 청묘는 제도에 따라 역대 임금의 신주(神主)를 봉안하고 제사를 지내는 종묘(宗廟)를 가리키며 명당(明堂)은 나라의 여러 가지 일을 다스리는 조정(朝廷)을 가리킨 것이다.

75. 가을을 보내다

送秋

貞陵洞府白門東	정릉의 동부는 백문의 동쪽인데,
萬木蕭蕭更晚風	온갖 나무 우수수 하니 다시 늦바람 부네.
菊藥畵圖垂翠壁	그림 같은 국화꽃은 푸른 벽에 드리웠고
鴈聲環珮度寒空	패옥(佩玉)같은 기러기 소리는 찬 공중 건너가네.
盡將書史抛身外	모든 경서(經書)와 사서(史書)를 몸 밖으로 내던지고,
且喜杯罇在眼中	잠시 눈 안에 있는 술 마시며 즐기노라.
直到生涯無一事	곧바로 사고 하나도 없는 생애에 이른 분은
世間惟有鹿皮翁	이 세상에 오직 녹피공[234]만이 있었으리.

[生涯指一生也. 今人多作生理用, 故試爲拈出.] [생애는 일생을 가리킨다. 지금 사람들이 많이는 살아가는 이치라는 뜻으로 쓰기 때문에 시험 삼아서 끄집어냈다.]

76. 윤창은^{尹昌殷}을 곡하다

哭尹生昌殷

處處新春哭	곳곳에서 새 봄에 곡을 했는데,
驚呼又到君	놀라 부르짖음이 그대에 이르렀네.
詩憐心獨苦	시에 마음이 홀로 고심함 어여뻤고,
名惜耳空聞	이름은 부질없이 귀로만 듣는 것이 애석하였네.
欲倒迎門屣	신발 거꾸로 신고 맞이하려 했는데,

---

234) 녹피옹(鹿皮翁) : 녹피공(鹿皮公)이라고도 부른다. 전설(傳說)속에 나오는 선인(仙人) 이름.

其如若鬣墳	그 말갈기 같은 무덤을 어찌할 텐가.
素車餘雅尙	상여에는 풍아(風雅)의 고상(高尙)함 남았는데,
蕭瑟入江雲	쓸쓸하게 강 구름 흘러가누나.

77. 교리 이평중^{李平仲} 만시 [이름은 복윤^{福潤}²³⁵⁾이다]

李校理平仲輓 名福潤

湖南解紱問生涯	호남에서 벼슬 그만두고 생애를 물었으니,
學士靑山野老家	학사가 청산의 늙은이 집이었네.
尙憶工夫穿鐵硯	공부는 쇠 벼루가 구멍 나도록 한 게 아직껏 생각나고,
共憐聲價倚金華	성가(聲價)는 금화(金華)236)에 의지한 걸 어여쁘게 여겼네.
詩書業在高門待	시서의 업은 높은 문에 있음을 기다렸는데,
蓬藋廬荒小徑斜	풀숲에 가난한 집 황량하고 작은 길 비껴 있네.
新月新烟渾不改	신월(新月)237)과 신연(新烟)238)은 모두 아니 바뀌었으니,
楊州春望使人嗟	양주에서 봄에 바라보자 사람을 탄식케 하네.

---

235) 이복윤(李福潤, 1741~?): 본관은 경주(慶州). 자(字)는 신지(身之). 1775년 별시(別試) 급제. 아버지는 이록(李錄)이다.
236) 금화(金華): 궁중(宮中)의 관서(官署)를 이른다.
237) 신월(新月): 보름달, 또는 초승달.
238) 신연(新烟): 여기서는 새로 돋은 풀이란 뜻으로 쓴 것이다.

78. 번암 채상국(蔡相國) 만시

樊巖蔡相國輓詞

高山不動斗垂杓	높은 산같이 안 움직이고 북두성은 자루를 드리웠는데
一髮千勻任骨銷	털 하나로 천 균을 매달았으니 뼈가 가루가 되더라도
遺恨扶持危急日	남긴 한은 위급하던 날을 부지하던 것이었고,
餘年報答聖明朝	남은 여생은 성명한 조정에 보답하였네.
文章勳業長輝暎	문장과 훈업은 길이 빛나 비출 것이나,
廊廟江湖兩寂寥	조정이나 강호 양쪽 모두 쓸쓸하게 되었네.
欲哭吾私渾[缺]事	나는 정으로다 울려 하니 모두 [꿈같은]239) 일인데,
白頭澘灑望青霄	흰머리로 눈물 뿌리면서 창공을 바라보았네.

79. 헌납 정선장(丁善長) 만시 [이름은 지원(志元)240)이다]

丁獻納善長輓 [名志元]

[1]

伊昔丁員外	지난날의 정 원외랑은
幽棲半百閒	숨어서 반 백년 한가롭게 지냈네.
珠邱開白日	주구241)에 대낮이 열릴 적에,242)

---

239) 결자(缺字)이지만 의미는 꿈일 것으로 보인다.
240) 정지원(丁志元, 1738~?) : 본관은 나주(羅州). 1765년 식년시(式年試) 급제. 아버지는 정술신(丁述愼)이고 조부(祖父)는 정현도(丁顯燾)이다.
241) 주구(珠邱) : 임금의 능침(陵寢)을 뜻한다. 순(舜) 임금의 무덤에 새가 날아와 구슬을 떨어뜨린 것이 쌓여서 언덕을 이루었다는 고사에서 나온 말이다. 『습유기(拾遺記)』 참조
242) 좋은 정치가 벌여질 때를 의미한다.

草屩下靑山	짚신 차림으로 청산에서 내려 왔네.
夜宿依僧寺	밤에는 절간에서 잠을 청했고,
晨趨綴哭班	새벽에 달려가서 곡반243)을 이었네.
故人東野在	친구가 동야(東野)에 있었으니,
話到共餘潸	말이 이르자 함께 눈물 흘렸네.

[2]

從死三良志	따라 죽은 삼량(三良)244)의 뜻을
邦家舊賜旌	나라에서 옛날에 정문 내렸네.
忽驚無晝哭	갑자기 주곡(晝哭)245)이 없었던 걸 놀랐는데,
終待有春卿	마침내 춘경(春卿)246)이 있기를 기다렸네.
玉樹人間世	옥수(玉樹)247)는 인간 사는 세상에 있고,
琴絃地下聲	거문고 줄[琴絃]248)은 지하에서 소리 나네.
含悽向東郭	슬퍼하며 동쪽 성곽으로 향하니,
百里暮雲橫	백 리 길에 저물녘 구름 비꼈네.

---

243) 곡반(哭班) : 국상(國喪) 때 곡을 하던 벼슬아치의 반열.
244) 삼량(三良) : 세 사람의 양신(良臣)이란 뜻.
245) 주곡(晝哭) : 대낮에 소리 내어 곡을 함. 남편상[夫喪]을 당했다는 뜻. 『예기(禮記)』「단궁 하(檀弓 下)」에 "(남편) 목백의 상에는 (그 아내) 경강이 낮에만 곡을 했고 (아들) 문백의 상에는 (그 어머니 경강이) 밤낮으로 곡을 했다[穆伯之喪, 敬姜晝哭. 文伯之喪, 晝夜哭]"라고 했다.
246) 춘경(春卿) : 주나라 때 예(禮)를 관장했던 육경(六卿)의 하나인 춘관(春官)의 장(長)을 말하며, 조선 왕조에서는 예조판서(禮曹判書)라는 뜻으로 썼다.
247) 옥수(玉樹) : 아름다운 나무란 말로서 가문의 젊은 자제(子弟)들을 일컫는 말이다.
248) 거문고 줄[琴絃] : 여기서는 부부(夫婦)를 뜻하는 말이니, 그 부인이 먼저 죽은 것으로 보인다.

80. 강릉부사 이치휘(李穉輝) 만시 [이름은 경명(景溟)249)이다]

李江陵穉輝輓 [名景溟]

有美湖西秀	아름다움은 호서의 수재(秀才)로서,
承家在筆耕	가업(家業)을 계승하여 필경(筆耕)250) 있었네.
桂枝雖晼晚	과거급제251) 비록 늦기는 했으나,
雲路倏崢嶸	벼슬길이 갑자기 높게 되었네.
顧眄恩榮重	돌보시는 상감의 은영(恩榮)이 무거웠고,
端居士友傾	단정하게 거처하는 사우들 쏠리었네.
素絲垂帶厲	흰 실[素絲]252)은 띠에 드리워서 힘썼고,
靑眼向人橫	반가운 눈은 사람 향해 비끼었네.
弟侄皆周禮	아우, 조카들 모두 두루 예가 있으며,
柴荊有誦聲	시골집에 글 읽는 소리 있었네.
異言紛息滅	이단의 말 분분하던 것 없어졌으니,
吾道轉光明	유도(儒道)는 더욱이 광명하게 되었네.
墨綬仍觀化	수령에 임명되어 교화를 보았으니,
蒼天豈薄情	하늘은 어찌 그리 박정했던가!
悔敎近蓬海	봉래 바다에 가까움을 후회케 되었으니,
應是遂鸞笙	응당 난생(鸞笙)253)을 완수했을 것이네.254)
碧艸維揚路	푸른 풀은 유양255)으로 가는 길인데,

---

249) 이경명(李景溟, 1733~?) : 본관은 한산(韓山). 자(字)는 치휘(稚暉). 1777년 정시(庭試)에 합격. 아버지는 이수일(李秀逸)이고 조부(祖父)는 이성(李峸)이다.
250) 필경(筆耕) : 이필대경(以筆代耕)의 준말. 필묵(筆墨)으로 생계를 도모함을 이른다.
251) 과거급제[桂枝] : 계림일지(桂林一枝)를 가리킨다. 계림일지는 "桂林一枝, 昆山片玉"의 생략된 말로 과거급제를 말한다.
252) 흰 실[素絲] : 『시경』「소남(召南)」 '고양(羔羊)'편의 소사오타(素絲五紽)에서 나온 말로서 청렴(淸廉)한 사람을 칭찬하는 말이다.
253) 난생(鸞笙) : 생(笙)이란 악기의 미칭이다.
254) 이 시구와 앞 구에서 말하는 뜻을 알 수 없으니 아는 자의 해석을 기다린다.

春風飛旐輕	봄바람에 날리는 명정 가볍네.
撫墳嗟契濶	무덤 어루만지면서 소식 끊겼던 것 슬퍼했고,
托子尙慚驚	자제를 내게 맡긴 것은 아직도 부끄럽고 놀라웠네.256)
吉士凋零盡	선량한 선비들이 모두 다 죽어,
佳城指顧成	무덤이 순식간에 이루어졌네.
幽花兼瘦柏	그윽한 꽃이 야윈 잣나무와 어울렸으니,
滿目見平生	눈에 가득 평생을 보게 되리라.

81. 신 동지돈령부사 만시 [이름은 광요光堯이다]

申同敦寧輓 [名光堯]

忠原客路惜行塵	충원(忠原)257)의 객로에서 뒷모습을 아쉬워 했는데,
一別仍驚歲月頻	이별하자 세월이 빠름에 놀랐네.
談笑難忘珍重意	담소(談笑)는 진중했던 뜻을 잊기 어렵고,
朝廷肯憶老成人	조정에서 기꺼이 노련한 사람을 생각하겠는가?
堤州雲樹春逾遠	제주(堤州)258)의 운수(雲樹)259)는 봄이 더욱 멀었고,
京尹風流跡更陳	서울에서 놀던 풍류는 더욱 묵은 자취 됐네.

---

255) 유양(維揚) : 양주(楊州)를 말함.
256) 학덕이 남의 자식을 맡을 만한 정도가 되지 못하는데 저 사람의 자식을 내게 의탁해 왔으니 아직도 부끄럽고 놀랍다는 뜻이다.
257) 충원(忠原) : 충주(忠州)의 옛 이름.
258) 제주(堤州) : 제천(堤川)의 옛 이름.
259) 운수(雲樹) : 운수지사(雲樹之思), 곧 멀리 떨어져 있는 친구끼리 서로 생각하는 우정을 말한다. 당(唐)나라 두보(杜甫)의 「춘일억이백(春日憶李白)」이란 시에 "위북에 있는 나는 봄철의 나무 보면 그대 생각 하는데[渭北春天樹], 강동에 있는 그대는 해 저무는 구름 보며 나를 생각하리래[江東日暮雲]"라고 한 시구에서 나온 말이다.

| 怊悵酒泉新塚起 | 서글프다! 주천(酒泉)에 새 무덤 솟았으니 |
| 後生何處覓淳眞 | 후생이 어디에서 순진(淳眞)함 찾을까. |

82. 연광정의 증별운을 써서 조진범(趙晋範)이 서경으로 돌아가는 것을 전송하고 아울러 옛 친구에게 편지한다

用鍊光亭贈別韻, 送趙生晋範, 還西京, 兼柬舊知

未逐猶今貧	축빈(逐貧)260)하지 못하여 지금도 가난하나,
相逢倍昔親	만나 보니 옛날 보다 갑절이나 친근하네.
那能顔不改	어찌 그리 얼굴이 안 늙을 수 있었나?
飜似夢無因	뒤집어 생각하면 꿈에는 원인이 없는 것 같네.
接讌催歡伯	잔치에 접해서는 환백261)을 재촉하였고,
稱詩覓蔡倫	시로 어울릴 때는 채륜262)을 찾았네.
惟時遭暇豫	오직 이때 한가로운 즐김을 만나,
適可展經綸	마침 경륜(經綸)을 펼칠 수가 있었네.
多士庭咸造	많은 선비들 뜰에 모두 이르렀고,
千燈佛有神	천등은 부처의 신묘함이 있었네.
[時適八日燃燈]	[때가 마침 사월 초파일이어서 연등을 하였다.]
雲開華岳面	구름은 삼각산의 낯을 열었고,
花擁漢江濱	꽃은 한강의 물가를 끼고 있었네.

---

260) 축빈(逐貧) : 한(漢)나라 양웅(揚雄)의 「축빈부(逐貧賦)」가 있다.
261) 환백(歡伯) : 술의 별명.
262) 채윤(蔡倫) : 중국 후한 때 사람. 처음으로 수피(樹皮)·마포(麻布)·어망(魚網) 따위를 써서 종이를 만들었으므로 채후지(蔡侯紙)라는 호칭이 있었다. 여기서는 '종이'란 뜻으로 쓴 것이다.

荊玉懷雖泣	형산 박옥을 품고 울기는 했으나,
爐金鍊更純	화로의 금은 단련할수록 더욱 순정해졌네.
超遙窮壯觀	아득한 시야(視野)에선 장관을 궁진했고,
跌宕露天眞	질탕한 성격은 천진함을 드러냈네.
遊倦梁園客	놀기에 싫증이 난 양원의 손263)이기에
歸遄鄭谷人	돌아오길 빨리한 정곡의 사람264)이었네.
西京勞問訊	서경에서 수고롭게 문신265)을 하면,
舊俗想眞淳	옛 풍속이 참되고 순박하리라.
江練光涵鏡	강물 마전한 빛은 거울이 잠기었고,266)
樓浮碧出塵	누대에 뜬 푸른빛은 티끌에서 벗어났네.267)
仁賢餘軌躅	인현(仁賢)한 사람들은 자취 남아 있어서,
埋沒尙衿紳	묻혔더 하더라도 선비 숭상하리라.
耒耜安箕井	밭을 가는 농부는 기자 정전(箕子井田)268) 편히 여기고,
詩書慕國賓	시서 읽은 선비는 국빈(國賓)269)을 사모하리.
吹噓慙短綆	남을 이끌어 줌에 두레박 끈 짧음 부끄럽지만270)
歷賢恨歸輪	역대의 현인은 돌아가는 수레를 한하였네.
自賦初衣遂	초의(初衣)271)를 이룩한 것을 짓고서부터,

263) 양원의 손[梁園]: 한나라 양효왕(梁孝王)이 만든 토원(兎園)이다. 양효왕이 이 정원을 지어 놓고 사방의 호걸들을 초청하자 산동(山東)의 유사(游士)들이 모여들었다고 한다. 여기서는 조진범(趙晉範)이 머물러 있던 어떤 곳을 가리킨 것이다.
264) 정곡의 사람[鄭谷人]: 한(漢)나라 때 고사(高士)로서 곡구(谷口)에 살았던 정자진(鄭子眞)을 가리킨다.
265) 문신(問訊): 여기서는 안부를 묻는다는 뜻.
266) 여기서는 연광정(鍊光亭) 가의 강물을 말한 것이다.
267) 여기서는 부벽루(浮碧樓)를 말한 것이다.
268) 기자 정전(箕子井田): 평양의 들에는 은(殷)나라 기자(箕子)가 조선으로 와서 정전법(井田法)을 실시한 유적이 전한다는 전설이 있다.
269) 국빈(國賓): 여기서는 서경(西京, 平壤)으로 돌아가는 조진범을 가리킨 것으로 보인다.
270) 자신의 재능이 모자라는 것을 부끄럽게 여겼다는 말.
271) 초의(初衣): 처음에 입었던 옷. 벼슬하기 전에 입었던 포의(布衣)를 가리킴. 여기서 이룩했다 함은 벼슬을 그만두고 은퇴했다는 말이다.

羞爲醜女嚬	추녀가 찡그림272)을 부끄럽게 여겼네.
艸玄甘避俗	태현경273)을 초하며 세속 피함을 달게 여기고,
丸藥學全身	환약으로 몸을 온전히 하길 배웠네.
樸直驚機巧	질박하고 정직함은 기교함에 놀랐고,
歸休憶里仁	돌아가서 휴식함은 이인(里仁)274)을 생각했네.
緬懷惟木食	멀리 생각하니 오직 목식(木食)275)이었고,
先獲乃牆循	먼저 얻은 것은 바로 장순(牆循)276)이었네.
但使衰年健	다만 늙은 나이로 건강하게 된다면,
猶堪大雅陳	오히려 대아의 베품을 견딜 수 있으리.
雲林終欲往	운림(雲林)에 마침내 가려고 하니,
魚雁若爲頻	편지를 자주 해야 할 것 같도다.
全喜囊螢舊	전생은 주머니에 반딧불 주어 담던 옛날을 좋아했고,
[指全生允涵]	[전윤함을 가리킨다.]
添憐縛屋新	수첨(壽添)은 새로 지붕 얽은 것을 어여삐 여기노라.
[指族孫壽添]	[족손 수첨(壽添)을 가리킨다.]
高生沾薄祿	고생은 박봉(薄俸)에 얽매여 있어도,
絶藝聚奇珍	뛰어난 예능은 진기한 보배 모았네.
[高君敏厚工作聚珍字]	[고민후(高敏厚) 군이 취진자(聚珍字)277)를 만들었다.]

---

272) 추녀가 찡그리는 것[醜女嚬]: 춘추시대 월(越)나라의 미녀 서시(西施)가 심장병이 있어 찡그리는 모습을 아름답게 본 이웃 추녀(醜女)가 그 찡그리는 모습을 흉내 냈다는 고사에 따라 덮어놓고 남의 흉내만 내는 것을 일컫는 말.
273) 『태현경(太玄經)』: 양웅(揚雄)이 『역경(易經)』을 본 따서 지은 책이다.
274) 이인(里仁): 이웃 마을 사람들의 마음이 모두 어진 것. 인심이 좋은 마을이란 뜻. 『논어』「이인(里仁)」에 공자께서 말씀하기를 "마을 어진 것이 아름답다[里仁爲美]"라고 하셨다.
275) 목식(木食): 산중에 있는 자연수(自然樹)의 과실을 먹고 사는 것. 은사(隱士)가 속세를 멀리 떠난 것을 형용하는 말이다.
276) 장순(牆循): 순장(循牆)과 같은 말. 버젓이 길의 한복판을 다니지 않고 담장을 따라 다닌다는 말로서 자신을 더욱 낮춘다는 뜻이다. 『좌전』「소공칠년(昭公七年)」참조.
277) 취진자(聚珍字): 1815년 예조판서 남공철(南公轍)이 주조한 동활자(銅活字). 중국 전

生事皆攻苦	살아가는 일은 모두 고생스럽고,
音徽或受辛	음휘[278]로 더러는 신산(辛酸)함을 받기도 했네.
悠悠千嶂夕	유유한 것은 저녁에 천개의 산이고
落落數星晨	낙낙한 것은 새벽에 별이 뜬 것이네.
洛下還留約	서울에서 또한 약속에 머물렀고,
宵中卽簡辰	밤중에 곧 편지를 쓰던 때였네.
駸駸應奮迅	천리마는 응당 뽐내 빠르게 갈 것인데,
檀輻豈淸淪	단폭은 어찌 청륜(淸淪)할 것인가?
細麥初迎夏	가는 보리는 처음으로 여름을 맞이했고
幽花獨殿春	그윽한 꽃은 홀로 봄에 뒤졌네.
西來饒驛使	서쪽에서 오는 역사(驛使)가 많으니,
爲待尺書臻	편지가 이르기를 기다리노라.

83. 칠탄정[279] 시운에 차운해서 진사 손병로^{孫秉魯}에게 주다

次七灘亭韻, 贈孫進士秉魯

孫氏孤亭面勢豪　　손씨(孫氏)[280]의 외딴 정자는 모습이 호방한데,

겸익(錢謙益)의 취진판『초학집(初學集)』을 자본(字本)으로 해서 남공철의 시문집인『금릉거사문집(金陵居士文集)』을 비롯하여 『우념재시초(雨念齋詩鈔)』·『귀은당집(歸恩堂集)』·『삼산재집(三山齋集)』·『만보재집(晚保齋集)』 등 모두 개인 문집을 인출하는 데 사용하였다.

278) 음휘(音徽) : 거문고의 소리를 고를 때 거문고 줄을 누르는 곳을 표시한 표지(標志)를 이름. 거문고 또는 악곡(樂曲)을 뜻함.
279) 칠탄정(七灘亭) : 경상남도 밀양시(密陽市) 단장면(丹場面) 미촌리(美村里) 칠리탄(七里灘)에 있는 정자 이름. 경상남도 지정 문화재 제72호 이 정자는 오한(聱漢) 손기양(孫起陽)의 별서(別墅)이다.
280) 손씨(孫氏) : 손기양(孫起揚, 1559~1617)이다. 조선의 문신·학자. 자는 경징(景徵), 호

仙巖琴野逈周遭	선암(仙巖)과 금야(琴野)가 멀리 에워싸고 있네.
客星自覺風流遠	객성(客星:客人)은 스스로 풍류가 원대함을 느끼었고,
精舍非關結搆牢	정사(精舍)는 결구가 단단히 함에 관계된 건 아니네.
楚玉深藏山氣潤	초옥(楚玉)281)을 깊이 감추어 두었으니 산기(山氣)가 윤택하고282)
雲羅虛設鳳飛高	운라(雲羅)283)를 헛되이 베풀었으니 봉황새 날기 높이 했네.
衣冠梓里留餘慶	의관은 고향의 남은 경사를 머물러 놓았으니,
早晚相將到省曹	조만간에 서로 거느리고 성조(省曹)284)에 이르게 되리.

84. 생질 신정권(申鼎權)의 시권에 쓰다

題申甥鼎權試券285)

| 三魏蜚英事渺茫 | 삼위286)가 이름 날린 일들이 아득한데, |
| 新翻一曲淚沾裳 | 새로 지은 한 곡조에 눈물이 의상을 적시었네. |

는 오한(螯漢), 초호는 송간(松磵). 1585년 사마시(司馬試)에 합격하고, 1588년 식년문과(式年文科)에 급제하였다. 1612년 광해군의 정치가 어지러워지자 벼슬을 버리고 낙향했다. 뒤에 사헌부(司憲府)·사간원(司諫院)의 벼슬, 상주목사(尙州牧使) 등에 임명되었으나 모두 사퇴, 학문으로 여생을 보냈다. 성리학자(性理學者)로서 정구(鄭逑)·정경세(鄭經世)·조호익(曺好益) 등 영남의 명유(名儒)들과 교유, 만년에는 역학(易學)에 전심했다. 저서에 『배민록(排悶錄)』·『철조록(輟釣錄)』 등이 있다.
281) 초옥(楚玉): 변화(卞和)의 고사에 얽힌 보옥(寶玉)을 가리킨다.
282) 지인이 벼슬길에 나아가지 않고 학문이 높은 것을 말함.
283) 운라(雲羅): 그물과 같은 구름을 가리킨다.
284) 성조(省曹): 형조(刑曹)를 이른다.
285) 원문은 권(卷)으로 되어 있으나 권(券)의 오자로 보여서 바꾸어 놓는다.
286) 삼위(三魏): ①명(明)나라 축윤정(魏允貞)과 그의 아우 윤중(允中)·윤부(允孚)가 아울러 당시에 명성이 있었으므로 사람들이 남락삼위(南樂三魏)라 일컬었다. ②여기서는 신정권(申鼎權) 3형제의 명성을 칭찬한 말로 보인다.

家鷄野鶩休分別　집 닭과 들 오리를 분별치 말지니,
只待橫天六翮長　다만 하늘에 비낀 육핵(六翮)²⁸⁷)이 긴 것만 기다리네.

85. 어제로 수권제서²⁸⁸)에 쓴 운자를 삼가 차운하다

恭次御製題手圈諸書韻

　　제서(諸書)에 손수 권점(圈點)을 찍으신 것은 삼예(三禮)와 양한사(兩漢史)와 송오현(宋五賢)과 당송팔대가(唐宋八大家)와 당(唐)나라 육선공주의(陸宣公奏議)²⁸⁹) 가운데 있는 중요한 말들이었다. 우리 상감께서 만기를 보살핀 나머지에 신경을 써서 처음에는 청권(靑圈)을 찍고 계속하기를 주권(硃圈)을 찍으셨다. (이것을) 문학하는 신하들에게 명령하여 베끼고 교정하도록 해서 맑고 조용한 때의 볼거리로 갖추시었다. 무오(戊午, 1798년) 겨울 12월에 (나와 같이) 천한 신하가 잠리(簪履)²⁹⁰)의 생각으로 또한 역사(役事)를 집행하는 말석에 참여하게 되었다. 이에 다음해 4월에 어제십운(御製十韻)을 내강하시고²⁹¹) 다시 지어 올릴 것을 명령하시었다. 영광스런 마음이 지극해서 참람된 것도 잊고 삼가 차운을 했는

---

287) 육핵(六翮) : 새의 양 날개에서 큰 깃.
288) 수권제서(手圈諸書) : 여러 서적에서 손수 권(圈 : 동그라미)을 표시한다는 말. 손수라 함은 정조가 손수 동그라미를 쳤다는 말이다. 그것과 관련된 글로는 정조(正祖), 『홍재전서(弘齋全書)』 「題手圈諸書」와 홍양호(洪良浩), 『이계집(耳溪集)』 「賡和題手圈諸書詩韻」 등이 있다.
289) 육선공주의(陸宣公奏議) : 육선공은 육지(陸贄, 754~805)를 가리킨다. 당(唐)나라 때 문인. 소주(蘇州) 가흥(嘉興) 사람. 자는 경여(敬興). 덕종(德宗) 때 한림학사(翰林學士)가 되어 신임이 두터웠으며 중서시랑(中書侍郞)·동평장사(同平章事)에 이르렀다. 그의 주의(奏議)는 후세에까지 존중되었다. 저서에 『한원집(翰苑集)』 10권과 『의론주소집(議論奏疏集)』 12권이 있다.
290) 잠리(簪履) : 잠구(簪屨)와 같은 말. 관(冠)에 꽂는 비녀와 신을 말하며, 언제나 낮고 미약한 옛 신하라는 뜻으로 쓴다.
291) 내강(內降) : 임금이 재상과 상의하지 않고 교서(敎書)를 내리는 것.

데 인하여 원고를 산삭하지 아니함으로써 성대한 일을 자손들에게 보인다.

手圈諸書者, 三禮・兩漢史・宋五賢唐宋八大家, 及唐陸宣公奏議中要語也. 我聖上, 幾餘留神, 始以靑圈, 繼以硃圈,292) 命文學之臣, 繕寫校讐, 以備淸燕之覽. 戊午冬十有二月, 賤臣以簪履之思, 亦與執役之末. 乃於翌年四月, 內降御製十韻, 命以賡進. 榮感之極, 忘僭恭次, 仍不削藁, 以示盛事於子孫.

綈几芸香玉漏長	제궤293)의 운향294)에 옥루(玉漏)295)가 긴데,
圖書奎璧發天藏	도서(圖書)중의 규벽(奎璧)296)이 천장(天藏)297)을 꺼내셨네.
金星心秤分三品	금성298)의 심칭(心秤)299)은 삼품300)을 나누었고,
新藥文垣見一方	신약은 문원(文垣)에 하나의 방법을 보았네.
繙閱兩重交圈彩	두 겹인 것을 펼쳐 보니 수권을 한 채색이 교차되었고,
森羅四部溯姬蒼	펼쳐진 사부(四部)301)는 희창(姬蒼)302)을 거슬러 올랐네.
遺文經史開蒙牖	남긴 글의 경과 사는 어리석음 여는 창문이고,
道統滄洲揭斗綱	도통은 창주(滄洲)303)에서 두강(斗綱)304)을 계재하였네.

---

292) 원문은 말(秣)로 되어 있으나 주(硃)의 오자로 보여서 바꾸어 놓는다.
293) 제궤(綈几): 두꺼운 비단을 깐 안석. 옛날 제왕의 안석이었다.
294) 운향(芸香): 향초 이름. 좀먹는 것을 방지하는 효과가 있다.
295) 옥루(玉漏): 옛날 시간을 재던 물시계를 말한다. 옥루가 길었다는 것은 상감이 여러 책에 손수 권(圈: 동그라미)을 치는 데 오랜 시일이 걸렸다는 뜻이다.
296) 규벽(奎璧): 규수(奎宿)와 옥벽(玉璧)을 합친 말로서 여기서는 좋은 서적(書籍)을 가리키는 말이다.
297) 천장(天藏): 여기서는 궁중에 있던 장서각(藏書閣)을 가리킨다.
298) 금성(金星): 여기서는 벼루[硯]의 일종인 금성석(金星石).
299) 심칭(心秤): 공정한 마음의 비유로 쓰는 말.
300) 삼품(三品): 여기서는 상・중・하 세 가지의 등급이란 뜻일 것이다.
301) 사부(四部): 서적의 경(經)・사(史)・자(子)・집(集)의 네 가지 구분을 말한다.
302) 희창(姬蒼): 옛날의 어떤 사람을 말한 것 같으나 알 수 없다.
303) 창주(滄洲): 여기서는 주자(朱子)의 호인 창주병수(滄洲病叟)의 준말이니 곧 주자를 가리킨다.
304) 두강(斗綱): 북두칠성의 자루[斗柄] 쪽에 있는 별을 가리킨다. 역서가(曆書家)들이

餘事八家推哲匠	나머지는 팔가(八家)에 종사하여 철장305)을 추대했고,
嘉謨內相效危塲	좋은 의견[嘉謨]306) 있는 내상은 위험한 곳 본받았네.
羣言折衷從刋落	여러 말을 절충해서 지엽적인 것 깎아 버림 따랐고,
精義鉤玄爲表章	정한 뜻은 현명한 것을 갈고리질 해서 표장하였네.
淸閟校讐供筆札	맑고 깊은 교정(校正)으로 필찰(筆札)을 공급했으니,
莊嚴庋閣疊縑緗	장엄한 기각(庋閣)에는 겸상(縑緗)307)이 첩첩히 쌓였네.
深知博約循尼轍	박문약예는 중니(仲尼)의 수레바퀴 따름을 깊이 알았고,
倍覺光輝動舜裳	광휘는 순임금의 옷을 움직인다는 것을 느끼게 되었네.
白虎諸儒虛問難	백호관(白虎觀)308)의 유생들은 헛되이 따져 묻고 논변(論辨)했으며,
黃軒二酉更荒唐	황제헌원씨(黃帝軒轅氏)309)와 이유(二酉)는 더욱 황당한 것이네.
新經御手名言切	새로 어수를 거쳐서 명언(名言)이 절실했으니,
取次治猷待發皇	점차로 치유(治猷, 治政計劃)를 기다려서 선양(宣揚)케 됐네.

연력(年曆)을 만들 때에는 북두성 자루가 가리키는 방향을 보아 갑자, 을축 등 햇수를 정하는 일을 따랐다. 여기서는 성인(聖人)의 도통이 필연적으로 주자에 돌아간 것을 나타낸 말이다.
305) 철장(哲匠) : ① 현명하고 재능이 있는 사람. ② 예전에 현명한 대신을 이르던 말.
306) 좋은 의견[嘉謨] : 가모(嘉謨). 나랏일에 관하여 임금께 권하거나 아뢰는 좋은 의견(意見).
307) 겸상(縑緗) : 임금의 교서(敎書)를 쓰던 담황색(淡黃色)의 비단 종이를 말한다.
308) 백호관(白虎觀) : 후한(後漢) 장제(章帝) 때에 박사(博士)・의랑(議郎)과 제생(諸生)들을 모아 오경(五經)의 같고 다름을 따져 묻고 논변(論辨)하게 했던 곳. 거기에서 얻어진 것을 반고(班固)로 하여금 찬집(撰集)하게 한 것이『백호통(白虎通)』이란 책이다.
309) 황제헌원씨(黃帝軒轅氏) : 중국의 고대 제왕인 황제를 가리킨다. 그가 헌원(軒轅)이라는 곳에 살았기 때문에 이렇게 일컫기도 한다.

86. 7월 16일 밤에 학사 심화오沈華五와 배를 타고 이수를 거슬러 오르락내리락하다

七月十六夜, 與沈學士華五, 乘舟泝洄二水

兩岸江平闊	양 언덕 사이로 강물이 평평하고 넓은데
中流月動搖	흐르는 물 가운데엔 달빛이 흔들리네.
飄然乘一氣	표연히 한 기운을 타고서
直上定層霄	곧장 올라가면 반드시 높은 하늘일 것이네.
物外金門客	속세 밖에 벗어난 금문(金門, 선경)의 객이
風前碧玉簫	바람 앞에서 푸른 옥소를 부네.
由來仙侶重	유래로 신선 짝은 중요하노니,
亦莫費招邀	또한 초대함을 헤프게 하지 말라.310)

87. 시안정

是岸亭

龍氣猶蒸雨	용기311)가 찌는 듯한 비와 같은데,
乾文已落星	하늘의 현상은 이미 별이 졌네.
安危無一老	안위(安危)를 담당할 원로(元老) 한 분 없는데,

---

310) 마지막 구는 편지 따위를 너무 헤프게 보내지 않아도 선연(仙緣)이 무겁기 때문에 자주 오게 될 것이라는 뜻이다.

311) 용기(龍氣): 제왕의 기운을 이른다. 유비(劉備)가 제갈량(諸葛亮)에게 건업(建業)을 살펴보게 했더니, 용과 범이 서린 것 같은 기운이 뻗쳐 나와 제왕의 터임을 알았다는 고사가 전한다. 또 『구당서(舊唐書)』「현종기(玄宗紀)」에 상감이 살고 있던 집 밖에 있는 못물이 점차로 넘치니 망기(望氣)하는 자들이 용기(龍氣)라 했다.

江漢有孤亭	한강(漢江)에는 외로운 정자만 남아 있네.
客至鷗還白	나그네 이르니 갈매기는 여전히 희었고
時移草自靑	세월 가자 풀빛은 절로 푸르렀네.
橫槎故近檻	비껴 있는 뗏목이 짐짓 난간과 가까우니
渾欲泛滄溟	온통 너른 바다로 뜨고 싶구나.

88. 27일날 밤에 정언 윤무구(尹無咎)가 홍득(洪得)의 편지를 가지고 이르렀으므로 매우 기뻐서 짓다

廿七夜, 尹正言無咎, 携洪生得書至, 喜甚有作

缺月懸涼夜	이지러진 달이 서늘한 밤에 걸려있고
澄江到小庭	맑은 강은 작은 뜰에 이르렀네.
開門沙遠白	문을 여니 모래가 멀찍이 희고
促坐眼新靑	바짝 다가 앉으니 눈빛 새로 푸르네.
浮俗元多梗	부박한 세속은 원래 막힘 많으니
高賢宜獨醒	현명한 이는 마땅히 혼자 깨야 하였네.
相看成一笑	서로 보며 한차례 껄껄 웃고는
留滯又斯亭	또 다시 이 정자에 머물러 있네.

89. 달 밤에 다른 사람과 함께 옥창강에 배를 띄우고 함께 짓다

月夜與人, 玉滄江泛舟同賦

舟行秋夜靜　　배가 가는 가을 밤 고요한데,
江月到江心　　강 달은 강 복판에 이르렀구나.
岸移微分火　　언덕이 옮겨가니 작게 불이 갈리고,
風過遠有砧　　바람이 지나가니 멀리서 다듬이 소리 나네.
飛騰逢二玅　　빼어난 이묘(二玅)312)를 만나고,
欹倒費長唫　　기도(欹倒)313)하여 긴 읊음에 신경을 썼네.
歸棹那嫌促　　돌아가는 배가 어찌 재촉함을 싫어하랴?
滄茫霧露侵　　아득한 곳에 안개·이슬 뒤덮이는데.

90. 신대로(申大鹵)에게 주다

贈申大鹵

申公詩三百　　신공(申公)은 시 삼백 편 짓는 사이에
骯髒身已老　　꼿꼿했던 몸이 이미 늙어 버렸네.
車馬走官迴　　거마로 관아 갔다 돌아올때면
閒門但秋草　　한가한 문에는 가을 풀뿐이었지.

---

312) 이묘(二玅) : 이묘(二妙)와 같은 뜻. 두 사람의 잘난 사람이란 말로 진(晉)나라의 위관(衛瓘)과 색정(索靖), 당(唐)나라의 위유(韋維)와 송지문(宋之問), 송(宋)나라의 애숙(艾淑)과 진소옹(陳所翁), 그리고 금(金)나라의 단극기(段克己)와 성기(成己) 형제를 일컫은 말이었다. 여기서는 당시 함께 배를 타고 있던 두 사람을 가리킨 말이다.
313) 기도(欹倒) : (슾이) 기울어 넘어져 있는 모습. 여기서는 배 안에 비스듬히 누워 있는 자신과 또 함께 타고 있는 사람들을 가리킨 것.

余亦忘機者	나 또한 기심 잊은 사람인지라
相看顔色好	마주 보면 얼굴빛이 좋기만 했네.
興兼魚鳥外	흥취는 물고기와 새 밖의 것 겸했지만,
身落風塵道	몸은 풍진(風塵)의 길에 떨어졌구나.
何邦有煢獨	어느 나라에 경독(煢獨)314)이 있게 되랴?
待爾一懷保	그대를 기다려 한 번 회보(懷保)315)케 됐네.
[時大鹵久次, 當知縣]	[이 때에 대로(大鹵)가 오랫동안 지현을 담당하게 있었다.]
歸休步苔竹	돌아와 쉬게 되면 이끼 낀 대밭을 거닐 것이니
卜鄰須及早	이웃을 정하기를 일찌감치 하게나.

91. 만추에 대로(大鹵)와 오사(五沙)316)가 지나다 들렸다

秋晩, 大鹵五沙見過

江閣炎蒸遠	강가의 집에 더위가 멀었는데,
園林夕照微	원림에는 저녁 햇빛이 미미하네.
雲遲猶冉冉	구름이 더디어도 오히려 조금씩 가고,
草短更菲菲	풀 짧으나 더욱더 꽃내음 나네.

---

314) 경독(煢獨): 경(煢)은 경(惸)과 같이 쓴다. 형제가 없는 것을 경(煢)이라하고 자식이 없는 것을 독(獨)이라 한다.『시경』「소아」 '정월(正月)'에 "부자들은 괜찮거니와 이 외로운 이들이 애처롭도다[哿矣富人, 哀此惸獨]"라고 했다. 외롭고 고독함이나 또 그런 사람을 가리킨다.

315) 회보(懷保): 감싸서 보호함을 이른다.『서경』「무일(無逸)」에 "주공(周公)이 성왕(成王)에게 이르기를 '문왕(文王)께서는 미약한 백성을 감싸서 보호하셨으며, 홀아비나 과부를 돌보아 주어서 생기(生氣)가 나도록 하셨다[懷保小民, 惠鮮鰥寡]'라고 했다"라 나온다.

316) 오사(五沙): 전출

久別還相見	오래 이별했다가 다시 서로 만나니
無言也忘歸	말은 없어도 돌아가길 잊었네.
論年過半百	나이를 논하매 쉰이 지나갔으니,
眞合賦初衣	참으로 초의(初衣)317)를 입는 것 적합하리.

92. 탁하^{擇下}가 밤에 들러서 함께 짓다 [신보상^{申甫相}]이다

擇下夜過同賦 [申甫相]

今夜貞陵菊	오늘 밤에 정릉의 국화꽃은
多於歲歲香	해마다 났던 향기보다 많았네.
主人理荒穢	주인이 거친 것을 다스렸으니,
明月動輝光	밝은 달에 휘황한 빛이 동하네.
東峽風霜急	동쪽 협곡에는 풍상이 세차고,
西曹刻漏長	서조(西曹)318)에는 물시계의 소리 길도다.
秪憐申季子	가련히 여기는 것은 다만 신계자가
愁絶鶺鴒章	척령장319)에 근심이 지극함이네.320)

---

317) 초의(初衣) : 초복(初服)이라 쓰기도 한다. 벼슬하기 전에 입던 옷이란 말로 평민이 입는 베옷[布衣]를 가리킨다. 여기서는 벼슬살이를 그만두고 야인(野人)의 신분으로 돌아간다는 뜻으로 쓴 것이다.
318) 서조(西曹) : 병조(兵曹)를 달리 이르는 말.
319) 척령(鶺鴒) : 할미새. 할미새들이 서로 날거나 까부는 모습이 사람의 형제들이 서로 사랑하고 돌보는 것과 같으므로 형제라는 뜻으로도 쓴다.『시경』「소아」 '상체(常棣)'에 "鶺鴒在原, 兄弟急難"이라고 하였다.
320) 마지막 구는 형제간의 소식이 끊어졌거나 혹은 죽어서 근심이 심한 것을 가리킨 말이다.

93. 종려희인櫻廬姬人[321]을 애도하다

悼櫻廬姬人

夜月依然白	밤달처럼 전과 같이 희었으니,
朝雲不盡飛	아침 구름 다 날지는 아니 했구료.[322]
著來如寡色	옷에 색채가 적었던 것 같으니,
元是故縫衣	원래가 옛날에 꿰맨 옷이었리.

94. 학사 심화오沈華五에게 받들어 화답하다

奉酬沈學士華五

隱侯詩語妙	은둔한 수령은 시어가 묘하여,
歌罷赫炎收	노래를 마치니 한더위가 사라졌네.
大暑今何處	큰 더위는 이제는 어디로 갔나?
高江颯已秋	높은 강은 바람 소리 이미 가을 되었네.
沙洲爭入眼	모래섬은 다투어 눈으로 들어오고,
風帆盡乘流	바람 맞은 돛폭은 모두 흐름을 탔네.
新酒兼新月	새 술에 새 달까지 겸하였으니,
須君共倚樓	그대를 기다려서 누대에 기대리라.

---

321) 종려희인(櫻廬姬人) : 종려(櫻廬)는 희인(姬人)의 호칭이며 희인은 첩(妾)이란 뜻이니 저자 금대의 소실이다.
322) 조운(朝雲)은 소실이니 이 시구의 뜻은 죽은 종려희인은 소실 티가 남아 있다는 뜻이다.

95. 김중진金仲振이 의성으로 돌아가는 것을 전송하며 [이름은 영탁英鐸이다]

送金仲振還義城 [名英鐸]

金生颯颯大父風	김생은 삽습(颯颯)함이 조부(祖父)의 풍도인데,
大父爲誰龜菴公	조부는 누구냐면 구암공(龜菴公)323)이네.
龜菴時危擧聲哭	구암공이 시대가 위태롭자 소리 내어 울었으니,324)
哭聲白日逈蒼穹	대낮에 곡소리가 하늘 멀리 퍼졌네.
天地爲之慘無色	천지는 그 때문에 애처로워 무색했는데,
流俗蠢蠢氣欲索	유속이 어리석어 기가 삭막하려 했네.
秪今倐忽向四紀	이제 어느덧 48년이 되어 가니,
父老已死後生弱	부로(父老)들 이미 죽고 후생들 어리다네.
歎爾栖栖走風塵	한스럽다. 그대는 분주하게 풍진에 달리지만,
習容鳴玉朝天人	습용(習容)325)이 옥 울리며 조천하는 사람이었네.326)
紫氣衝斗那能識	붉은 기운이 두성 찌름 어찌 알 수 있었으랴.
車馬退食空逡巡	거마 타고 퇴근해서 밥 먹는데 부질없이 머뭇댔네.
告歸寒雨罷廉纖	돌아갈 고하자 부슬부슬 오던 찬 비 그치니,
漢江木落氷溓溓	한강에는 잎이 지고 살얼음 얼었다네.
酒闌歌竟休怊悵	술자리 늦어 노래를 마쳤지만 서글퍼하지 말지니
東方欲動天橫參	동방이 움직이려 하고 하늘엔 심성이 비껴 있네.

---

323) 이가환이 지은 「구암김공묘갈명(龜菴金公墓碣銘)」이 있다. 여기에 따르면 휘(諱)가 복원(復元)이고 자는 복초(復初)이며 본관은 광주(光州)이다.
324) 이 시구는 명나라가 망하자 대성통곡했다는 뜻이다.
325) 습용(習容): 행동거지를 익히는 것. 여기서는 익숙하게 익힌 모습이란 뜻으로 쓴 것 같다.
326) 9,10구는 김영탁이 현실에 제약을 받아 청(淸)나라에 복종하는 생활을 하고 있지만 조부의 영향을 받아 명(明)나라에 조천(朝天)하는 정신을 간직하고 있다는 뜻이다.

96. 고인이 된 장용 외사 조판서 만시 [이름은 심태(心泰)327)이다]

故壯勇外使趙判書輓 [名心泰]

新豊營邑浹人和	신풍328)에서 고을 다스리니 인화(人和) 두루 미치고,
上將登壇有雅歌	상장(上將)으로 등단했으니 전아한 노래 있었네.
吏士日趨三輔重	이사(吏士)들이 날로 추창했으니 삼보329)가 무거웠고,
衣冠月出五雲多	의관이 다달이 나왔으니 오운330)이 많았네.
珠邱佳氣今如此	주구(珠邱)331)의 아름다운 기가 이제 이와 같으니,
玉塞長城不啻過	옥새(玉塞)332)의 장성 보다 나을 뿐이 아니었네.
咫尺魚灘便拱護	가까이 있는 어탄(魚灘)333)에 알맞게 둘려 있으니,
英靈猶得壯山河	영령은 오히려 산하를 장엄히 할 수 있을 것이네.

---

327) 조심태(趙心泰, 1740~1799) : 조선 후기의 무신. 본관은 평양. 자는 집중(執仲), 시호는 무의(武毅). 무예에 뛰어났으며, 음보(蔭補)로 선전관(宣傳官)이 되고, 1768년 무과에 급제한 뒤 여러 요직을 거쳤다. 1789년 수원부사(水原府使) 때 현륭원(顯隆園)을 수원에 이전하는 데 공을 세웠으며, 민호를 늘리고 병력을 강화했으며, 도호부(都護府)를 수원에 설치하게 하였다. 어영대장 겸 의금부지사·형조판서 등을 지냈다. 이어 장용대장(壯勇大將)에 올라 오위(五衛)의 개편 때 군제도식(軍制圖式)을 정해 군제 개혁을 그의 주장대로 하여 칭찬을 받았다. 박학하여 지리·군제(軍制)·율령(律令)·농정(農政)·글씨에 까지 정통하였다. 좌찬성(左贊成)이 추증되었다.

328) 신풍(新豊) : 한(漢) 고조(高祖)가 장안(長安)에 도읍한 뒤 부모님의 향수를 달래드리기 위하여 고향 풍(豊)과 같은 모습의 마을을 본떠서 만든 도시. 섬서성(陝西省) 임동현(臨潼縣) 동북쪽에 있었다. 여기서는 조선 정조대왕(正祖大王)의 부친인 사도세자의 무덤을 이장할 때 수원부(水原府)를 확장한 공사에 비유한 말이다.

329) 삼보(三輔) : 중국 전한 무제(武帝) 때 장안을 중심으로 한 3행정(行政) 구획(區劃). 곧 경조(京兆 : 장안을 포함하는 동부)·좌풍익(左馮翊 : 북부)·우부풍(右扶風 : 서부)의 통틀어 일컬음.

330) 오운(五雲) : 다섯 빛깔이 영롱한 구름. 여기서는 상서로운 징조(徵兆)라는 뜻을 취한 것이다.

331) 주구(珠邱) : 주구(珠丘)와 같은 말. 여기서는 사도세자의 무덤을 옮기고 상서롭게 여겨지는 감회를 기술한 것이다.

332) 옥새(玉塞) : 중국의 감숙성(甘肅省)의 서북쪽에 있으며 서역(西域)과 교통하는 중요한 관문이다.

333) 어탄(魚灘) : 조심태의 무덤 가까이에 있는 여울의 이름으로 보인다.

97. 편지를 신초석申蕉石에게 보내다

簡寄申蕉石

恩書遠近紫泥頒	은서(恩書)로 원근에 교서(敎書)로 반포했으니,
徂歲崢嶸逐客還	가는 세월 빨라서 유배객 돌아왔네.
復對江風元一水	다시 강바람 만났으니 원래는 한 물인데,334)
却經雲雪已千山	도리어 구름과 눈 거친 것이 이미 천산이었네.
故人多病空相憶	친구들 병 많아서 부질없이 서로 생각하는데,
令弟拘官且未閒	영제(令弟)335)는 관직에 얽매여 또 한가롭지 못하네.
不有芳蘭新入眼	꽃다운 난초가 새로이 눈에 들어온 것이 있지 않다면,
此翁何以破愁顔	이 노인이 어떻게 시름겨운 얼굴 펴고 웃을 수 있으리오

98. 권승지 동야東野를 곡하다 [이름은 평坪336)이다]

哭權承旨東野[名坪]

浮俗何由變	부박한 풍속을 어떻게 바꾸겠는가
如君又返眞	그대 같은 분이 또 세상 떠났으니.
盛衰惟貌改	젊고 늙은 모습만은 바꾸었으나,
終始得心親	처음부터 끝까지 마음으로 친했네.
世道從交器	세도는 상종하여 교유하는 그릇이기에,

---

334) 유배지도 그 강이며, 돌아오는 곳도 그 강이란 말이다.
335) 영제(令弟) : 자신의 아우 또래가 되는 사람에 대한 경칭(敬稱). 여기서는 신초석을 가리킨다.
336) 권평(權坪, 1734~?) : 본관은 안동(安東). 영조(英祖) 41년에 식년시(式年試) 급제. 아버지는 권상언(權尙彦)이다.

悲歡共一身	슬픔과 기쁨을 한 몸처럼 함께 했네.
餘年甘臥病	여생에는 몸져 누움 감수하였고,
末計恥隨人	말년 계획 남을 쫓음 부끄러워했네.
蕙歎樊巖宅	혜초의 탄식[337]은 번암의 집이었고,
琴亡石井潯	금곡(琴曲)이 없어진 것[琴亡][338]은 석정(石井)[339]의 물가였네.
春陰正漠漠	봄 구름 정히 아득하기만 한데
回首玉鷄晨	옥계(玉鷄)[340] 우는 새벽에 고개 돌려 보네.

---

337) 혜초의 탄식[蕙歎]: 가까이 지내는 사람이 죽으면 탄식을 한다는 뜻. 육기(陸機)의 「탄서부(歎逝賦)」에 "소나무가 무성하면 잣나무가 기뻐하고 아, 지초가 불에 타면 혜초가 탄식을 한다[信松茂而柏悅, 嗟芝焚而蕙歎]"라고 했다.

338) 거문고가 없어졌다[琴亡]: 거문고를 잘하는 사람이 죽으면 거문고의 곡조도 따라서 없어진다는 뜻. 『세설신어』 「상서(傷逝)」에 "왕자유와 왕자경은 모두 병이 위독했는데 자경이 먼저 죽었다. 자유가 좌우 사람들에게 묻기를 '어찌하여 도무지 소식이 없지? 이미 죽었는가 보다'라고 했는데, 말을 할 때 전혀 슬퍼하지 않았다. 곧장 수레를 찾아 문상하러 달려갔는데 전혀 곡을 하지 않았다. 자경이 평소 금(琴)을 좋아했기에 (자유는) 곧장 들어가서 영구대 위에 앉아 자경의 금을 들고 탔는데, 현이 고르지 않자 땅에 내던지며 이르길 '자경! 자경! 사람과 금이 모두 죽었구려!'라고 했다. (자유는) 한참 동안 통곡하다가 기절했으며, 달포 만에 또한 죽고 말았다[王子猷·子敬俱病篤, 而子敬先亡. 子猷問左右: '何以都不聞消息? 此已喪矣!' 語時了不悲; 便索輿來奔喪, 都不哭. 子敬素好琴, 便徑入, 坐靈牀上, 取子敬琴彈; 弦旣不調, 擲地云: '子敬, 子敬, 人琴俱亡!' 因慟絶良久, 月餘亦卒]"라고 했다.

339) 석정(石井): 여기서는 권승지(權承旨)가 살았던 지명으로 보인다.

340) 옥계(玉鷄): 새벽에 맨 먼저 우는 신계(神鷄)로 전해 오는 닭. 『신이경(神異經)』「동황경(東荒經)」에 "부상산(扶桑山)에 옥계(玉鷄)가 있는데, 옥계(玉鷄)가 울면 금계(金鷄)가 울고 금계가 울면 석계(石鷄)가 울고 석계가 울면 천하의 닭이 모두 운다"라고 했다. 여기서는 새벽에 맨 먼저 우는 닭이란 뜻으로 쓴 것이다.

99. 홍판윤을 곡하다 [이름은 주만(周萬)이다]

哭洪判尹[名周萬]

[1]

朱紱曾何有	관리가 됨에[朱紱]341) 무슨 관심 두었던가?
靑城接起居	청성342)이 기거와 접하여 있었네.
玉琴猶自愛	옥금(玉琴)은 오히려 스스로 사랑했고,
荷製只如初	연잎으로 지은 옷은 다만 처음 같았네.
八座門前雀	팔좌343)에 있었어도 문 앞엔 새 그물 쳤고,
專城釜裡魚	전성344)을 하였어도 가마솥 안에 물고기네[釜裡魚].345)
平生好容色	평생토록 좋은 모습은,
未覺過懸車	현거년346)이 지난 것을 깨닫지 못하였네.

[2]

南極收元氣	남극성347)이 원기를 거두었는데,

---

341) 관리[朱紱] : 고대(古代)에 예복 위에 있는 붉은 색 무릎 덮개를 가리킨다. 넓게는 관리가 되는 것을 이른다.
342) 청성(靑城) : 청성산(靑城山)을 이른다. 여기서는 신선(神仙)이 사는 고장이란 뜻으로 쓴 것이다.
343) 팔좌(八座) : 육조판서(六曹判書)와 의정부(議政府), 좌참찬(左參贊), 우참찬(右參贊)을 일컫는 말이었다.
344) 전성(專城) : 전성은 한 고을을 전단(專担)하여 다스리는 수령(守令). 고을살이로 나가서 부모를 봉양하는 것이, 중앙에 근무하는 것보다는 훨씬 낫기 때문에 부모를 모신 벼슬아치들은 중앙관서에서 지방관으로 나가기를 자원하는 일이 많았는데, 이를 걸군(乞郡)이라 했다.
345) 가마솥 안에 물고기네[釜裡魚] : 부중생어(釜中生魚)와 같다. 오랫동안 밥을 하지 못하여 솥 안에 물고기가 생겼다는 뜻으로, 매우 가난함을 이르는 말.『후한서』의 「범염전(范冉傳)」에 "시루 속에 먼지 나는 범사운이요, 솥 속에 물고기 헤엄치는 범래무네[甑中生塵范史雲, 釜中生魚范萊蕪]"라고 했다.
346) 현거(懸車) : 연로하여 특히 70세에 치사(致仕)함을 이른다.
347) 남극성(南極星) : 사람의 수명 장단을 관장하는 수성(壽星)이다.

西樓隔暮春	서쪽 누대에서 늦봄 감상 막히게 되었네.
空餘文藻宅	헛되이 문장가 집만 남아 있었고,348)
無復老成人	다시는 노성한 이 없게 되었네.
寂莫盃中物	잔 속의 술만 쓸쓸하게 되었고
奔騰扇外塵	부채 밖의 티끌[扇外塵]349)이 날게 되었네.
出門我安適	문밖에 나간들 나는 어디를 가랴!
忍淚轉傷神	눈물을 참으려니 더욱 상심이 되네.

100. 심자沈子에게 수답하다 [이름은 건健이다]

酬沈子 [名健]

[1]

相識千花裡	서로 알게 된 것이 온갖 꽃 핀 속이었고
相憐十載前	서로 그리워함이 십년 전의 일이었네.
爾垂搏海翮	그대는 바다를 칠 날개를 드리웠지만350)
吾少買山錢	나는 산을 살 돈이 부족하였네.351)

---

348) 문조(文藻)는 문채(文彩)라는 뜻. 아름다운 문장을 짓던 사람은 죽고 살던 집만 남아 있다는 말.
349) 부채 밖 티끌[扇外塵]: 『세설신어』「경저(輕詆)」에 "유공(庾亮을 가리킴)은 권력이 막중하여 왕공(王導를 가리킴)을 압도하기에 충분했다. 유공은 석두(石頭)에 있었고 왕공은 야성(冶城)에 앉아 있었는데, 큰 바람이 불어 먼지를 날리자, 왕공이 부채로 먼지를 털며 말하길 '원규(유량을 가리킴)의 먼지가 사람을 더럽히는군[庾公權重, 足傾王公; 庾在石頭, 王在冶城坐; 大風揚塵, 王以扇拂塵曰 : '元規塵汚人!']"이라고 했다.
350) 『장자』「소요유(逍遙遊)」에 나오는 붕새 이야기를 말한다.
351) 매산전(買山錢)이란 말이 있다. 은거(隱居)할 산을 구매할 돈을 말함. 지도림(支道林)이 심공(深公)에게 가서는 인산(印山)을 사고자 한다고 하니 심공이 말하기를 "예전에 소보(巢父)·허유(許由) 같은 이도 산을 사서 숨었다는 말을 듣지 못했네"라고 했

老喜身猶健	늘그막에 몸이 건강한 것을 기뻐했고,
閒知夢亦仙	한가하니 꿈에서도 신선임을 알겠네.
莫辭携酒處	사양하지 말지어다! 술을 휴대한 곳에
扶杖話當年	지팡이 짚고 그 시절 이야기 함을

[2]

沈子逢何濶	심자여! 만난 지 얼마나 오래였던가?
論詩更不疑	시를 논하니 더욱 의문이 없네.
病添新素髮	병은 새로이 하얀 머리 늘었고,
春入舊花枝	봄은 옛 꽃가지에 들어왔도다.
小巷泥塗滑	작은 골목에는 진흙 길 미끄럽고,
高城徑路危	높은 성에는 지름길 가파르네.
相將向水竹	머지않아 수죽을 향해 가려 하는데
肯問主人誰	주인이 누구인지 물을 것 있나?

101. 서쪽 성의 작은 모임

西城小集

宮垣城堞逈因依	궁원의 성첩이 멀리 의지했는데,
麗日斜連彩翠飛	고운 햇살 비끼어 이어져서 채취(彩翠)[352]가 나네.
老去登臨朋舊盡	늙어 가는 친구들과 오르기를 다하여,
春來悵望物華歸	봄이 온 경치를 서글피 바라보고 돌아가네.

다. 『세설신어』에 나온다.
352) 채취(彩翠) : 산뜻하고 아름다운 청록색(靑綠色).

花心柳色競先後	꽃술과 버들 빛은 선후를 다투고,
雲白山靑無是非	구름 희고 산 푸르나 시비가 없네.
不有大陵諸子在	대릉에 여러 사람 있지 않다면
衰慵久已往還稀	늙고 게으른 나는 오래전에 왕래가 드물었으리.353)

102. 반호(半湖)의 댁에서 영산홍이 활짝 피었으므로 승(僧)자를 취해서 함께 짓다. 예천군수를 지낸 권성(權偦)의 주동(鑄洞)에 있는 옛 집이다

半湖宅, 暎山紅盛開, 拈僧字共賦. 權醴泉偦鑄洞舊宅

騰空寶馣矗層層	공중에 나는 보염(寶馣)354) 층층으로 높은데,355)
瘦榦疎枝恐不勝	깡마른 줄기와 성긴 가지가 감당 못할까 두렵네.
恰似丹霞燒木佛	단하가 나무부처 불사름356)과 비슷하니,
一時驚殺小乘僧	한때 소승의 중을 몹시 놀래켰으리.

---

353) 대릉에 사람들이 있기 때문에 오는 것이지 없다면 안 온다는 말.
354) 보염(寶馣) : 진귀한 보물에서 나오는 빛깔을 이른다.
355) 꽃이 활짝 핀 것을 형용하는 말이다.
356) 단하가 목불을 불사름[丹霞燒木佛] : 단하천연(丹霞天然)이 목불을 불사르다. 불교에서 말하는 공안(公案)의 하나. 『경덕전등록(景德傳燈錄)』의 「단하천연(丹霞天然)」조에 혜림사(慧林寺)에서 날씨가 춥자 단하천연은 나무를 깎아 만든 불상을 태워 불을 지폈다. 어떤 사람이 그것을 꾸짖으니 단하는 "사리를 취하려 한다"라고 했으며, "나무에 무슨 사리가 있느냐"고 하니 "그렇다면 나를 왜 꾸짖는가"라고 했다. 여기서는 이 공안을 빌어서 활짝 핀 영산홍 꽃을 형용한 것이다.

103. 또 홍자를 얻다

又得紅字

牛湖宅裡暎山紅	반호(半湖)의 댁 안에 펴 있는 영산홍이
上客筵前滿眼叢	귀한 손님 자리 앞에 눈 가득 떨기 졌네.
洞府百年猶鬼護	백 년 동안 선경을 귀신 아직 보호하고,
芳菲四月更春風	사월 향그런 꽃 봄바람 다시 부네.
孤根幸借栽培力	외딴 뿌리 다행히도 기르는 힘 빌리었고,
正色終知造化工	정색은 마침내는 조화의 공 알겠노라.
最喜主人依舊健	가장 기쁜 것은 주인이 예와 같이 건강하여,
白頭歸臥卽墻東	늘그막에 돌아가 눕는 곳이 곧 담장 동쪽이었네.

104. 반가운 비

喜雨

東風吹雨雨初成	동풍이 비를 불어 비 처음 내리어서
昨夜今朝不放晴	간밤에서 아침까지 개이지 아니하네.
稍喜沾濡先宿麥	먼저 보리 적셔 줌이 조금 기쁘니,
不妨時序過新鶯	새로 나온 꾀꼬리 철 지났어도 무방하네.
長雲一半天光逗	긴 구름 절반 쯤 하늘빛에 멈춰 있고,
万木中間水氣平	온갖 나무 중간에는 물 기운 평평하네.

小屋琴書從灑涇　　작은 집 금서는 쇄경(灑涇)357)한다 해도
甫田膏乳正縱橫　　큰 밭에 기름진 젖 정히 종횡하는구나.

105. 송일루에서의 작은 모임

松日樓小集

西城南陌共幽期　　서쪽성 남쪽 길에서 함께 하잔 깊은 기약,
愛客常嫌馬到遲　　손님 사랑, 언제나 말 더딘 걸 싫어하네.
紫閣映花分氣色　　자각358)에 꽃이 비쳐, 기색이 나뉘지고,
靑娥穿柳鬪腰肢　　청아359)는 버들 뚫고 요지(腰肢)360)를 다투노라.
鬢霜重變應無日　　서리 내린 귀밑머리 거듭 변함도 응당 날짜 없는데
罇酒相歡好及時　　통술로 서로 기뻐함을 좋게 때에 미쳐서 하네.
況有座中歌白雪　　하물며 좌중에 백설361)을 노래하는 사람 있으니,
不勞衰嬾更吟詩　　노쇠하고 게으른 몸 피로하다 아니하고 다시 시를 읊노라.

---

357) 쇄경(灑涇) : 뜻을 알 수 없다. 곧바로 뿌린다는 뜻으로 번역해 둔다.
358) 자각(紫閣) : 도성에 있는 귀인의 집, 혹은 궁성을 가리킨다.
359) 청아(靑娥) : 여기서는 서리와 눈[霜雪]을 주관하는 여신(女神)이란 뜻으로 쓴 것이다.
360) 요지(腰肢) : 허리 또는 몸매. 여기서는 가을바람에 버드나무가 흔들거리고 있는 것을 형용한 것이다.
361) 백설(白雪) : 거문고 곡조의 이름.

106. 서씨의 정원

徐氏園

此地曾幽絶	이 땅은 일찍부터 외졌었는데,
如今又開園	지금 다시 정원을 개척하였네.
開荒收果栗	황무지 개간하여 과일과 밤 거두고,
樹柵養鷄豚	목책 세워 닭과 돼지 기르고 있네.
取樂杯盤列	즐거움을 취하니 술상이 벌여 있고,
分曹吏卒喧	관아[分曹]362)의 이졸들이 떠들어대네.
莫嗔歸騎動	돌아갈 말 움직인다 꾸짖지 말게
林日近黃昏	숲 속 해가 황혼에 가까워지니,

107. 그림을 보고 대로大鹵와 함께 짓다

觀畫, 共大鹵賦

[1]

素質空爲地	흰 빛깔이 비어서 바탕이 되었는데,
丹靑覺未然	단청이 그러하지 않음을 느끼겠네.363)
力兼才幷失	힘과 재주를 모두 잃었지마는,
象與意俱傳	형상과 뜻은 함께 전하고 있네.
忽變高堂色	홀연히 고당의 빛 바뀌어서는,
終辭衆目憐	마침내 사람들 사랑을 사양하였네.

---

362) 관아[分曹] : 육조(六曹) 중 어느 한 관아(官衙)에서 나뉘어 설치된 관아.
363) 그림 같지 않고 실물 같다는 말.

| 四邊更無物 | 사방에는 더욱이 물건 없으니, |
| 窅窅到先天 | 아득하여 선천(先天)364)에 이른 것 같네. |

[2]

此圖何壯麗	이 그림 어찌 그리 장려하던가!
萬象鏡中天	온갖 형상들 거울 속 하늘과 같네.
雜亂猶爲勢	난잡한 게 오히려 기세가 되고,
虛無竟有緣	허무한 건 마침내 인연 있었네.
日晴交不定	날이 개니 교차됨이 일정치 않고,
風細動相傳	바람 적되 움직임은 서로 전하네.
人物俱如許	사람과 물건이 함께 이와 같으니
斯須可百年	잠시가 백년 세월 될 만도 하네.

　　　　大鹵　　　　　　　　　대로가 짓다

108. 소헌의 여름날

疎軒夏日

時鳥聲多變	철새는 소리가 많이 바뀌었어도
高竺靜不聞	고축(高竺)365)에선 고요해도 들을 수 없네.
地偏生久竹	외진 곳이라 오래된 대가 자라고,
天熱起非雲	날씨가 더운데 상서론 구름366) 피어오르네.

364) 선천(先天) : 여기서는 복희씨(伏羲氏)가 지었다는 선천역(先天易)을 가리킨다. 아주 아득히 먼 옛날 것이란 뜻으로 쓴 것인데 보고 있는 그림이 그런 느낌을 준다는 뜻이다.
365) 고축(高竺) : 소헌(疎軒)을 이르는 말 같으나 그 뜻을 알 수 없다.
366) 비운(非雲) : 구름 같아도 구름 같지 않고 연기 같아도 연기 같지 않은[若雲非雲, 若

綠酒容先醉	녹주는 먼저 취함 용납하였고,
淸詩許出羣	맑은 시 사람들보다 뛰어남 허락 하였네.
疎軒饒物色	소헌에 멋진 풍경 넉넉하지만
肯使俗人分	어찌 속인들에게 나눠 주리오

109. 근수정에서 시랑 윤필병(尹弼秉), 경윤 이정운(李鼎運), 수령 신석상(申奭相)과 함께 짓다

近水亭, 偕尹侍郎弼秉, 李京尹鼎運, 申令奭相共賦

城西選勝跡初稀	성 서쪽 승지(勝地) 애초에는 자취 드물었는데,
上客銀鞍到野扉	상객의 좋은 안마(鞍馬) 사립문에 도착했네.
江月也知當戶入	강가 달도 방문으로 들어올 줄을 알고,
林花一任與春歸	숲 꽃은 봄과 함께 돌아가게 일임했네.
喧呼嗔道無多酌	떠드는 말은 그러기에 과음(過飮)이 없어야 하고,
寂寞貪看有少微	적막하게 탐해 보는 것은 소미성367)같은 처사 있었네.
便欲將身隨所適	문득 내 몸 가지고 가는 곳 따르려는데,
水童蕩槳正如飛	수동이 노를 젓자 정히 나는 것 같네.

煙非煙] 상서로운 오색 구름[五色雲]을 말한다.
367) 소미(少微) : 별의 이름. 태미(太微)의 서쪽에 있는 네 개의 별. 처사(處士)를 상징하는 별이다.

110. 이날 저녁에 배를 띄웠으나 비를 만나다

是夕泛舟值雨

小雨黃昏後	황혼 뒤에 가랑비 내리는지
微聞篷上聲	배 위로 나지막이 소리 들리네.
樂張思月照	음악이 시작되자 달빛이 그립고
船進覺身輕	배가 나아가자 몸 가벼움 느끼었네.
暗問何村過	어느 마을 지났는가 가만히 묻노니
遙分是岸生	시안정의 나타남이 멀리에서 구분되네.
門前一江水	문 앞에 있는 하나의 강물
只在此中行	다만 이 가운데서 가고 있을 뿐이네.

111. 밤이 되어

入夜

不識浮雲意	뜬구름의 뜻을 알지 못하겠으니
其如明月何	그리 밝은 저 달을 어떻게 할까?
回舟憑野檻	배 돌려 들 정자의 난간 기대어
把酒俯江波	술잔 잡고 강 물결 굽어보았네.
遠火人歸少	먼 불은 돌아가는 사람이 드물고,
高帆水宿多	높은 돛폭이라도 물에서 잘 때가 많네.
微風正澎湃	산들바람 정말로 거세어지니
幽事恐蹉跎	고상하고 멋진 일 어긋날까 두렵네.

112. 다음날 배를 띄었는데 바람이 세차서 다시 돌아오다. 윤시랑(尹侍郎)과 신령(申令)은 먼저 돌아가다

明日放船, 風急復還, 尹侍郎申令先歸 二首

[1]

沙市買魚金錯刀	모래가 시장에서 물고기를 금착도368)로 샀는데,
江邊風急湧亭皐	강변 바람 세차서 정고(亭皐)369)까지 용솟음 쳤네.
汀洲咫尺延緣怯	정주370)가 지척인데 천천히 가도 겁나고,
飮食歡娛意氣豪	음식을 즐기니 의기가 호방하네.
柔艣快帆終有日	유로(柔艣)와 쾌범(快帆)371)할 날 마침내 있을 거니,
長年三老莫辭勞	장년(長年)과 삼로(三老)372)들은 수고로움 사양치 말라.
不愁暮雨催歸騎	저문 비를 걱정 않고 가는 말을 재촉하나,
早晚相將定爾曹	조만간에 너희들과 꼭 함께 하리라.

[2]

二妙返城裏	이묘(二妙)가 성 안으로 돌아오니
孤亭空水邊	외딴 정자가 물가에 비어 있네.
非關牽俗事	속세 일에 휘둘러짐에 관련됨 아니니,
却是盡風煙	도리어 그 모두가 풍연(風煙)이도다.

---

368) 금착도(金錯刀) : 한(漢) 나라 왕망(王莽) 때에 주조한 돈의 이름. 여기서는 돈이란 뜻으로 쓴 것이다.
369) 정고(亭皐) : 물가에 있는 평지를 말한다.
370) 정주(汀洲) : 늪·못·호수·내·강·바다 따위에서 물이 얕고 흙이나 모래가 드러난 곳.
371) 유로(柔艣)와 쾌범(快帆) : 파도가 거세지 않아 부드럽게 저어 갈 수 있는 노와 바람이 알맞게 불어 배가 상쾌하게 가게 할 수 있는 돛폭이란 말로서 곧 순조로운 행주(行舟)를 뜻한다.
372) 장년(長年)과 삼로(三老) : 배를 운행할 때 삿대질하는 사람을 장년이라 하고 키를 잡는 사람을 삼로라 불렀다 한다. 넓은 의미로 사공이란 뜻이다.

細雨黃梅潤	가랑비에 누른 매화 윤택해지고,
滄波白鳥鮮	푸른 물결에 흰 새가 선명하네.
遣誰覔佳句	누구로 하여금 좋은 시구 찾게 하랴.
搔首到樽前	머리를 긁적이며 술통 앞에 이르네.

113. 정자에 남긴 시

亭子留題

槎南亭子劇難忘	뗏목 남쪽의 정자는 매우 잊기 어려운데,
下馬呼船酒又香	말 내려 배 부르니 술이 또 향기롭네.
高鳥片雲輕泛泛	높은 새와 조각 구름 가볍게 둥둥 떴고,
素沙白石遠蒼蒼	흰 모래와 하얀 돌은 멀리서 창창하네.
不堪賓客催歸急	빈객들이 어서 가자 재촉함을 견딜 수 없는 건,
轉覺江湖引興長	강호에 흥취 이끌기를 길게 함을 더욱 느껴서이네.
滿眼風濤那日日	눈에 가득한 바람과 파도는 어찌 날마다 있으랴?
會須揮弄寄淸狂	모름지기 붓대 놀려 청광한 감흥을 담아 내련다.

114. 채상서가 강화유수로 가는 것을 전송하다 이름은 홍리(弘履)이다 6수

送蔡尚書留後沁都 [名弘履] 六首

[1]
江都留後奉尊親　　강도의 유후(江都留後)373)가 존친을 받들고,
玉節遙臨甲串津　　옥절로 멀리 갑곶진에 임하려 하네.
感激君恩思報答　　군은에 감격하여 보답을 생각하고,
破除家事任淸貧　　집안일은 제쳐 두고 청빈에 맡기었네.

[2]
橫海樓船穩於屋　　바다에 뜬 누선이 집보다 안온한데,
長年慣水似鸕鷀　　사공이 물 익숙해 가마우지와 같네.
前排裨將傳軍令　　앞에 늘어선 비장이 군령을 전하니,
三吹還須風定時　　삼취374)를 도리어 바람 잘 때 기다리네.

[3]
穴口神皐地盡頭　　혈구(穴口)375)와 신고(神皐)376)의 땅이 다한 머리에,
上京襟帶控悠悠　　상경하는 금대(襟帶)377)가 유유하게 당겨 있네.
時危慘淡多忠義　　때가 위태로우면 참담한 충의(忠義) 많았고
海晏風流有宴遊　　바다가 안정되면 풍류스런 연유(宴遊)가 있네.

---

373) 강도의 유후[江都留後] : 강도를 유후하다. 여기서는 강화유수(江華留守)로 나간다는 말.
374) 삼취(三吹) : 예전에, 군대가 출발할 때 세 차례 나팔을 불던 일.
375) 혈구(穴口) : 강화도(江華島)의 옛 이름.
376) 신고(神皐) : 여기서는 경기(京畿)를 이른 말이다.
377) 금대(襟帶) : 여기서는 한강(漢江)을 가리키는 말이다. 당나라 왕발(王勃)의 『등왕각서(滕王閣序)』에 "금삼강이대오호(襟三江而帶五湖)"란 문구에서 나온 말이다.

[4]
上貳衙門公事稀　　상이(上貳)378)로 하는 아문 공사가 적을 거고,
喬桐新送隱囊輝　　교동에선 새로 보낸 은낭379)이 빛나리라.
白魚潑剌歸晨膳　　발랄한 흰 물고기 아침 반찬이 되면,
華髮慇懃照綵衣　　흰머리에 은근하게 색동옷 비추리라.

[5]
三南陸續大同船　　삼남에서 연이어 오는380) 대동선은
一一揚鈴度鏡天　　한 척 한 척 방울 휘날리며[揚鈴]381) 깨끗한 바다 건너리라.
孫石港前安過了　　손돌목382) 앞 항구를 편안히 지난다면,
不愁不到漢江邊　　한강변에 못 이를까 걱정되지 않으리.

[6]
雲水蒼茫阻接巵　　운수가 창망하여 술잔 대함 막혔는데
葵榴斐亹好唫詩　　아욱과 석류가 아름다워 시 읊기에 좋네.
皇華坊裏遙相憶　　황화방 안에서 멀리 서로 생각하니,
鎭撫營中也可知　　영중에서 진무함을 또한 알 수가 있네.

---

378) 상이(上貳): 두 손을 이른다. 여기서는 두 손을 놀려 일을 주선한다는 뜻으로 쓴 것이다.
379) 은낭(隱囊): 몸을 기대는 자루같이 생긴 도구임.
380) 육속(陸續): 선후로 끊임없이 계속되는 것.
381) 방울 휘날리며[揚鈴]: 양령타고(揚鈴打鼓)의 준말. 매우 시끄러움을 형용함.
382) 손돌목: 경기도 김포시 대곶면 신안리와 강화군 불은면 덕성리 사이의 "물목이 좁아서 붙은 땅 이름"이다. 물살이 매우 거센 곳으로 알려져 있다.

115. 오사(五沙)에게 주다

贈五沙

五沙留客處	오사가 손님을 머무르게 하는 곳에는
枕簟不曾移	베개와 삿자리 일찍이 옮긴 적 없네.383)
斜日侵簾額	지는 햇살이 발 안에 들어오고,
微風動硯池	살랑 바람에 연지(硯池)384)가 움직이누나.
卑枝雙杏子	낮은 가지에는 두 개의 살구 열매요,
高樹一鸎兒	높은 나무에는 한 마리의 꾀꼬리일세.
幽意頹然臥	그윽한 뜻으로 비스듬히 누웠으니,
傍人安得知	옆에 있는 사람이 어찌 알 수 있으랴.

116. 여러 공들을 모시고 남영(南營)의 수각에서 연회할 때 운자를 잡다

陪群公宴南營水閣拈韻

飛閣湍流上	날 듯한 집이 여울 위에 있는데,
佳人舞位南	미인들이 춤추는 자리의 남쪽이네.
雨聲隨度曲	빗소리는 도곡(度曲)385)을 따르고
松影落淸談	소나무 그림자는 청담에 떨어지네.
禽鳥歡同得	새들은 기쁨을 함께 얻었고,

---

383) 항상 손님이 떨어지지 않았다는 말.
384) 연지(硯池) : 벼루에 있는 물을 말함.
385) 도곡(度曲) : 악곡을 짓는다, 또는 악곡에 맞추어 노래를 부른다는 뜻이다. 여기서는 빗방울 떨어지는 소리가 음악의 박자처럼 일정한 간격으로 나는 것을 형용한 말이다.

兒童坐亦參	아이들은 앉았으니 또한 참여한 거네.
衰年愧筋力	늙은 나이 근력이 부끄러우니,
盃酒莫過三	석 잔 술을 지나지 않게 하게나.

117. 심중빈(沈仲賓) 군이 이곳에 아름다운 국화를 심었는데 국화가 이미 무성해졌다. 밤중에 방비하지 못하여 심은 자리가 텅 비게 되었다. 호사자들이 이런 말을 듣자 다투어 서로 주어서 얻은 것이 처음보다 많게 되었다. 기뻐서 시를 짓기에 나 또한 이어서 화답하다

沈君仲賓, 種茲佳菊, 菊旣茂矣. 不戒于夜, 畦畹俱空. 好事聞之, 競相贈遺, 所獲過初. 喜而有詩, 余亦屬和

青鳧學士起耕農	청부학사(青鳧學士)386)가 경농을 일으켰으니,
令弟猶然老圃中	아우님은 느긋한 노포 중에 있게 되었네.
獨愛閒花含正色	들꽃 중에 정색(正色: 黃色) 지닌 (국화) 꽃을 유독 사랑했으니,
劇憐性癖似衰翁	몹시 사랑하는 성벽(性癖)이 쇠옹(衰翁)387)과도 같구려.
騷人樹蕙三秋近	소인(騷人)388)은 혜초(蕙草)389) 9월에 가까울 제,
豎子偸桃一徑通	꼬맹이가 복숭아 훔쳐 갔던 한 길이 통하였네.

---

386) 청부학사(青鳧學士): 청부(青鳧)는 호이고 학사(學士)는 그를 미칭한 말로 보인다. 청부는 심정주(沈廷胄, 1678~1756)의 호인데 그의 자는 명중(明仲)이고 호는 죽창(竹窓)·청부(青鳧)라 하였으니 조사 확인할 필요가 있다. 이가환의 또 다른 글 중에 「贈沈仲賓序 日魯」가 있으니 이 사람은 아닌 것으로 보인다.
387) 쇠옹(衰翁): 노쇠한 늙은이. 여기서는 저자 자신을 가리킨 말이다.
388) 소인(騷人): 시인과 같은 말. 여기서는 국화를 심은 심중빈(沈仲賓)을 가리키는 말이다.
389) 혜초(蕙草): 난초과에 속하는 향초. 여기서는 빌어서 국화를 대칭한 것이다.

翠羽金錢還滿眼　취우와 금전390)이 도리어 눈에 가득했으니,
家家籬落與收功　집집마다 울타리서 함께 공을 거두었네.391)

118. 박석포(朴石浦)의 집에 숭정 무진년392)과 갑신년393)의 대통력(大統曆)394)을 수장하고 있어서 시를 짓다

朴石浦, 家藏崇禎戊辰甲申大統曆

萬古王正月　　만고의 왕정월(王正月)395)이
還從海外傳　　도리어 해외에서 전하여지네.
雲臺無鳳曆　　운대(雲臺)396)에는 봉력(鳳曆)397)이 없는데,
毳幕有羊年　　취막(毳幕)398)에는 양년(羊年)399)이란 달력 있었네.

---

390) 취우(翠羽)와 금전(金錢) : 여기서는 국화를 형용한 말이다. 푸른 날개는 국화잎을 형용하고, 금전은 동전같이 둥글고 노란 색의 국화꽃을 형용한다.
391) 이 시구로 보면 심중빈이 잃은 것보다 더 많이 얻은 것이니 이웃집들이 울타리에 심은 국화를 많이 주었기 때문이라는 뜻이다.
392) 무진년(戊辰年) : 명나라 마지막 황제 의종(毅宗)의 연호인 숭정 원년(崇禎 元年, 朝鮮 仁祖 6年, 1628)이다.
393) 갑신년(甲申年) : 명나라 의종의 마지막 해인 숭정 17년(조선 인조 22년, 1644)이다.
394) 대통력(大統曆) : 명나라 때 제작된 달력 이름이다.
395) 왕정월(王正月) : 『춘추(春秋)』「은공(隱公) 원년(元年)」에 왕정월(王正月)이라 했으니 이는 당시 주나라 왕(王 : 天子)의 명령으로 제작된 정월(正月)이란 말인데 여기서는 빌어서 명나라 황제(皇帝)의 명령으로 제작된 달력이란 뜻으로서 무진(戊辰)·갑신(甲申)의 대통력을 가리킨다.
396) 운대(雲臺) : 여기서는 명나라 조정(朝廷)을 가리킨다.
397) 봉력(鳳曆) : 중국 옛날의 군주(君主)였던 소호씨(少皞氏) 때의 역정(曆正)을 봉조씨(鳳鳥氏)라 불렀던 데에서 달력을 일컫는다.
398) 취막(毳幕) : 북방의 유목민들이 거주하는 이동식 주택 취장(毳帳)과 같은 말인데 여기서는 청나라를 가리킨 것이다.
399) 양년(羊年) : 청나라 태조(太祖) 누루하치가 명나라 만력 11년(朝鮮 宣祖 16년)부터 군사 활동을 시작한 계미년(癸未年)을 가리킨 것으로 보인다.

慟哭煤山遠	매산(煤山)400)이 먼 것을 통곡 했는데,
珍藏石浦賢	보배스럽게 수장함은 석포의 현명함이네.
誰將鶉首醉	누가 순수(鶉首)401)의 취함402)을 가져다가,
一爲問蒼天	한 번 푸른 하늘에 물어나 볼까.

119. 표형 상수옹^{三秀翁}의 마흔 한 살 때의 시운을 받들어 차운하다 [진사 유광진^{柳光鎭}이다]

奉次表兄三秀翁四一詩韻 [柳進士光鎭]

戶外澄江不世情	문밖의 맑은 강은 속세의 정이 아닌데,
丈人老矣起居淸	어르신은 늙어서도 기거가 깨끗하네.
書籤詩句晴牕得	서첨(書籤)403)과 시구는 개인 창에서 얻었고,
酒榼棋奩坐石平	술통과 바둑판은 앉은 돌이 평평했네.
自是尋常閒者樂	자연히 예사로운 한가한 자의 즐거움이니,
休將六一與同評	회갑 나이 가지고 함께 논평 말지어다.404)

---

400) 매산(煤山) : 1644년 숭정황제(崇禎皇帝)가 북경(北京)의 매산에서 목 매달아 죽었다.
401) 순수(鶉首) : 성차(星次) 이름. 남방에 정(井)・귀(鬼)・유(柳)・성(星)・장(張)・익(翼)・진(軫)의 칠수(七宿)가 있으니, 이를 주조 칠수(朱鳥 七宿)라 한다. 이 일곱 별자리의 머리에 해당하는 부분을 순수(鶉首)라 하는데 옛날 진(秦)나라의 분야(分野)이고, 다음 중간 부분을 순화(鶉火)라 하는데 주(周)나라의 분야이고 끝 부분을 순미(鶉尾)라 하는데 초(楚)나라의 분야라 했다.
402) 취함[醉] : 여기서는 진(秦)나라 분야(分野)인 순수(鶉首)라는 성차(星次)가 취했다는 말로서 청(淸)나라가 흥하고 명(明)나라가 멸망한 것을 뜻하는 말일 것이나, 천문학(天文學) 상의 이론은 알 수 없다.
403) 서첨(書籤) : 여기서는 책 제목을 쓰는 것을 가리킨다.
404) 이 시구의 육일(六一)은 61세, 곧 회갑(回甲)나이이니 금대(錦帶)가 이 시를 지어 줄 때의 표형의 나이이며, 함께 논평하지 말라함은 41세 때와 61세 때의 생활이 같지 않음을 두고 한 말이다.

煌煌三秀非難覓　빛나는 삼수405)를 찾기 어려운 건 아니나,
只在風波少處生　다만 풍파에 있기 때문에 나는 곳이 적을 뿐이오.

120. 구공금

九孔琴

징군(徵君) 이보만(李保晚)은 세상에 높은 선비이다. 숭정(崇禎) 병자년(丙子年)406)에 용문산(龍門山)으로 들어가서 생을 마쳤다. 매[鷹]가 있으니 이름은 금보(金寶)였고, 거문고가 있으니 이름이 구공(九孔)이었다. 항상 발종동조(發縱動操)407)함으로써 하심(遐心)408)을 부쳤다. 이제까지도 가시나무가 그 마을에 들어가지 못한다고 이른다.409)

李徵君保晚, 高世士. 自崇禎丙子, 入龍門山以終. 有鷹名金寶, 有琴名九孔. 常發縱動操, 以寄遐心. 至今荊棘不入其里云.

豈知地老天荒後　어찌 땅이 늙고 하늘이 황폐한 후에410)
却對松潭九孔琴　도리어 소나무 못에 구공금(九孔琴) 대할 줄 알았으랴.

---

405) 삼수(三秀) : 지초(芝草)의 별명. 『이아(爾雅)』에 "지초는 상서로운 풀로서 일 년에 세 번 꽃이 피므로 초사에 이르기를 삼수라 한다"라고 하였다.
406) 병자년(丙子年) : 조선 인조 14년(1636)으로서 병자호란(丙子胡亂)이 일어났던 해이다.
407) 발종동조(發縱動操) : 발종(發縱)은 사냥개나 매를 풀어 놓는다는 뜻이며 동조(動操)는 거문고 곡조를 탄다는 뜻이다. 여기서는 이보만(李保晚)이 '금보'라는 매를 놓아 사냥을 하기도 하고 '구공'이란 거문고로 곡조를 타기도 하면서 속세를 떠난 생활을 즐겼던 일을 가리킨다.
408) 하심(遐心) : 여기서는 세상을 피하여 숨어 살려는 마음을 가리킨다.
409) 청나라 세상이 되어서 벼슬을 포기하고 용문산에 들어갔다는 말.
410) 여기서는 명나라가 망한 것을 뜻함.

古調已隨人世變	옛 곡조는 이미 사람 사는 세상 따라 변하였으니,
斷紋空與歲華深	단문(斷紋)은 부질없이 세월과 함께 깊어져 갔네.
棘生似避斜川里	가시덤불이 나되 사천(斜川)의 마을 피하는 것 같고,
鷹去猶餘夢澤心	매가 떠났어도 오히려 몽택(夢澤)411)의 마음은 남아 있네.
留取龍門山萬丈	용문산(龍門山)의 만 길 높은 그림자를 머물러 취하였으니,
會將佳色破玄陰	아름다운 빛을 가지고 현음(玄陰)을 깨뜨리게 될 것이네.
公所居斜川	공의 거처가 사천(斜川)이란 곳이다.

121. 공경하는 마음으로 술회하려고 했던 의체시412)

恭述擬

대행대왕413)의 만시 10수. 경신년 6월 28일은 정종대왕의 기일이다

大行大王輓詩十首, 庚申六月二十八日, 正宗大王忌辰.

---

411) 몽택(夢澤) : 운몽택(雲夢澤)을 가리킨다. 옛날 수택(藪澤)의 이름. 현재는 모두 도시(都市) 등 주거지로 바뀌었으나, 대략 지금의 호북성(湖北省) 강한(江漢) 평원 및 그 주위지역에 해당하는 평야(平野)의 저습(低濕)한 지대의 이름이었다.
412) 의(擬) : 여기서는 시체(詩體)라는 뜻이다. '기록을 구별하려고 하는 종류를 의라 이른다[擬錄別之類曰擬]'라는 말이 있다.
413) 대행대왕(大行大王) : 승하(昇遐)한 지 얼마 안 되어 시호(諡號)가 아직 없는 전왕(前王)을 높여 부르는 말. 대행은 천자(天子)의 붕어(崩御), 혹은 제왕(諸王)이나 후비(后妃)가 승하한 뒤 시호를 올리기 전의 부르던 존칭으로서, 『문헌통고(文獻通考)』 왕례고(王禮考) 국휼조(國恤條)에 따르면 한(漢)나라에서 처음 생겨났다고 한다. 원래 임금의 초상을 뜻하였던 대행은 죽은 임금을 봉하여 시호를 정하지 않은 채로 사왕(嗣王)이 새로 즉위하였을 때 신하들의 칭하는 말에 구별이 있게 하기 위해 사용한 것이었다. 여기에서 대행은 '큰 행실을 지닌 이는 큰 이름을 받고 작은 행실을 지닌 이는 작은 이름을 받는다'는 시(諡)의 법에 따라, 임금이 큰 덕행이 있었음을 강조한 것이라고 할 수 있다. 그리고 대왕은 위대한 임금이라는 뜻으로 임금에 대한 경칭이었다.

[1]

首出東方聖	걸출하신 동방의 성군이시니,
君師在一身	임금과 스승이 한 몸에 갖춰 있으셨네.
百王初禮樂	백왕(百王)중에 처음 예악 갖추시었고,
千乘又關閩	천승(千乘)의 군주시고 관민414)을 통달하셨네.
臣妾終無祿	신첩(臣妾)415)들은 끝내 복이 없게 되었음이니,
旻天豈不仁	민천(旻天)416)은 어찌하여 인자하지 못했던가?
今朝江漢路	오늘 아침 강한(江漢)417)을 건너는 길은
還似舜南巡	도리어 순임금이 남순함418)과 같았네.

[2]

考卜華城宅	화성(華城)에 유택(幽宅)을 고복419)했으니,
人謀叶鬼謀	사람의 꾀가 귀신의 꾀와 합치 되었네.
眞容陪象設	영정은 상설(象設)420)에 모셔두었고,
巨鎭護珠邱	거진은 주구를 호위하였네.421)

---

414) 관민(關閩) : 관(關)은 장재(張載), 민(閩)은 주희(朱熹)가 살던 지명을 가리킨 말이나 송(宋)나라 때 성리학(性理學)을 뜻한다.
415) 신첩(臣妾) : 여기서는 임금의 통치 하에 있는 백성(百姓)이란 뜻이다.
416) 민천(旻天) : 여기서는 그대로 '하늘'이란 뜻으로 쓴것이다.
417) 강한(江漢) : 원래는 한강(漢江)인데 평측(平仄)을 맞추기 위하여 거꾸로 쓴 것이니 한강을 건너간다는 뜻이다.
418) 순임금이 남순함[舜南巡] : 옛날 순(舜) 임금이 남쪽으로 순행을 나갔다가 창오(蒼梧)라는 들에서 죽었으므로 정조(正祖)의 승하(昇遐)를 비유한 것이다.
419) 고복(考卜) : 귀갑(龜甲)을 찢어서 점을 친다는 말이니 여기서는 정조대왕의 능묘인 건릉(健陵)자리를 화성에 잡은 것을 가리킨다.
420) 상설(象設) : 사전(詞典)에는 불상(佛像) 또는 유상(遺像; 有像)이란 뜻으로만 기록되어 있으나 여기서는 상기(喪期)를 마치기 전에 그 신주(神主)를 모셔 놓고 조석상식(朝夕上食)을 올렸던 혼전(魂殿)이란 뜻으로 쓴 것이다. 민가(民家)에서는 궤연(几筵)에 해당한다.
421) 거진은 주구를 호위하다[巨鎭護珠邱] : 거진은 수원도호부(水原都護府)를 가리키며 주구(珠邱)는 주구(珠丘)와 같은 말로서 창오(蒼梧)에 있는 순(舜) 임금의 무덤에 참새와 같은 새가 청사주(青砂珠)라는 돌을 물어다가 구릉(丘陵)을 이루었다는 전설에 따

共道周天作	함께 주나라 천지 됐다422) 말하고,
雙瞻漢月遊	쌍으로 한나라 달의 놀음423) 보게 되었네.
孝思終有獲	효도하는 생각이 마침내 얻게 되어,
咫尺侍千秋	지척에서 영원히 모시게 됐네.424)

[3]

大孝終身慕	큰 효성은 종신토록 사모했으니,
祠宮俰有輝	사궁(祠宮)425)이 고요하게 빛남이 있네.
門開便月覲	문이 열려 달마다 근친하기 편리하시니,
淚落濕天衣	눈물져서 천의(天衣)를 적시시리다.
穹壤哀何極	하늘 땅과 같은 슬픔 어찌 끝이 있으랴.
烝嘗禮不違	증상426)을 지내는 예 어기지 않으셨네.
他年祼將地	다른 해에 강신(降神) 술을 올리는 곳에
笙磬揚依依	음악이 의의하게 드날릴 거네.

[4]

| 銀印光仙仗 | 은인427)이 선장(仙仗)428)에서 번쩍 빛나고, |

라 여기서는 건릉을 가리킨 것이니 수원이 건릉을 호위하는 도시가 되었다는 말이다.
422) 주나라의 천지가 되다[周天作] : 여기서는 정조(正祖)의 등극(登極)을 말한 것이다.
423) 한나라 달의 놀음[漢月遊] : 한월(漢月)은 한나라를 비치는 달이란 말로 조국(祖國)이나 고향(故鄕)을 뜻하는 말이니 한나라 달이 논다라는 말이 장조(莊祖; 思悼世子)와 정조(正祖) 부자의 능(陵)이 같은 곳에 있는 것을 말한 것으로 보인다. 위의 쌍첨(雙瞻)이란 말은 생존자들이 두 능을 함께 본다는 뜻일 것이다.
424) 사도세자 능과 가까워서 하는 말로 보인다.
425) 사궁(祠宮) : 사당(祠堂)과 같은 말. 여기서는 그 부친인 사도세자(思悼世子)의 사당이다.
426) 증상(烝嘗) : 옛날 종묘에서 가을에 지내는 제사를 상(嘗)이라 하고 겨울에 지내는 제사를 증(烝)이라 했다. 넓은 의미로는 제사라는 뜻. 『시경』「소아」 '천보(天保)'에, "봄 제사, 여름 제사, 가을 제사, 겨울 제사를 선공과 선왕에게 올리다[禴祠烝嘗, 于公于先]"라고 하였다.
427) 은인(銀印) : 은으로 만든 도장(圖章).

金縢出世間	금등(金縢)이 세간에 나왔네.429)
欣瞻環路次	에워싸인 도중에 기꺼이 보고,
捧讀泣朝班	받들어 읽으니 조반(朝班)을 울리었네.
盛節天中日	성대한 절일(節日)인 단오의 날이었고,
卑謙地有山	낮추고 겸손한 지중유산(地中有山)430)이었네.
無勞鐫玉牒	수고로울 것 없이 옥첩을 새겼으니,
聲施溢逼寰	명성 베품이 넘쳐서 이 세상에 핍절하였네.

[5]

制作追三古	제작은 삼고(三古)431)의 것을 따랐고,
聲明本六經	성명은 육경(六經)을 근본으로 삼았네.
賢關沾化雨	현관(賢關)432)은 비와 같이 은혜에 젖었고,

---

428) 선장(仙仗) : 제왕의 의장(儀仗).
429) 이 시구는 사도세자가 모함에 의하여 죽었다는 증거가 나왔다는 뜻으로 쓴 것이다. 금등(金縢)은 황금으로 만든 띠로 봉합하여 비적(秘籍)을 수장하여 두는 궤짝. 또한 『서경』 주서(周書)의 편명이기도 하다. 그 내용은, 주나라 무왕(武王)의 병이 위독해지자, 그 아우인 주공(周公)이 병의 쾌유를 비는 글을 써서 태왕(太王)·왕계(王季)·문왕(文王)을 위한 세 개의 제단(祭壇)에 자신을 대신 죽게 해달라고 하는 축원을 하니 마침내 무왕이 회복되었으며, 축원문을 금등에 비장하여 보관했다. 그 후 무왕이 죽고 그 아들이요 주공의 조카인 성왕(成王)을 보좌하던 주공이 형제간인 관숙(管叔)과 채숙(蔡叔) 등의 모함을 받고 동쪽으로 물러가게 되니 날씨가 너무 가물었다. 성왕이 기우제를 지내기 위하여 금등에 비장된 문서 중에 무왕이 질병에 누웠을 때 주공의 기도문에 무왕을 살리고 자신이 대신 죽게 해달라는 기도문을 읽어 보고 주공의 진심을 알게 되어 의심을 풀고 다시 맞아들였다 한다.
430) 지중유산(地中有山) : 땅속에 산이 있다. 정조(正祖)의 겸손한 태도를 형용한 말. 주역 겸괘(謙卦, ䷠)의 형상은 팔괘(八卦) 중의 간괘(艮卦, ☶ : 山)가 아래에 있고 곤괘(坤卦, ☷ : 地)가 위에 있는 육십사괘(六十四卦) 중의 하나를 겸괘(謙卦)라 하였으니 높은 산이 땅속에 있는 것이 겸손함을 나타낸다는 뜻이다. 그러므로 그 대상(大象)에 이르기를 땅속에 산이 있는 것이 겸괘[地中有山謙]이라고 했다.
431) 삼고(三古) : 기준(基準)하는 바에 따라 다르다. 주역(周易)의 발전을 기준으로 삼으면 고대(古代)인 복희시대(伏羲時代), 문왕시대(文王時代)를 중고(中古), 공자시대(孔子時代)를 하고(下古)라 구분한다.
432) 현관(賢關) : 조선 시대 최고 교육 기관인 성균관(成均館)의 별칭. 현인(賢人)이 되는 관문(關門)이라는 뜻. 일명 학궁(學宮)·반궁(泮宮)이라고도 함.

高閣帶文星	고각은 문창성을 띠고 있었네.433)
滲漉方罩海	삼록(滲漉)434)은 바야흐로 바다같이 길었고,
陶鎔尙在廷	도용(陶鎔)435)은 아직도 조정에 있었네.436)
團圓萬川月	둥글고 둥근 여러 내에 비추는 달은
隨處有儀刑	곳곳마다 의형437)이 있게 되었네.

[6]

率由惟建極	솔유438)는 오직 건극(建極)439)이었고
端拱有成功	단정히 공수하고 있어도 성공이 있게 되었네.
不殺元神武	죽이지 않았으니 원래 신무(神武)440)였고,
無私乃化工	사심이 없었으니 곧 화공(化工)441)이었네.
威行鈇鉞外	위엄은 부월(鈇鉞)밖에 행하여졌고,
仁及網羅中	인정(仁政)은 망라442)한 가운데에 미쳤네.443)
二紀詢遺澤	24년간 자문하여 은택(恩澤)을 남기시니444)
涵濡小大同	교화에 젖은 것이 대소 간에 같았네.445)

---

433) 고각(高閣): 정조(正祖) 때 설립된 관아인 규장각(奎章閣)을 가리킨다.
434) 삼록(滲漉): 위에서 내리는 복록이나 은택에 비유하는 말이다.
435) 도용(陶鎔): 점점 교화되어 감을 이르는 말.
436) 여기서는 인재들이 많다는 말.
437) 의형(儀刑): 본보기. 모범. 또는 본보기가 될 만한 사람이나 본받을 만한 행동.『시경』「대아」, '문왕편(文王篇)'에, '문왕을 의형으로 삼으면, 만방이 믿음을 가지리래[儀刑文王, 萬邦作孚]' 하였다.
438) 솔유(率由): 솔유구장(率由舊章)의 준말. 옛 제도를 그대로 따른다는 뜻.
439) 건극(建極): 중정(中正)한 도(道)를 세운다는 뜻. 일설에는 법도(法度)나 준칙(準則)을 세운다는 뜻이라 한다.『서경』「홍범」참조.
440) 신무(神武): 원래는 길흉(吉凶)·화복(禍福)의 위엄으로 천하를 복종시키고 형살(刑殺)은 쓰지 않는다는 뜻이었으나 후세에 와서는 영명(英明)하고 위무(威武)가 있다는 뜻이 되었으며 많이는 제왕(帝王)과 장상(將相)을 칭송하는 말로 썼다.
441) 화공(化工): 자연의 조화란 뜻이다.
442) 망라(網羅): 그물. 여기서는 임금의 통치력이 미치는 범위 안이라는 뜻으로 쓴 것이다.
443) 죄인까지 이르렀다는 말.
444) 1776년 왕위에 올랐으니 이 해가 24년이 된다.

[7]

宿昔蓬萊殿	옛날에 봉래전(蓬萊殿)에서
求衣夜未央	한밤이 안 되었는데 옷을 찾았네.446)
三農關丙枕	세 가지 농사447)는 병침448)에 관심 되었고,
百祀格心香	온갖 제사는 심향(心香)449)으로 이르게 했네.450)
事事資神用	일마다 신용(神用)451)의 도움을 받았고,
人人絜寸長	사람마다 한 치의 긴 것을 헤아렸네.452)
憂勤夢齡減	걱정과 근면으로 몽령(夢齡)이 감소했으니453)
有恨徹穹蒼	원한이 하늘까지 사무치노라.

[8]

懇惻王言出	간곡하고 측은한 왕의 말씀 나오면,
丁寧法象垂	정녕코 법상(法象)454)이 드리워졌네.
咸爲來世則	모두가 후세의 본보기가 되었으니,
豈但近臣知	어찌 가까운 신하만이 알았던가?
殷帝綏爰日	은나라의 임금처럼 수원(綏爰)455)할 날이었고,

---

445) 잘난 사람이나 못난 사람이나 모두 영향을 미쳤다는 말.
446) 이 시구는 한밤중이 안 된 시각에 일어나서 정무(政務)를 챙기려고 벗었던 옷을 찾았다는 말이다.
447) 세 가지 농사[三農] : 평지농(平地農), 산농(山農), 택농(澤農)으로 구분하나 보통 농민이라는 뜻으로 쓴다.
448) 병침(丙枕) : 밤 12시란 뜻. 하룻밤을 갑·을·병·정·무의 오야(五夜)로 나누는데 병야(丙夜)는 밤 12시란 뜻이다.
449) 심향(心香) : 마음의 정성을 가리킨다.
450) 이르게 하다[格] : 제사를 지내는 신(神)이 이르게 했다는 뜻이다.
451) 신용(神用) : 신명(神明)의 작용(作用). 곧 천지신명(天地神明)의 행위(行爲)라는 뜻이다.
452) 조금이라도 나은 사람을 썼다는 말.
453) 몽령감(夢齡減) : 여기서는 정조대왕이 장수(長壽)하지 못했다는 뜻이다. 몽령(夢齡)은 주나라 무왕(武王)이 꿈에 천제(天帝)로부터 수명을 연장받았다는 고사를 빌어 정조의 수명을 가리킨 것이다.
454) 법상(法象) : 예의와 규범에 맞는 위의(威儀)와 행동거지.
455) 수원(綏爰) : 수원유중(綏爰有衆)이란 말로서 무리[衆], 곧 백성들을 편안하게 했다는

周王審訓時	주나라의 군주처럼 심훈(審訓)할 때였네.456)
玄天仍復默	먼 하늘은 그대로 묵묵히 있지만,
文母有餘悲	문왕의 어머니457)는 남은 슬픔이 있네.

[9]
社稷神明護	사직을 신명이 호위했으니,
于時有女堯	이때에 요임금 같은 여자 있었네.
尺衣天北極	한 자의 옷은 하늘의 북극이었고,
長樂日三朝	장락궁(長樂宮)458)에 세 차례씩 문안하셨네.459)
注措揮如昔	모아 두는 것 지시하기를 옛날과 같이 하였고,
聲光未覺遙	성광(聲光)460)이 모르는 새 멀리 퍼졌네.
無疆其在此	한이 없음이 여기에 있으니,
庶以慰於昭	거의 오쇼(於昭)461)하심을 위안 받을 만하네.

[10]
| 小臣眞忝竊 | 소신(小臣)은 참으로 첨절(忝竊)462)한 자로서 |

뜻이다.『서경』「반경하(盤庚下)」참조.
456) 심훈(審訓):『서경』고명(顧命)의 심훈명여(審訓命汝)에서 취한 말로서 '상세한 교훈으로 너에게 말한다'는 뜻이다. 여기서는 정조가 승하(昇遐)할 즈음 고명(顧命:遺言)할 때를 서술한 것이다.
457) 문모(文母): 문덕(文德)이 있는 어머니. 주나라 무왕(武王)이 그 어머니 태사씨(太姒氏)를 가리키는 말인데 여기서는 빌어서 정조의 어머니 혜경궁(惠慶宮)을 가리킨 것이다.
458) 장락궁(長樂宮): 한(漢)나라 때 태후(太后)가 거처하던 궁전. 여기서는 혜경궁(惠慶宮) 처소를 가리킨 것이다.
459) 문왕이 세 번 아버지께 문안을 드렸다는 말. 여기서는 빌어서 정조(正祖)가 모친 혜경궁에게 하루 세 차례씩 문안을 드렸다는 말이다.
460) 성광(聲光): 높은 평판과 영광.
461) 오쇼(於昭): 어(於)는 '오'라 발음하여 감탄사로 쓰이며 쇼(昭)는 밝다는 뜻이다.『시경』「대아」'문왕(文王)'에 "문왕이 위에 계시어, 아! 하늘에 밝게 계시도다[文王在上, 於昭于天]"이라 한 시구를 인용하여 정조대왕의 혼령이 하늘에 밝게 계시다는 뜻으로 쓴 것이다.
462) 첨절(忝竊): 욕스럽게 그 자리를 차지하고 있다는 말로서 벼슬아치가 스스로를 겸손

天地亦私恩	천지와 같은 것은 또한 사은(私恩) 이었네.463)
報效無毫髮	보답함이 조금도 없었는데,
生成到子孫	낳고 성장함이 자손까지 이르게 되었네.
倒衣悲夢近	옷 거꾸로였던 것은464) 꿈에 가까운 게 슬프고,
顧影恨身存	그림자 돌아보니[顧影]465) 몸의 존재 한스럽네.
多少餘年內	얼마간의 남은 생애 안에는
齋心向九原	이 마음을 가지고466) 구원(九原)으로 향하리.

122. 11월 그믐날 밤에 누워서 해마다 특별히 달력을 반포했던 날을 생각하고 슬픈 생각이 들어 짓다

十一月晦夜, 臥念每歲別頒曆日, 愴然有述

雲臺鳳曆紀新年	운대의 봉력467)에다 새해를 기록하여,
每歲題封下九天	해마다 제목 봉해 세상에 내리셨네.
散帙傳看黃錦纈	누런 비단 꽃 무늬로 질을 흩어 전하시니,

[御賜曆日, 黃紙粧, 碾作花紋] [상감이 하사하시는 달력은 누른 종이로 장식 했는데 능화판(菱花板)에 문질러서 꽃의 무늬를 만든 것이었다.]

해 하는 말이다.
463) 사은(私恩)으로 왕이 나를 살펴 주었다는 말.
464) 옷을 거꾸로 하다[倒衣] : 옷을 거꾸로 입는다는 말로서 공무(公務)에 바쁘다는 뜻이니 『시경』 「제풍(齊風)」 '동방미명(東方未明)'에 "동방이 밝지 않았거늘 의상을 거꾸로 입었노라[東方未明, 顚倒衣裳]"라 한 시구에서 나온 말이다.
465) 그림자 돌아보니[顧影] : 고영자련(顧影自憐)의 준말. 여기서는 정조대왕이 승하 하셨으니 자신이 외롭다는 뜻으로 쓴 것.
466) 재심(齋心) : 이 마음을 가진다는 말.
467) 봉력(鳳曆) : '책력'을 달리 일컫는 말. 봉황새는 천시를 잘 안다하여 나온 말이다.

捧函猶濕紫泥鮮	함 받들 제 아직 젖은 붉은 인주 선명했네.
玄宮永閉逢南至	현궁(468)을 영폐(永閉)함이 동지를 만났으니,
白首餘哀到九泉	흰머리로 남은 슬픔 구천까지 이르누나.
寂莫高參風雪裏	적막하게 고참(高參)한 풍설 속에서
臥聽宮漏一潸然	누워 궁루(宮漏) 들으며 한 번 눈물 흘리노라.

123. 사흡 신혜연申惠淵(469)이 최근의 작품을 보여주었는데 그중에는 내가 지은 시에 화답한 것이 있기에, 다시 절구 한 수를 화답한다. 이때에 사흡은 새로 임관 되었다

申士洽名惠淵, 見示近詩, 中有和鄙人之作, 更和一絶, 時士洽新拜官

無官不必卑	관직이 없다 하여 비천하다 할 수 없고
有官不必尊	관직이 있다 하여 존귀하다 할 수 없네.
城南申季子	성남에 살고 있는 신계자는
只愛讀書孫	독서(讀書)만을 좋아하는 자손이었네.

---

468) 현궁(玄宮) : 임금의 관을 묻는 광중(壙中)
469) 다산 정약용이 그에 대해서 「유지당기(有志堂記)」라는 글을 남기고 있다.

124. 윤시랑의 매화에 화답하다

和尹侍郎梅花

玉蘂經年發	옥 꽃술 여러 해를 피었는데,
風燈過眼昏	바람의 등불처럼 흐린 눈에 지나가네.
色香依舊是	색과 향기 예전과 그대로인데,
疎密與誰論	성글고 빽빽함을 뉘와 함께 의논하랴.
白下家家月	백하(白下)470)는 집집마다 달이 떠 있고,
青城處處村	청성(青城)엔 곳곳마다 마을이었네.
凄凉鄰笛裡	처량하게 나는 이웃 피리 소리 속에,
此地獨消魂	여기에서 홀로 혼을 사르는구나.
[時五沙卜葬青城]	[이때 오사가 청성에 장지를 정했다.]

125. 오사 이상서 만시

五沙李尙書輓

樊翁箕騎五沙聯	번암이 기미성을 타자471) 오사가 잇달았으니,
玉笋班行望渺然	옥순(玉笋)472)같은 조반(朝班)을 바라보니 아득하네.
不瞑目猶悲彩服	눈 못 감는 건 아직도 색동옷을 슬퍼해서고,473)

---

470) 백하(白下): 윤시랑(尹侍郎)이 살고 있는 마을 이름으로 보인다.
471) 기미성을 타자[箕騎]: 기미성(箕尾星)을 탄다는 말로 정승의 죽음을 말한다. 기기(箕騎)를 평측을 맞추기 위하여 거꾸로 쓴 것이다.
472) 옥순(玉笋): 옥순(玉筍)과 같다. 영재(英才)가 많이 모인 것을 형용한다.
473) 부모가 살아있는데 먼저 죽었기 때문에 채복을 입고 어리광을 피울 수 없다는 뜻으로 하는 말이다.

獨攀髥已上青天	홀로 수염을 잡고 이미 청천에 올랐네.474)
空餘枕簟留賓地	부질없이 침점(枕簟)만 손님이 머문 곳에 남아 있고,
無復風騷接武賢	다시는 풍소(風騷)가 자취 접할 현인이 없게 됐네.
華屋丘山心事在	화옥(華屋)같은 구산(丘山)이 마음속에 있으니,
秪應良會有因緣	다만 좋게 모일 인연 있게 될 것이네.475)

126. 증인시

贈人詩

搖落金風萬里秋	가을바람에 잎 지는 만 리의 가을인데,
悠悠[二字缺]日西流	유유한 [二字缺] 해가 서쪽으로 흐르네.
邱園寂莫三徵帛	구원에는 세 번이나 불러냈던 폐백이 적막하고,
湖海虛無百尺樓	호해에는 백 척의 누대가 허무하게 되었네.
亭伯高才終自掩	정백(亭伯476))의 높은 재능, 마침내 스스로 가리워졌고,
夏侯舊書正堪修	하후승(夏侯勝477))의 옛 책은478) 정히 수업할 만하네.

---

474) 중국 옛날의 제왕인 황제(黃帝)가 형산(荊山) 아래에서 수산(首山)의 구리로 솥을 주조하고 나자 용(龍)이 내려와 턱수염을 드리워 황제를 맞이하므로 황제가 올라탔으며 군신(君臣)과 후궁(後宮)들이 따라서 타고 하늘로 올라간 자가 70여 명이었다는 고사에 따라 어떤 임금이 승하한 때에 오사(五沙)가 죽었음을 말한 것이다.
475) 이 마지막 연은 저자가 죽으면 오사(五沙)가 묻힌 곳 가까이 묻히고 싶다는 뜻을 피력한 것이다.
476) 정백(亭伯) : 후한(後漢) 때 최인(崔駰)의 자(字)이다. 『후한서(後漢書)』「최인열전(崔駰列傳)」 참조
477) 하후승(夏侯勝) : 한(漢)나라 사람. 하후시창(夏侯始昌)의 족자(族子)가 되는 사람이다. 시창(始昌)에게서 『상서(尙書)』와 『홍범오행전(洪範五行傳)』을 배우고, 또 구양씨(歐陽氏)에게서 배워 예(禮)를 잘 말했다.
478) 구서(舊書) : 상서(尙書) 곧 『서경』을 가리킨다. 다만 한시의 법칙상 평측이 맞지 않는다.

逢迎餘子吾何恨　　여자(餘子)479)를 만나 보니 내가 무얼 한하랴만
未託龍門合絶游　　용문을 의탁하지 못하니 절유(絶游)가 합당하네.

---

479) 여자(餘子) : 여기서는 후대(後代) 곧 자손이란 뜻으로 쓴 것이다.

다음은 『금대시문초』에 실려 있는 작품들이다. 국립중앙도서관본(성호 古 3648-文-62-904)에만 수록된 작품으로 다른 본에는 보이지 않는다.

1. 제주도로 돌아가는 만덕(萬德)에게

送萬德還耽羅

　　만덕(萬德)은 탐라(耽羅:濟州)의 과부이다. 을묘년(1795) 큰 흉년에 쌀을 사들여서 배고픈 백성들을 구제했다. 제주 목사가 이 사실을 조정에 알리자 상감께서 감동하는 낯빛을 지으시면서 만덕에게 하고픈 것이 무엇이냐고 물으셨다. 만덕은 특별한 소원은 없고 금강산이 보고 싶다고 하였다. 마침내 만덕을 여의(女醫)의 명부에 올리고 역참(驛站)마다 그녀를 호송케 하는 특전을 내려 주어 그녀의 소원을 이루게 하였다. 진귀한 반포가 여러 번 내려져 길에 광채를 내면서 고향에 돌아갔다. 아! 탐라라는 외딴 섬은 생식(生殖)에만 힘을 써서 가축의 암컷이라도 바다 건너오는 것을 금하였으니 하물며 사람에 있어서랴! 아무리 미인(美人)이라도 천 명 만 명 헤아릴 것 없이 구름 낀 바다에 묻혀 있었는데, 몸은 서울을 유람하고 발은 명산(名山)을 밟게 된 것은 이제 만덕이 있었으니 땅의 영을 오래 축적하여서 한 번 발설이 있게 된 것이다. 또한 상감께서 아침저녁으로 나라를 생각하는 하나의 생각이 바다 밖에 있는 제주에 까지 새어 나갔다. 필부(匹婦)가 참여해서 알려지기를 북이 북채를 따르듯 하였다. 이에 그런대로 시를 지어 주었으니 의로움이 말에 형용되었다.

　　萬德耽羅寡婦. 乙卯大饑, 糶米賑飢. 州牧以聞, 至尊動色, 問萬德所欲. 萬德無所欲, 欲見金剛山. 遂錄名女醫, 賜以驛遞, 俾成其願. 珍頒便蕃, 道路輝光, 以還其鄕. 嗟! 耽羅孤島, 務在生殖, 畜産之雌, 亦禁渡海, 況在于人! 明眸晧齒, 無千無萬, 埋沒雲海, 身遊上都, 足踐名山, 今有萬德, 將地靈久蓄, 一有發泄. 亦宵旰一念, 滲漉海外, 匹婦與知, 如鼓應桴. 聊贈以言, 義形于辭.

[1]

萬德瀛州之奇女　　만덕은 제주의 기이한 여자로서
六十顔如四十許　　예순 살에 얼굴이 마흔 살쯤 보이네.
千金糴米救黔首　　천금으로 쌀을 사서 백성을 구제했기에
一航浮海朝紫禦　　배를 타고 바다 건너 상감마마 뵈웠네.

[2]

但願一見金剛山　　금강산 한 번 보기를 원하였는데
山在東北烟霧間　　그 산이 동북쪽의 연무(烟霧) 간에 있네.
至尊啣肯賜飛驛　　상감께서 고개 끄덕이며480) 나는 듯한 역말 주시어
千里光輝動江關　　천 리 길의 빛나는 빛 강관(江關)에 진동했네.

[3]

登高望遠壯心目　　높이 올라 멀리 보아 심목을 웅장히 했고,
飄然揮手還海曲　　날 듯이 손짓하며 제주로 돌아갔네.
耽羅遠自高夫良　　탐라는 먼 옛날 고,부,양씨 때로부터
女子今始觀上國　　여자가 이제 처음 상국을 관광했네.

[4]

來如雷喧逝鵠擧　　올 적엔 우레처럼 떠들썩했고 갈 적엔 고니처럼 날 듯 했으니,
長留高風灑寰宇　　길이 고풍을 머물러서 세상에 뿌렸네.

---

480) 고개를 끄덕이다[啣肯] : 함(啣)은 함(頷)의 오자(誤字)이다.

| 人生立名有如此 | 인생에 이름 세움에 이러함이 있으니, |
| 女懷淸臺安足數 | 여자가 청대를 그리워했던 것을 어찌 족히 셀 것 있으랴.481) |

2. 신해년¹⁷⁹¹ 가을 8월에 농사를 점검하러 칠곡^{柒谷}을 지나가는 길에 요절한 두 자식의 무덤을 살펴보았다. 세월이 오래되어 가시덤불이 덮었으니 울적하여 시를 짓는다

辛亥秋八月, 以檢田行過柒谷, 省視兩殤葬. 歲月滋久, 榛莽翳然, 愴然有述

汝骨已黃土	너의 뼈는 이미 황토가 되었는데
吾生尙至今	나는 살아 오히려 지금에 이르렀네.
笑啼還在眼	웃고 울던 일 아직도 눈에 선한데
艸木盡傷心	초목이 모두다 상심하는 듯하다.
地下悲歡絶	땅속에는 슬픔과 기쁨 없겠지만,
人間歲月深	세상에는 세월만 깊어 가누나.
遠慙吳季子	멀리 오나라 계자(季子)482)에게 부끄러우나
脫略有英音	모두 잊고 영음(英音)만 남기었었네.

---

481) 여회청대(女懷淸臺): 진시황(秦始皇)이 파촉(巴蜀)의 과부인 청(淸)이란 여인을 기리기 위하여 지은 누대 이름이다. 그녀가 선대의 재물을 잘 지키고 빼앗기지 않았으므로 진시황이 정부(貞婦)라 예우하고 대를 지었다고 한다. 『사기(史記)』「화식열전(貨殖列傳)」 참조.

482) 오나라 계자(季子): 춘추시대 오(吳)나라 왕 수몽(壽夢)의 넷째 아들. 계찰(季札)을 이른다. 부왕(父王) 수몽이 계찰의 현명(賢明)함을 택하여 그에게 군주(君主)의 자리를 전하려 하였으나 이를 사양하고 노(魯)나라 관광(觀光)을 비롯하여 여러 나라 관광을 하였는데 이때 데리고 갔던 그의 큰 아들이 죽었으므로 제(齊)나라의 영읍(嬴邑)과 박읍(博邑)의 중간에 무덤을 썼다 한다. 여기서는 금대가 죽은 아들의 무덤을 무덤같게 쓰지 못했다는 뜻으로 인용한 것이다.

3. 신안 홍진사가 보인 시운에 화답하다

酬新安洪進士寄示韻
　　苦憶洪君與桂君　　홍군과 계군을 몹시 생각하여
　　西臺西望極西雲　　서대를 서쪽으로 바라보길 서쪽 구름 끝까지 했네.
　　何當共理蜂巖屐　　어찌 했으면 함께 봉암을 올라가는 나막신 다스려서,
　　臥對連天錦繡文　　하늘과 접해 있는 금수의 문채를 누워서 맞이할까.

4. 철산정씨의 경독정(耕讀亭)에 써서 보내다

寄題鐵山鄭氏耕讀亭
　　寂寞關西道　　고요하고 쓸쓸한 관서의 길에
　　流傳谷口聲　　곡구(谷口)483)의 명성이 흘러 전하네.
　　靑山有結搆　　푸른 산에 그가 사는 집이 있으니,
　　白業轉分明　　백업(白業)484)이 더욱이 분명하도다.
　　夜雨龍鱗發　　밤비 올 제 용린향(龍鱗香)485)이 피어 올랐고,
　　春燈蠹簡橫　　봄 등불에 좀 먹은 책이 비껴 있었었네[蠹簡橫]486).
　　莫令耕讀地　　밭 갈고 책을 읽은 곳으로 하여금
　　回首羨公卿　　머리 돌려 공경을 부러워하지 말라.

---

483) 곡구(谷口) : 중국 한(漢)나라 때 정자진(鄭子眞)이다. 이름은 박(樸). 자진(子眞)이란 자로 행세하였다. 그가 곡구에서 살았으므로 곡구자진(谷口子眞)이라 일컬어진 지조 있는 선비였다. 철산 정씨와 같은 성이기 때문에 인용한 것이다.
484) 백업(白業) : 불교 용어. '착한 일'이란 뜻이다.
485) 용의 비늘[龍鱗] : 용의 비늘. 여러 가지 뜻이 있으나 여기서는 용린향(龍鱗香)이란 뜻이다.
486) 좀 먹은 책을 비끼었네[蠹簡橫] : 여기서는 좀이 슨 책을 읽는다는 말이다. 횡(橫)은 횡경(橫經)의 뜻과 같이 책을 가로 펴놓고 있다는 뜻이 있다.

[해제]

우수(憂愁)와 비감(悲感)의 시학

1

　금대(錦帶) 이가환(李家煥, 1742~1801)의 삶은 참으로 드라마틱하다. 어려서 문장으로 이름을 떨쳤으며, 신예(新銳)로 정조(正祖)에게 발탁이 되었다가 형장의 이슬로 사라져 갔다. 그는 여주이씨(驪州李氏) 일가의 풍부한 문학적 자양(滋養) 속에서 성장을 했다. 무엇보다 조선 후기 문단에서 독보적이고 탁월한 문학적 성취를 보여 주었던 혜환(惠寰) 이용휴(李用休, 1708~1782)가 그의 부친이었다는 사실 하나만으로도 그의 문사(文士)로서의 운명은 예기된 셈이다.
　여러 사람들의 증언들을 종합해 볼 때 그가 뛰어난 능력의 소유자였음은 부정할 수 없는 사실로 보인다. 그중에 다산 정약용의 「정헌묘지명(貞軒墓誌銘)」은 그에 대한 가장 풍부한 기록 중 하나다. 그의 능력을 확인할 수 있는 한 대목을 살펴보자.

공은 여러 종형제 중에서 나이가 가장 어렸기 때문에 여러 형들의 보살핌이 매우 깊었다. 더구나 공은 기억력이 뛰어나 한 번 본 글은 평생토록 잊지 않고 한 번 입을 열면 줄줄 내리 외는 것이 마치 치이(鴟夷 호리병)에서 물이 쏟아지고 비탈길에 구슬을 굴리는 것 같았으며, 구경(九經)・사서(四書)에서부터 제자백가(諸子百家)와 시(詩)・부(賦)・잡문(雜文)・총서(叢書)・패관(稗官)・상역(象譯)・산율(算律)의 학과 우의(牛醫)・마무(馬巫)의 설과 악창(惡瘡)・옹루(癰漏)의 처방(處方)에 이르기까지 문자라고 할 수 있는 것이면 무엇이든지 한 번 물으면 조금도 막힘없이 쏟아놓는데 모두 연구가 깊고 사실을 고증하여 마치 전공한 사람 같으니 물은 자가 매우 놀라 귀신이 아닌가 의심할 정도였다.[1]

그는 박학다식(博學多識)에다 무불통지(無不通知)했던 대단한 재사(才士)였다. 이러한 탁월한 능력 때문인지 어려서부터 주목을 받고, 결국 정조(正祖)의 총애를 한 몸에 받게 되었다. 그 후 각종 편찬 사업에 참여하여 자신의 능력을 마음껏 발휘하였다. 그러나 그의 나이 46세 때 금화(金化)에 유배된 것을 시작으로, 시간이 흐를수록 그에 대한 반대파의 공격이 심해졌다. 결국은 채제공과 정조가 연이어 세상을 뜬 뒤에 얼마 되지 않아 그는 신유박해에 연루되어 죽임을 당한다.

과연 이가환은 서학(西學)에 심취했다가 죽임을 당한 종교적 순교자였던가? 아니면 복잡한 정치적 알력에 희생당한 불행한 정치가였던가? 쉽사리 단정을 내릴 수는 없다. 그는 문명(文名)으로 이름이 높았던 문사(文士)였으나 남긴 문학적 족적(足跡)은 아직도 크게 부각되지 않고 있으니 재평가되어야 마땅하다. 이가환의 시는 많이 사라져 버리고, 얼마 남아 있지 않다. 남아 있는 그의 시들은 우수(憂愁)와 비감(悲感)의 정조(情調)가 대단히 강하다. 그는 시대의 불온 때문에 그러한 시들을 썼을까? 아니면 개인적으로 예민하고 민감한 자의식 때문에 그러한 시들을 썼을까?

---

1) 고전번역원 번역 참조.

2

　유배인에게 낯선 환경과 이질적인 풍속은 괴로운 문제였다. 이러한 유배인의 공간적인 유폐(幽閉)는 심리적으로도 많은 변화를 야기한다. 어쩌면 이런 시기에 고향이나 가족, 친구들에 대한 그리움이 토로되는 것은 당연한 일이다. 그뿐만 아니라 자신의 처지에 대한 회한(悔恨)이 반복적으로 토로되거나, 이런 상황을 구제해 줄 수 있는 절대적인 존재인 군주(君主)에 대한 애타는 연군(戀君)의 정서가 표출되기도 한다. 금대의 경우도 예외는 아니다. 그의 시는 우수와 비감의 정조가 대단히 강하다. 이러한 점이 그의 시의 기조라 해도 과언은 아니다. 그의 삶은 정치적인 위해(危害)에서 자유롭지 않았고 일생동안 반대 당인(黨人) 혹은 같은 당인(黨人)의 공격을 받게 된다. 그런 불안한 심리가 드러난 시는 생애 전반에서 쉽게 찾아볼 수 있으며, 특히 이 시기에 집중적으로 드러난다.

　(…전략…)
　대로(大爐)는 이물(異物)도 내버려 두어
　빈 골짝엔 반가운 손님이 끊어졌네.
　높직이 누워 사람 얼굴 꺼리고,
　길게 읊으면서 달빛에 기대었네.
　온 가족을 만나 볼 곳이 없으니
　먼 길에 몇 번이나 찡그렸던가?
　삼경이 거칠어진 시절인데도,
　천지에 내 한 몸을 맡기고 있네.
　존권을 비록 스스로 휘둘렀지만
　좋은 곳[善地]에서 깊은 인덕(仁德) 입게 되었소.
　아직도 백성의 고난을 생각하니,
　마침내 한나라 순리에 부끄럽구려.
　생애를 어찌 족히 말할 게 있으랴만

사귀는 도 또 거듭 말을 하였네.
전조(全趙)하던 별 떠난 지 오래이니
관하(關河)의 꿈에서도 찾아가기 자주 했네.
(…하략…)

大爐從異物　空谷斷佳賓
高臥防人面　長吟倚月輪
擧家無所顧　遠道幾曾嗔
時序荒三徑　乾坤寄一身
尊拳雖自奮　善地荷深仁
尙念黎元疾　終慙漢吏循
生涯焉足說　交道且重陳
全趙星離久　關河夢去頻
「花江謫中, 追酬趙生晋範大同江舟中見示二十八韻, 兼簡金生允涵」

대로(大爐)는 『장자(莊子)』, 「대종사(大宗師)」에 나오는데 천지(天地)를 비유하는 말이다. 이물(異物)은 말 그대로 특이한 물건이니 여기서는 금대(錦帶) 자신을 비유한 것이다. 이 두 구절은 오히려 매우 자조적이다. 실상은 자신을 용납하지 못하는 세상에 대한 원망이 숨겨져 있다.

"사람 얼굴 꺼린다[防人面]"라는 구절에서는 세상 사람들에 대한 혐오가 드러난다. 이 구절은 두보(杜甫)의 시 「課小豎, 鋤斫舍北果林, 枝蔓荒穢淨訖移牀」에서 "薄俗防人面 全身學馬蹄"라는 구절에서 따온 것이다. 금대의 시에는 두보의 잔영(殘影)이 상당히 많다. 그는 애수에 찬 두보의 시를 열독(熟讀)하였고, 자신의 작품에 수용했던 것으로 보인다.

그 다음 두 구절에서는 가족에 대한 그리움이 배어 있다. 가장으로서 가족들을 돌볼 수 없는 심정이 나타나 있다. 또, 「견흥(遣興)」에서도 "아들, 손자, 아우, 조카 하나도 없으니 빈집엔 초라하게 늙은 처(妻)만 누웠겠지[弟侄兒孫一無有 空宅悄然臥老妻]"라고 하여 가족들에 대한 걱정이 보인다.

삼경(三徑)은 도연명(陶淵明)의 「귀거래사(歸去來辭)」에 "三逕就荒松菊猶存"이라 나온다. 한(漢) 나라 때 장후(蔣詡)가 동산에 세 갈래의 길을 내고 오직 양중(羊仲)·구중(求仲)과만 사귀었다는 고사(故事)에 의하여 친구 간에 왕래하는 길을 가리킨다. 삼경이 거칠어졌다는 것은 사람들 간의 왕래가 단절되었음을 말한다. 이러한 시기에도 "천지에 내 한 몸을 맡기고 있네[乾坤寄一身]"라는 부분에서는 순명(順命)적인 태도마저 보인다.

존권(尊拳)이란 농담으로 다른 사람의 주먹을 일컫는 말이다. 중국 진(晉) 나라 유령(劉伶)이 말다툼을 벌이던 중 상대가 주먹으로 치려 하자 자신을 닭갈비처럼 연약한 몸이라고 해 위기를 모면했다고 한다.『진서(晉書)』,「유령전(劉伶傳)」에 "嘗醉與俗人相忤. 其人攘袂奮拳而往. 伶徐曰: '鷄肋不足以安尊拳.' 其人笑而止"라고 했다. 여기서는 금대(錦帶)의 처벌을 주장했던 정적(政敵)을 가리킨다. 좋은 곳[善地]은 자신이 먼 곳으로 유배되지 않고 가까운 곳으로 유배되었다는 뜻이니, 이러한 정적의 공격에도 멀리 유배되지 않고 가까운 곳에 유배된 것은 상감의 은혜였음을 말한 것이다.

"한나라 순리에 부끄럽다"는 시구에는 백성의 고난을 지켜보면서도 아무 것도 할 수 없는 무력감이 드러난다. 그 다음 구절에서는 교도(交道)에 대해 말하였다. 자신이 환로(宦路)에서 물러나 유배지에서 느꼈을 인간에 대한 환멸과 서글픔이 표출되었다.

끝으로 마지막 두 구절은 정치적인 인사(人事)와 관련된 말로 보인다. 전조(全趙)는 조(趙) 나라를 온전히 하다 또는, 인상여(藺相如)를 가리키는 말이기도 하다. 중국 전국시대 조 나라의 인상여(藺相如)가 진(秦) 나라의 소왕(昭王)이 거짓말로 빼앗으려는 초 나라 소유의 화씨벽(和氏璧)을 완전하게 되돌려오고, 또 진나라의 침략 정책을 좌절시켜 조 나라를 온전하게 보조했던 고사를 인용하여 채제공이 정조(正祖)를 잘 보좌하여 나라를 안정시켰음을 가리킨다. 남인의 영수인 채제공에 대한 금대의 그리움이 짙게 드러나 있다.

이처럼 위의 시는 유배 시절 금대의 심정을 엿볼 수 있는 매우 중요한 작품이다. 유배지에서 갖는 심정과 그러한 유배에 처하게 만든 정적(政敵)에 대한 감정이 나타나 있다. 또, 가족과 정치적 동반자, 임금에 대한 감회가 솔직하고 담담하게 표현되었다.

> 장끼가 북쪽 숲에서 날아올라
> 바람에 화려한 깃털 떨쳤었는데
> 야유(野遊)하던 아이들 만나
> 구슬 같은 탄알에 선명하게 떨어졌네.
> 훨훨 나는 외로운 봉황새가
> 날개 펼쳐 자해에서 날아왔다네.
> 내가 너를 물고서 가려 했으나
> 그물[虞羅]들이 사방에 깔려 있었네.
> 네(꿩)가 내(봉황새)게 붙어 함께 가려 하지만
> 망설이며 죄를 두려워하네.
> 꺾이어 쓰러질까 참으로 걱정되지만
> 곧은 절개 지킨 것 어찌 후회하리.
> 고기 바쳐 임금님 국에 쓰이니
> (임금님) 나이와 용모 길이 변치 않겠네.
> 털을 바쳐 임금님 부채 되리니
> 안 좋아도 혹시나 채택될 건가?

> 文雉翔北林　當風振華采
> 遭逢冶遊兒　珠彈落璀璀
> 飄飄孤鳳凰　舉翮從紫海
> 我欲銜汝去　虞羅四面在
> 汝欲附我歸　躊躇而畏罪
> 摧頹誠可閔　耿介寧當悔
> 獻肉充君羹　年貌長不改
> 獻毛爲君扇　菲薄倘見採

「奉和申震澤見贈古風 一首」

다른 본에는 제목이 「고풍수인(古風酬人)」으로 나온다. 이 시는 매우 우의적(寓意的)이다. 꿩은 금대 자신을, 봉황새는 임금을 의미한다. 또, 어린이는 정적(政敵)을, 탄알과 그물은 반대파들의 정치적 계략을 상징한다. 이러한 위태로운 상황에서도 굳은 절개를 후회하지 않는다 말하였다. 이러한 우의적 표현은 「관방응(觀放鷹)」에서도 거의 동일하게 나타난다.[2]

또, 금대의 시에는 임금에 대한 언급이 적잖은데 특히 「화강만흥(花江漫興) 二十首」에 집중적으로 나온다. 첫 번째 시에서 "…쓸쓸한 건 경세제민하는 뜻이나 감격됨은 총명한 임금 만난 거네. …[蕭條經濟意 感激聖明時], 열일곱 번째 시에서는 "(…상략…) 멀리 생각하노라. 금란전에서 상감의 술 나누어 흠뻑 마셨네. 털끝만큼 보답을 한 것도 없이, 떠돌기를 쑥대처럼 내맡기었네[緬憶金鑾殿 分沾御縹醪 絲毫無報答 流轉任蓬蒿]", 그리고 스무 번째 시에서는 "…세상을 탄식하니 다니면서 봉황을 노래하고, 임금을 생각하니 꿈에도 옷 거꾸로 입네. …[歎世行歌鳳 思君夢倒衣]라고 각각 표현하였다.

마지막에 고기[肉]와 털[毛]을 임금님 국[君羹], 임금님 부채[君扇]에 바친다는 표현은 금대 자신의 우국과 충성에 대한 적극적인 다짐이다. 그 자신이 정조(正祖)의 총애와 신뢰를 한 몸에 받은 인물이다. 이러한 표현은 정치적 복권(復權)에 대한 강렬한 열망을 담고 있다.

---

2) "저녁 참새 뜰에서 급히 떠들고, 가을 거미 그물을 자주 치누나. 구구하게 계책을 졸렬하게 하지만, 하나하나 생계 꾸림 참되게 함이리라. 송골매의 가을을 능가하는 죽지는 高空에서 먹을 것 선택하는 몸이네. 가련하도다! 빗겨 치는 곳에 언제나 매 풀어놓는 사람이 있네[暮雀喧庭急 寒蟲結網頻 區區作計拙 箇箇營生眞 俊鶻凌秋翮 高空擇肉身 可憐橫擊處 長有解條人]" 자신을 옭아매는 정치적 박해를 참새나 거미, 그물로, 그 자신을 매로 대비해서 상징적으로 기술하였다.

[해제] 우수(憂愁)와 비감(悲感)의 시학

가고픈 꿈 마침내 꿈이 되지만,
수심이 몰려와서 꿈도 안 꾸어지네.
달빛 어리던 창에는 새벽빛 이어지고
눈 덮인 골짜기엔 바람 소리 매섭네.
크고 작은 평생의 벌어진 일들
처량하게 후세에 이름 남겼지.
어찌하면 한 통의 술을 가지고
다시 곧 눈앞에서 기울여 볼까

歸夢終爲夢　愁來夢不成
月牕連曙色　雪壑壯風聲
多少平生事　凄涼後世名
何如一尊酒　且就眼前傾

「曉」

　　금대의 시에는 시간과 계절에 관한 것이 많다. 불면의 시간에 대한 토로, 또는 속절없이 가는 계절에 대한 서글픔을 쉽게 찾아볼 수 있다.3) 그래서 그의 시에는 유배에 대한 감회가 수시로 노출된다. 「추진(秋盡)」에서 "…나그네의 베개는 술에 취해 꿈같고, 집 소식은 하루가 한 해와 같네. …[旅枕醒如夢 家書日抵年]"라고 하였고, 「送許氏二甥還玉溪」에서는 "…유배 생활 평일에는 낮잠에 빠졌으니 무너진 집에서 도리어 밤 깊도록 촛불 켰네. …[謫居常日白晝眠 破屋却有深更燭]"라고 하여 아무 것도 할 수 없는 무력한 자신의 처지를 드러냈다. 여기에서 더 나아가 「花江漫興 二十首」 아홉 번째 시에서 "…늙는 것 먼 땅에서 달게 여기고, 명성은 세상에서 살기 괴롭네. …[衰謝甘天末 聲名苦世間]", 열여섯 번째 시에서 "몸은 서권(書卷) 때문에 잘못되었고 생애(生涯)는 흰머리의 재촉을 받네"라고 표현하고 있다.

---

　　3) 시간과 관련되어 자탄의 정조가 강한 시로는 「夜坐」, 「冬至」 등이 있고, 계절과 관련되어서는 「元日 寄純玉」, 「次沈生厦成韻」 등을 들 수 있다.

또, 「화강만흥(花江漫興) 二十首」 열세 번째 시에서는 "…배체(俳體)는 수심을 풀어 주기 좋으니 힘들이지 않고도 유서(庾徐)를 본받네. …[俳體 消愁好 無勞步庾徐]"라는 의미심장한 구절이 나온다. 배체(俳體)는 배해체(俳諧體)의 준말이다. 재치·해학·풍자로 된 시문체(詩文體)를 가리킨다. 유서(庾徐)는 유신(庾信)과 서릉(徐陵)을 말한다. 그들의 시체(詩體)는 서유체(徐庾體)라고 하여 유행하였으며, 궁체시(宮體詩)의 명수였다.

「정헌묘지명」에 그의 시풍에 대해 언급한 부분이 있다. "가환은 그 집안이 본래 좋은 축에 들었으나 오랜 세월을 불우하게 지냈으므로 정숙(精熟)한 문예(文藝)를 쌓고도 스스로 조정의 버림을 받은 초야(草野)의 사람으로 여겼기 때문에 그가 토해 내는 말들은 하나같이 비장(悲壯)하고 강개(慷慨)한 것뿐이었고, 그 마음에 맞는 것은 제해(齊諧)와 색은(索隱)뿐이었다. 처신이 불안하면 할수록 말이 더욱 편벽되고 말이 편벽될수록 문장이 더욱 괴팍해졌다. 화려한 문장은 팔자 좋은 사람들에게 양여(讓與)하고 자신은 이소(離騷)와 구가(九歌)를 빌어 불우한 처지를 읊었도다. 그러나 이것이 어찌 가환이 좋아서 한 것이겠는가. 이것은 조정이 그를 그렇게 만든 것이다"[4]라고 하였으니, 그의 시풍에 대한 매우 의미 있는 지적이다.

3

그는 기다림과 헤어짐에 대한 쓸쓸한 감정을 토로한 시들을 많이 남겼다. 때로는 기다림의 막막함을 때로는 헤어짐의 아쉬움을 담담하게 시로 그려냈다. 아마도 이러한 면모는 유배의 체험으로 인해서 더욱 더 심화된 것으로 보인다. 아무도 찾아오지 않는 유배지에서의 지루한 시간이

---

4) 「정헌묘지명」: 至於家煥, 未嘗非好家數, 而落拓百年, 斲輪而貫珠, 自分爲羈旅草莽, 發之爲聲者, 悲吒慷慨之辭也, 求而會意者, 齊諧索隱之徒也. 跡愈鞫而言愈詖, 言愈詖而文愈詭. 絺繡五采, 讓與當陽, 離騷九歌, 假以自鳴. 豈家煥之樂爲, 伊朝廷之使然.

그가 기다림과 헤어짐에 예민하게 반응하는 데 한 몫을 했을 것이다.

> 네가 중순에 온다고 듣고는
> 초순부터 곧 문에 기대 기다렸네.
> 다만 산이 쓸쓸한 것이 근심이었는데,
> 게다가 비가 자욱한 것 마주했네.
> 오랜 이별은 얼굴빛에서 징험이 되고,
> 곤란한 생활은 웃는 말에도 있었네.
> 어떻게 견디리오! 맑은 밤 달이
> 이미 스스로 빈 술통 비치는 것을.

> 聞汝中旬至　初旬便倚門
> 直愁山寂寂　兼對雨昏昏
> 間闊徵顔色　艱難在笑言
> 那堪淸夜月　已自照空樽

「喜純玉到」

순옥(純玉)은 허질(許瓆, 1755~1791)의 자이다. 허질은 이가환의 생질(甥侄)이다. 혜환은 『혜환잡저(惠寰雜著)』에 그에 대하여 「和菴記」・「外孫許瓆字純玉說」・「題外孫許瓆所寫古詩選後」・「書贈外孫許瓆」등 여러 편의 글을 남기고 있고, 이가환도 『시문초』에 「許純玉墓誌銘」・「元日寄純玉」・「喜純玉到」・「別純玉」・「可以所記」등의 시문(詩文)을 남기고 있다. 이가환과는 매우 각별했던 사이였음에 틀림없다. 이렇게 반가운 조카가 찾아온다는 소식에 매우 달뜬 심정을 솔직하게 표현하고 있다. 반가운 마음이 크면 클수록 헤어질 때 마음은 시린 법이다. 「別純玉」에서는 "6월 달의 화강 골짜기에는 쓸쓸한 바람 초가을과 같았네. (…하략…) [六月花江峽 凄風似杪秋]"라 하여 여름의 날씨가 가을처럼 느껴진다고 표현하여 쓸쓸한 마음을 우회적으로 드러냈다.

듣건대 관하에 있던 나그네가
봄에 노닐다 여름에야 돌아왔네.
몸 가뿐하니 지팡이 기다리지 않았고,
시 좋으니 책으로 새길 만하네.
방에는 갖추어진 통술과 표주박 있고,
문에는 혐오스런 거마가 없네.
어찌하면 바람이 난간에 부는 밤에
마음껏 동대(東臺)를 이야기할까.

聞道關河客　春遊夏始回
身輕節不待　詩好棗堪災
室有樽瓢具　門無車馬猜
何當風檻夜　盡意話東臺

「次韻呈許勝菴, 兼速其來」

그는 시에서 일가 친인척들에 대한 남다른 정을 내비친다. 이 시의 주인공은 허만(許晩, 1732~1805)이다. 그는 자가 여기(汝器)이고, 호는 승암(勝菴)이다. 이용휴의 맏사위이며, 이가환의 자형(姉兄)이다. 이가환은 허만에 대해서 많은 글을 남기고 있다. 이 시는 차운시를 올리고 그가 속히 와 주기를 바라는 내용을 담았다. 적막하고 조용한 분위기와 그리움에 대한 감회가 잘 표현되어 있다. 또, 「贈光國 [族孫是銑]」에서도 "그 후로 둘이 이별한 눈물은 하나하나 옷과 수건에 있었네[向來雙別淚 一一在衣巾]"라고 하여, 절절한 헤어짐의 감회를 토로했고, 「送聖在」에서도 "이듬해 살구나무 꽃이 다시 좋게 피거든 원방이 정히 계방과 만날 기약이 있으리라[明歲杏下花更好 元方正有季方期]"라고 하여 이별의 섭섭함을 만남에 대한 기약으로 환치하였다.

정원 고을 남쪽에 김씨 선비는
산 푸르고 구름 흰 초가에 살고 있네.

녹문에 홀로 간 뒤, 자취 끊어졌으나,
곡구에서 높이 살자 사람 절로 알게 됐네.
지난날 평양에서 참으로 엇갈려서,
맑은 가을 먼 곳에서 다만 서로 생각하네.
여장(藜杖) 짚고 마침내 찾을 뜻이 있으니,
머물면서 풍경 취해 다시 시로 지으리.

定遠州南金布衣　山靑雲白一茅茨
鹿門獨往跡空斷　谷口高棲人自知
舊日浿西眞錯過　淸秋天末只相思
杖藜終有幽尋意　留取風烟更賦之

「寄題金逸人連化幽居 [名德運]」

개성 유수 때 교분을 맺은 김덕운(金德運)이란 사람에게 보낸 시이다. 3, 4구의 녹문(鹿門)은 동한(東漢)의 방덕공(龐德公)이 은거한 녹문산(鹿門山)을 가리킨다. 곡구(谷口)는 중국 당(唐) 나라 정자진(鄭子眞)이란 사람이 있었는데 벼슬을 버리고 곡구(谷口)란 땅에 숨어 살았으므로 곡구자진(谷口子眞)이라 호칭되었다. 김일인(金逸人)의 은둔 생활을 녹문과 곡구는 빗대어 찬양한 것이다. 그에 대한 애틋한 정을 보이고, 아울러 재회에 대한 강한 의지를 드러냈다. 끝으로 석별의 정을 담은 시 한 편을 살펴보자.

모름지기 억지로 석별한 게 없는 건,
마음의 거울이 둘 다 분명해서지.
동쪽 하늘 뜨는 달에 말을 의탁하노니,
계속해서 좋은 소식 보내주게나.

不須强惜別　心鏡兩分明
憑語東天月　旋旋好寄聲

「縣齋和尹生贈別 [名得梯]」

서로 간에 그리는 정만 있다면 석별의 아쉬움일랑 그리 문제될 것이 없다는 내용을 담고 있다. 그의 시는 유독 사람에 대한 이야기를 담은 것이 많고 음풍농월(吟風弄月)하는 시들은 그리 많지 않다. 사람만이 희망이며, 그 안에 모든 것이 있다는 무언(無言)의 메시지가 깔려 있다.

4

이가환은 많은 만시(輓詩)를 남기고 있다. 대상 인물들은 대부분 그와 개인적으로 절친했던 사람들이었고, 정치적인 운명을 같이 하는 사람들이 많았다. 그와는 떼려야 뗄 수 없는 정조(正祖)와 채제공의 죽음도 시로 남겼다. 그는 그들의 죽음에서 무엇을 읽었을까? 혹시나 자신에게 다가오는 슬픈 종말의 전주(前奏)를 읽지는 않았을까? 자신의 측근들이 하나둘씩 세상을 뜰 때마다 그의 시는 절박한 무엇인가가 느껴진다.

상감 은혜 말하려니 눈물 먼저 흐르는데,
일 없어도 잠시 뒤면 볼 수 있겠지.
황천길에 회조(回照)가 늦은 것 한탄 말라,
옛날부터 화일(化日)은 모두 더디고 더디었으니.

君恩欲說淚先垂　無事須臾可見之
泉路莫嗟回照晚　由來化日儘遲遲

「趙先達挽 [名進道]」

조진도(趙進道, 1724~1788)는 자(字)는 성여(聖與)이고, 호(號)는 마암(磨巖)이다. 저서로 『마암문집(磨巖文集)』이 있다. 그는 김상로(金尙魯, 1702~?)와 홍계희(洪啓禧, 1703~1771)의 음모에 의하여 영조 36년인 경진(庚辰)년에 삭과(削科)된 비운의 인물이었다. 이가환은 그의 묘갈명인 「磨巖趙公墓碣銘」에서 사건의 전말을 상세히 적고 있다. 3구의 회조(回照)는 반사하여 비치는 것으로 여기서는 상감의 노한 마음이 풀린다는 뜻으로 쓴 것이다. 구체적으로는 조진도가 죽은 지 여섯 달이 지나서 그의 과거가 회복된 사실을 말한다.

> 해마다 옛 벗을 많이도 잃었는데
> 청장관 잃게 되니 이 일을 어찌하랴!
> 천하의 잘난 인물 이제사 죽었으니,
> 곡 중의 유수곡은 이미 다 어긋났네.
> 한나라 각에는 단려화(丹藜火)만 부질없이 남아 있고,
> 형문(荊門)에서 백설가를 다시 부를 사람 없겠네.
> 누가 알리오 판교의 봄풀 속에
> 삼창과 이유가 정히 빽빽이 늘어서 있는 줄을…

> 頻年哭得故人多　哭到青莊奈爾何
> 天下奇才今寂寞　曲中流水已蹉跎
> 空餘漢閣丹藜火　無復荊門白雪歌
> 誰識版橋春艸裏　三蒼二酉正森羅

「李積城輓 [名德懋]」

　이덕무가 1793년에 죽었으니 이 시는 그 이후에 지어진 것으로 보인다. 이덕무를 잃은 슬픔이 문면에 가득하다. 4구에서는 백아(伯牙)와 종자기(鍾子期)의 고사를 사용해서 지음(知音)을 잃은 아쉬움을 표현했다. 5구의 단려화(丹藜火)는 훌륭한 문장가였던 한(漢) 나라 유향(劉向)이 천록각(天祿閣)에서 서적을 교정하다가 어두운 밤에 깊은 생각을 하고 있는데 누런 옷을 입은 어떤 노인[太乙老人이라 함]이 명아주 지팡이 끝에 불을 붙여 밝혀 주었다는 고사를 이덕무에게 응용한 것이다. 6구에서는 이덕무(李德懋)가 죽은 뒤로는 좋은 시를 짓는 사람이 없어졌다는 말을 이렇게 표현하였다. 7구와 8구에서는 삼창(三蒼)과 이유(二酉)의 고사를 사용해서 해박한 지식을 자랑하던 이덕무의 죽음을 애도했다.

높은 산같이 움직이지 않고 북두성은 자루를 드리웠는데
털 하나로 천균을 매달았으니 뼈가 가루가 되더라도
남긴 한은 위급하던 날을 부지하던 것이었고,
남은 여생은 성명한 조정에 보답하였네.
문장과 훈업은 길이 빛나 비출 것이나,
조정이나 강호 양쪽 모두 쓸쓸하게 되었네.
나는 정으로다 울려 하니 모두 [꿈같은]5) 일인데,
흰 머리로 눈물 뿌리면서 창공을 바라보았네.

高山不動斗垂杓　一髮千勻任骨銷
遺恨扶持危急日　餘年報答聖明朝
文章勳業長輝暎　廊廟江湖兩寂寥
欲哭吾私渾夢事　白頭霑灑望靑霄

「樊巖蔡相國輓詞」

  이미 이가환은 「奉和樊巖蔡相公, 御製賡韻」에서 "구슬 소반에 모여 금경을 굴복하자 은하의 빛이 돌아 상경(上卿)에 위촉됐네[珠盤翕集伏今勍 雲漢昭回屬上卿]"라고 하여 채제공이 정승이 된 사실을 매우 의미심장하게 적고 있다. 정조가 군신들과 회맹하여 그의 부친인 사도세자(思悼世子)를 해쳤던 현재의 강경한 세력을 굴복시켰다는 뜻이고 운한소회(雲漢昭回)는 『시경』, 「대아(大雅)」, '운한(雲漢)'편에 있는 말로서 '은하(銀河)'의 밝은 빛이 돌아왔다는 말이니, 여기서는 천운(天運)이 돌아와서 채번암(蔡樊巖)이 상경(上卿), 곧 정승에 속하게 되었다는 말이다.
  자신의 가장 강력한 후견인 중의 한 명인 채제공의 죽음은 그에게 적지 않은 충격을 안겨다 주었다. 이로부터 그의 시에는 부쩍 부박한 풍속을 탄식하는 일들이 많아진다. 아마도 정치적인 지형의 변화와도 무관치 않을 것이다. 「卄七夜, 尹正言無咎, 携洪生得書至, 喜甚有作」에

---

5) 결자(缺字)이지만 의미는 꿈일 것으로 보인다.

서는 "부박한 세속은 원래 막힘 많으니 현명한 사람은 마땅히 혼자 깨야 하였네[浮俗元多梗 高賢宜獨醒]"라고 하여 자신의 결연한 의지를 재확인하고, 「哭權承旨東野[名坪]」에서는 "부박한 풍속을 어떻게 바꾸겠는가 그대 같은 분이 또 세상 떠났으니[浮俗何由變 如君又返眞]"라고 하여, 선배들의 죽음을 안타까워하고 있다. 일일이 언급 하지는 않겠지만 이러한 선배나 동료들의 죽음에서 그는 자신의 운명도 얼마 남지 않았음을 직감적으로 느끼고 있다.

지금까지 살펴본 우수와 비감의 정조는 그의 시세계에서 중요한 문제이다. 그의 시에는 정치적 좌절로 인한 개인적 불우가 잘 나타나 있다. 그것은 때로는 격렬하게 때로는 자조적으로 표출된다. 당쟁의 중심에 섰던 한 지식인의 고뇌와 우수가 그의 시 전편에 깔려 있다.

찾아보기

1. 인명

ㄱ

가의(賈誼) 39
강이천(姜彛天) 122
강총(江總) 106
강침(姜忱) 169
계자(季子) 247
계찰(季札) 247
고민후(高敏厚) 198
고인기(高仁基) 139
공공(貢公) 19
공우 19
과비자(夸毗子) 101
곽박(郭璞) 62
곽태(郭泰) 19, 94, 97
관령(管寧) 35
관숙(管叔) 236
광형(匡衡) 39
구양씨(歐陽氏) 243
구중(求仲) 76, 115
굴원(屈原) 42, 80, 93
권상언(權尙彦) 212
권성(權偗) 217
권숙신(權淑身) 94

권엄(權襹) 151
권치복(權穉福) 141
권평(權坪) 212
급암(汲黯) 62
기자(箕子) 5, 12, 197
김덕운(金德運) 130
김묵흠(金默欽) 97, 98
김복원(金復元) 210
김시구(金蓍耈) 155
김영탁(金英鐸) 210
김윤함(金允涵) 17, 19
김응하(金應河) 177
김제(金濟) 156
김택기(金宅基) 177
김홍도(金弘道) 122

ㄴ

나부(羅敷) 4
남공철(南公轍) 198, 199
노공(魯恭) 109
노래자(老萊子) 118
노혜준(盧惠準) 18
녹피공(鹿皮公) 190
누루하치 230

찾아보기 265

ㄷ

단극기(段克己) 206
단성기(段成己) 206
단종대왕(端宗大王) 140
단하천연(丹霞天然) 217
대로(大鹵) 207, 220 ☞신석상
대안도(戴安道) 44
도연명(陶淵明) 21, 35, 76, 101, 115
동명왕(東明王) 10
두도(竇滔) 154
두도(杜度) 28
두보(杜甫) 4, 8, 75, 79, 83, 96, 109, 114, 127, 154, 180, 195

ㅁ

마원(馬援) 137
만덕(萬德) 245, 246
맹가(孟嘉) 127
맹가(孟軻) 127
맹광(孟光) 154
맹민(孟敏) 19
맹종(孟宗) 59
모수(毛遂) 98
목만중(睦萬中) 23
무왕(武王) 133, 236, 238, 239
문왕(文王) 239
미불(米芾) 124

ㅂ

박사순(朴師舜) 57
박석포(朴石浦) 230
박이소(朴生爾) 105
반고(班固) 203
방덕공(龐德公) 51, 131
배경조(裵慶祚) 103

백거이(白居易) 83
백분(伯奮) 97
백아(伯牙) 144, 152
번암(樊巖) 186, 192 ☞채제공
번암공(樊巖公) 171 ☞채제공
범염(范冉) 63
복희씨(伏義氏) 28, 84, 221

ㅅ

사도세자(思悼世子) 133, 134, 138, 211, 235, 236
사마상여(司馬相如) 61, 167
사안(謝安) 92, 139, 142, 161, 187
사조(謝朓) 22
사천(槎川) 116
색정(索靖) 206
서릉(徐陵) 52
서시(西施) 198
서용보(徐龍輔) 140
서적(徐積) 149
석북(石北) 131 ☞신광수
선문(羨門) 171
성대중(成大中) 122
성왕(成王) 236
소공 석(召公 奭) 174
소보(巢父) 77, 215
소식(蘇軾) 27
소왕(昭王) 21
소유(巢由) 88
소진(蘇秦) 170
소평(邵平) 108, 115
소호씨(少皥氏) 230
손기양(孫起揚) 199
손병로(孫秉魯) 199
손소(孫昭) 143
송달연(宋達淵) 55
송옥(宋玉) 86

송재도(宋載道) 26, 27
송제(宋悌) 168
송지계(宋芝溪) 27, 28, 104, 160
　　　　☞ 송재도(宋載道)
송지문(宋之問) 161, 206
수몽(壽夢) 247
수인씨 101
수첨(壽添) 198
순(舜) 234
순옥(純玉) 121 ☞ 허질(許瓆)
순유(舜羽) 112
숭정황제(崇禎皇帝) 231
신광수(申光洙) 11, 165, 166
신광요(申光堯) 195
신광하(申光河) 23, 157
신기상(申夔相) 185
신대로(申大鹵) 175, 188, 206 ☞ 신석상
신보상(申甫相) 208
신석상(申奭相) 169, 222
신정권(申鼎權) 200
신초석(申蕉石) 187, 212
신혜연(申惠淵) 241
심건(沈健) 215
심규로(沈奎魯) 178
심봉석(沈鳳錫) 180
심사(沈思) 37
심약(沈約) 79
심전기(沈佺期) 161
심정주(沈廷胄) 229
심중빈(沈仲賓) 229, 230
심하성(沈廈成) 106
심화오(沈華五) 204, 209 ☞ 심규로(沈奎魯)

○

안기생(安期生) 170
안연(顏淵) 50
애숙(艾淑) 206

양담(羊曇) 142
양웅(揚雄) 103, 166, 196, 198
양저(楊翥) 50
양중(羊仲) 76, 115
양치학(楊致鶴) 55
양홍(梁鴻) 154
양효왕(梁孝王) 86, 197
여곤(如坤) 142
여안(呂安) 104
여와(女媧) 84
여후(呂后) 133
염제(炎帝) 48, 58
영조(英祖) 134
영조(英祖) 133
영탁(英鐸) 210
오사(五沙) 207, 228, 242, 243
　　　　☞ 이정운(李鼎運)
오자서(伍子胥) 93
오진(吳鎭) 125
왕공(王恭) 27
왕군공(王君公) 53
왕길(王吉) 19
왕도(王導) 92, 215
왕륜(汪淪) 19
왕망(王莽) 224
왕맹(王猛) 29
왕발(王勃) 76, 226
왕상(王祥) 59
왕연수(王延壽) 152
왕자경(王子敬) 213
왕자유(王子猷) 44, 102, 213
왕침(王忱) 27
왕헌지(王獻之) 98
요숭(姚崇) 109
요(堯)임금 239
원안(袁安) 67, 85
원진(元稹) 83
원헌(原憲) 19

찾아보기 267

원호(元豪) 51
위관(衛瓘) 206
위서(魏舒) 87
위유(韋維) 206
위정공(魏鄭公) 107
위징(魏徵) 107
유광진(柳光鎭) 231
유량(庾亮) 215
유령(劉伶) 21
유비(劉備) 204
유송령(劉松齡) 153
유신(庾信) 52
유안(劉安) 172
유영길(柳永吉) 52
유장경(劉長卿) 21
유종원(柳宗元) 80
유표(劉表) 51
유향(劉向) 145
육구연(陸九淵) 179
육기(陸機) 62, 98, 213
육애(六愛) 9
육지(陸贄) 201
윤규범(尹奎範) 147
윤길보(尹吉甫) 159
윤두서(尹斗緒) 147
윤득제(尹得悌) 129
윤무구(尹無咎) 205 ☞ 윤지눌(尹持訥)
윤선도(尹善道) 147
윤제(尹悌) 147
윤지눌(尹持訥) 169
윤창은(尹昌殷) 190
윤필병(尹弼秉) 222
윤황(尹煌) 176
의종(毅宗) 230
이간옹(李艮翁) 101 ☞ 이헌경(李獻慶)
이경명(李景溟) 194
이경용(李敬庸) 114
이곤수(李崑秀) 8

이규진(李奎鎭) 183
이덕무(李德懋) 144
이동욱(李東郁) 131
이무(李懋) 7
이백(李白) 19, 24, 26
이보만(李保晩) 232
이복윤(李福潤) 191
이삼환(李森煥) 7, 23, 26
이석하(李錫夏) 178
이성(李娍) 194
이성재(李聖在) 138
이수일(李秀逸) 194
이승선(李承宣) 113
이시강(李是鋼) 92, 93
이시론(李是論) 186
이시선(李是銑) 136
이용휴(李用休) 23, 26, 41, 122
이우도(李禹道) 7
이우형(李宇亨) 40
이이환(李彝煥) 160
이재중(李載重) 41
이정운(李鼎運) 148, 222
이종식(李宗式) 76
이집두(李集斗) 173, 174
이합(李郃) 47
이헌경(李獻慶) 61
이흡(李熻) 152
인상여(蘭相如) 21

ㅈ

자로(子路) 119
자장(子張) 162
장건(張騫) 180
장렴(張廉) 50
장암(藏菴) 60
장욱(張旭) 161
장재(張載) 234

장적(張籍) 187
장허(蔣詡) 21
장헌세자(莊獻世子) 132
장후(蔣詡) 73, 76, 115
전겸익(錢謙益) 198
전윤함(全允涵) 198
정도복(鄭道復) 29
정란(鄭瀾) 122, 127
정범조(丁範祖) 151, 185
정석달(鄭碩達) 164
정순송씨(定順宋氏) 140
정순왕후(定順王后) 140
정약용(丁若鏞) 241
정연경(鄭延慶) 153
정일찬(鄭一鑽) 163
정자진(鄭子眞) 77, 131, 185, 197, 248
정재운(丁載運) 89
정조(正祖) 21, 132, 134, 138, 201, 211, 235, 236, 237, 239
정조대왕(正祖大王) 234, 238, 240 ☞ 정조(正祖)
정지상(鄭知常) 10, 11
정지원(丁志元) 192
정현희(鄭賢希) 77
정환(鄭晥) 185
제갈량(諸葛亮) 204
조경(趙璥) 6
조과(趙過) 123
조려(曹) 78
조사웅(趙師雄) 153
조심태(趙心泰) 211
조익현(趙翼賢) 18
조진도(趙進道) 135, 136
조진범(趙晋範) 19, 80, 196, 197
종려희인(樱廬姬人) 209
종요(鍾繇) 160
종자기(鍾子期) 144
주공 단(周公旦) 174
주자(朱子) 202

주희(朱熹) 234
중강(仲康) 134
지도림(支道林) 215
진소옹(陳所翁) 206
진시황(秦始皇) 124, 170, 247
진식(陳寔) 138
진준(陳遵) 161
진택(震澤) 158 ☞ 신광하(申光河)
진흥(震興) 112

ㅊ

차천로(車天輅) 49
창서(蒼舒) 97
창해옹(滄海翁) 124, 129 ☞ 정란(鄭瀾)
채숙(蔡叔) 236
채옹(蔡邕) 62
채윤(蔡倫) 196
채제공(蔡濟恭) 21, 138
채홍리(蔡弘履) 226
척희(戚姬) 133
최규태(崔逵泰) 24
최식(崔寔) 28
최원(崔瑗) 28
최인(崔駰) 243
최진구(崔鎭九) 39
최창적(崔昌迪) 24
최학초(崔學初) 170
최홍중(崔弘重) 89

ㅌ

태강(太康) 134
태사씨(太姒氏) 239
태후(太后) 239

ㅍ

포우관(鮑友管) 153

ㅎ

하손(何遜) 187
하후승(夏侯勝) 243
한고조(漢高祖) 133
한무제(漢武帝) 124
한석봉(韓石峯) 149
한유(韓愈) 36
한치응(韓致應) 178
해좌(海左) 170 ☞ 정범조(丁範祖)
허만(許晚) 26
허승암(許勝菴) 40, 41, 73, 78, 100, 110, 120
　☞ 허만(許晚)
허시(許是) 158
허우소(許右巢) 159 ☞ 허시(許是)
허원(許源) 167
허유(許由) 215
허질(許瓆) 105, 106
형(型) 35
혜강(嵆康) 104
혜경궁(惠慶宮) 239
혜희(嵆喜) 104
홍계징(洪啓徵) 16
홍대연(洪大然) 141
홍득(洪得) 205
홍성원(洪聖源) 148
홍양호(洪良浩) 201
홍우하(洪遇夏) 16
홍주만(洪周萬) 164, 165, 214
환온(桓溫) 127
황덕일(黃德壹) 153
황보밀(皇甫謐) 78
황제(黃帝) 203, 243
황헌(黃憲) 97

회도인(回道人) 37
후파(侯芭) 103
희만(姬滿) 84

2. 서명·작품명

ㄱ

『경덕전등록(景德傳燈錄)』 217
『고사전』 164
『공백당집(拱白堂集)』 153
『구당서(舊唐書)』 204
『궁궐지』 149

ㄴ

『논어(論語)』 7, 55, 56, 73, 83, 93, 97, 99, 154, 162, 198
『능운부(凌雲詞)』 167

ㄷ

『대동시선(大東詩選)』 122
『동국여지승람(東國輿地勝覽)』 5, 50

ㅁ

『마암문집(磨巖文集)』 135
〈맥수가(麥秀歌)〉 5
『맹자(孟子)』 12, 118, 130
『명사(明史)』 50
『명시종(明詩綜)』 50
『모와일고(慕窩逸稿)』 183
『문부(文賦)』 98
『문선(文選)』 94, 152
『문중자(文中子)』 94

『문헌통고(文獻通考)』 233

ㅂ

『배민록(排悶錄)』 200
『백호통(白虎通)』 203
『번암선생집(樊巖先生集)』 171

ㅅ

『사기(史記)』 22, 108, 115, 162, 180, 247
『산해경(山海經)』 81
『삼국유사(三國遺事)』 10
『삼창(三蒼)』 145
『상서(尙書)』 52, 243
『상우록(尙友錄)』 51
『서경(書經)』 6, 59, 81, 90, 92, 133, 134, 151, 153, 207, 236, 237, 239, 243
『세설신어(世說新語)』 22, 27, 213, 215, 216
『소미산방장(少眉山房藏)』 7, 26
『소학(小學)』 149
『습유기(拾遺記)』 192
『시경(詩經)』 12, 14, 15, 16, 45, 53, 56, 59, 65, 87, 101, 134, 139, 141, 159, 166, 194, 07, 208, 237, 239, 240
「신선전(神仙傳)」 172
『신이경(神異經)』 213
『신증동국여지승람(新增東國輿地勝覽)』 12

ㅇ

『양천세고(陽川世稿)』 26
「어부사(漁父詞)」 42
『여씨춘추(呂氏春秋)』 95
『예기(禮記)』 45, 64, 134, 150, 193
『옥대신영(玉臺新詠)』 4
『외안고(外案考)』 6, 8, 169

『이계집(耳溪集)』 26, 201
『이사재기문록(二四齋記聞錄)』 105
『이아(爾雅)』 232

ㅈ

『장자(莊子)』 20, 96, 97, 100, 215
『전국책(戰國策)』 129
『좌전(左傳)』 87, 97, 198
『중용(中庸)』 134, 157
『진서(晉書)』 21, 61, 87, 98, 184, 187

ㅊ

『철조록(輟釣錄)』 200
『초사(楚辭)』 53
「축빈부(逐貧賦)」 196
『춘추(春秋)』 230
『춘추좌전(春秋左傳)』 20

ㅌ

『태현(太玄)』 166 ☞『태현경(太玄經)』
『태현경(太玄經)』 198

ㅎ

『한서(漢書)』 19, 103, 154
『함계문집(涵溪文集)』 164
『혜환잡저(惠寰雜著)』 26
『홍범오행전(洪範五行傳)』 243
『홍재전서(弘齋全書)』 201
『회남자(淮南子)』 62, 172
『후한서(後漢書)』 19, 53, 61, 63, 67, 87, 109, 138, 214, 243

3. 기타용어·지명

ㄱ

가산(嘉山) 7
갑곶진(甲串津) 226
강도(江都) 226
강화도(江華島) 226
개골산(皆骨山) 104
개성 156
건릉(健陵) 235
검암(黔巖) 4
게양(揭陽) 16
경기(京畿) 226
경독정(耕讀亭) 248
경주(瓊州) 80
계문(薊門) 160
고암(姑巖) 30
곡구(谷口) 131, 197, 248
관동(關東) 110
관음사(觀音寺) 32
광덕산(廣德山) 138
교동(喬桐) 227
구곡(句曲) 17
구암(龜巖) 29
구지(仇池) 24
금강산(金剛山) 104, 246
금란전(金鑾殿) 54
금소당(琴嘯堂) 76
금화(金化) 8, 40, 46
금화현(金化縣) 18, 50 ☞ 금화(金化)
기성(箕城) 5

ㄴ

나부산(羅浮山) 153
낙양(洛陽) 134

남한강(南漢江) 155
녹문(鹿門) 131 ☞ 녹문산(鹿門山)
녹문산(鹿門山) 51
농산정(籠山亭) 149

ㄷ

단대(丹臺) 185
단명전(端明殿) 139
담이(儋耳) 17
대동강(大同江) 19
대동문(大同門) 10
대마도(對馬島) 53
대월정(待月亭) 3
대통력(大統曆) 230
동해(東海) 174
두타(斗陀) 30

ㅁ

마암(馬巖) 79
마현(馬峴) 112
명고(鳴皐) 27 ☞ 명고산(鳴皐山)
명고산(鳴皐山) 163
무창(武昌) 80
문수폭포[文水瀑] 116
문현(文峴) 30

ㅂ

박읍(博邑) 247
반호(半湖) 217, 218
백곡(栢谷) 116 ☞ 백곡촌(栢谷村)
백곡촌(栢谷村) 41
백두산(白頭山) 174
백록담(白鹿潭) 126
백설(白雪) 219 ☞ 백설곡(白雪曲)
백설곡(白雪曲) 145

백척루(百尺樓) 159
벽강원(僻疆園) 43
봉래산(蓬萊山) 34, 104
봉래전(蓬萊殿) 238
부벽루(浮碧樓) 197
비백서(飛白書) 62

ㅅ

사릉(思陵) 140
사천(斜川) 233
삭령(朔寧) 35
삼각산 196
삼위산(三危山) 81
상산서원(象山書院) 179
상수(湘水) 80
서경(西京) 196, 197
서주(西州) 39, 75, 114
석정(石井) 213
선연동(嬋娟洞) 11
성균관(成均館) 236
세검정(洗劍亭) 169, 178
소양강(昭陽江) 137
손돌목 227
송석원(松石園) 188
송일루(松日樓) 219
수산(首山) 243
수원(水原) 135
시안정(是岸亭) 186, 204, 223
신고(神皐) 226
신안(新安) 8, 77, 78
신풍(新豊) 211
십주(十洲) 171

ㅇ

양상(良常) 17, 91
양원(梁園) 86, 197

양주(楊州) 191, 195
양춘백설(陽春白雪) 86
어숙탄(御宿灘) 140
어탄(魚灘) 211
연경(燕京) 160
연광정(鍊光亭) 10, 197, 196
연화(連化) 130
영곡(郢曲) 86
영광전(靈光殿) 152
영월(寧越) 131, 140
영읍(嬴邑) 247
옥계(玉溪) 40, 87, 88
옥류동(玉流洞) 188
옥새(玉塞) 211
옥수(玉水) 109, 114
옥수암(玉水菴) 33
옥정(玉井) 141
옥창강(玉滄江) 206
완화계(浣花溪) 79, 120
용만(龍灣) 160
용문산(龍門山) 232, 233
용퇴(龍堆) 53
운몽택(雲夢澤) 233
운흥(雲興) 43
원화체(元和體) 83
월정사(月精寺) 131
월협(月峽) 185
유미(隃糜) 91
유수곡(流水曲) 144, 175
유주(柳州) 80
은계(銀溪) 32, 65
은계역(銀溪驛) 36, 78
은상(殷商) 12
의무려산(醫巫閭山) 90
이수(二水) 204
이유(二酉) 145

찾아보기 273

ㅈ

자연도(紫鷰島) 153
장락궁(長樂宮) 239
장사(長沙) 39
장안(長安) 159, 182
장암(藏岩) 40
장천(長川) 42
정릉(貞陵) 208
정원성(定遠城) 110
정주(定州) 8, 46, 114
제남(濟南) 104
제천(堤川) 195
조천석(朝天石) 10
종남산(終南山) 187
주동(鑄洞) 217
주역(周易) 236
중화척(中和尺) 157

ㅊ

창덕궁 149
창의문(彰義門) 179
창주(滄洲) 116
청성(青城) 114, 161, 214, 242
충주(忠州) 195
칠곡(柒谷) 247
칠탄정(七灘亭) 199

ㅌ

탄금대(彈琴臺) 155
탐라(耽羅) 245, 246
태액지(太液池) 150

ㅍ

팔정려(八旌閭) 130

패릉(灞陵) 137
평강(平康) 35
평양(平壤) 5, 10, 12, 131, 197
풍악산(楓嶽山) 104

ㅎ

한강(漢江) 187, 196, 205, 226, 234
해남(海南) 147
현관(賢關) 236
현륭원(顯隆園) 132, 135
혈구(穴口) 226
형산(荊山) 243
형주(邢州) 134
화강(花江) 19, 28, 46, 68, 75, 77, 92, 109, 112, 116, 121
화성(化城) 175
황화방(皇華坊) 227
흡곡(歙谷) 89, 111